Streitverkündung gegenüber dem Prozessbevollmächtigten

Europäische Hochschulschriften

European University Studies

Publications Universitaires Européennes

Reihe II **Rechtswissenschaft**

Series II Law

Série II Droit

Band/Volume **5737**

Sascha Gruschwitz

Streitverkündung gegenüber dem Prozessbevollmächtigten

PL ACADEMIC RESEARCH

Bibliografische Information der Deutschen Nationalbibliothek
Die Deutsche Nationalbibliothek verzeichnet diese Publikation in der Deutschen Nationalbibliografie; detaillierte bibliografische Daten sind im Internet über http://dnb.d-nb.de abrufbar.

Zugl.: Leipzig, Univ., Diss., 2015

Gedruckt auf alterungsbeständigem,
säurefreiem Papier.

15
ISSN 0531-7312
ISBN 978-3-631-66132-1 (Print)
E-ISBN 978-3-653-05693-8 (E-Book)
DOI 10.3726/978-3-653-05693-8

PL Academic Research ist ein Imprint der Peter Lang GmbH.
Peter Lang – Frankfurt am Main · Bern · Bruxelles · New York · Oxford · Warszawa · Wien

Diese Publikation wurde begutachtet.

www.peterlang.com

Inhaltsverzeichnis

1. Kapitel - Einleitung

A. Problembeschreibung

I. Rechtliche Ausgangslage

Die Streitverkündung ist für die Parteien eines Rechtsstreits die prozessuale Möglichkeit zur aktiven Einflussnahme auf den aktuellen und künftigen Prozessverlauf sowohl im bestehenden Prozess, als auch mit Wirkung auf ein späteres Verfahren. Das Institut der Streitverkündung sollte eine Partei immer dann in den engeren Kreis vorzunehmender Prozesshandlungen aufnehmen, wenn die Gefahr droht, im laufenden Rechtsstreit zu unterliegen und sie die Möglichkeit hat, den Anspruch in einem nachfolgenden Prozess gegen einen Dritten erfolgreich verfolgen zu können.

Streitverkündungen können aus Sicht einer Partei insbesondere dann von Interesse sein, wenn die Verfolgung eines Regressanspruchs avisiert wird. Denn mögliche Rückforderungsansprüche können vom Ausgang des Vorprozesses abhängen und der Anspruchssteller des Regresses wird die Bindungswirkung des dort gefundenen Ergebnisses herbeiführen wollen.

In der Rechtspraxis geraten als Anspruchsgegner Rechtsanwälte infolge behaupteter Falschberatung und/oder -vertretung in das rechtliche Konfliktfeld. Hier wird es die Partei sein, die – im Folgeprozess dann durch einen anderen Prozessbevollmächtigten vertreten – ihrem „alten" Rechtsanwalt den Streit verkündet. Es gibt aber auch Situationen, in denen es für eine Partei von Interesse sein kann, die Streitverkündung bereits gegenüber dem eigenen aktuellen Prozessbevollmächtigten oder gar jenem des Gegners zu erklären.

Die Zulässigkeit der Streitverkündung wird grundsätzlich nicht im Erstprozess, in dem der Streit verkündet wird, sondern erst im Folgeverfahren zwischen dem Streitverkünder und dem Streitverkündungsempfänger, geprüft. Das Dogma hierbei lautet: Dritter kann nicht sein, wer zugleich Partei ist. Dieser Grundsatz erfährt in § 72 Abs. 2 S. 1 ZPO eine erste Konkretisierung. Nach dieser Bestimmung sind das Gericht und ein vom Gericht ernannter Sachverständiger nicht Dritte im Sinne des Absatzes 1. Gemäß der ausdrücklichen Anordnung in § 72 Abs. 2 S. 2 ZPO hat bereits die Zustellung der Streitverkündungsschrift an diesen Beteiligtenkreis zu unterbleiben.

Die ausdrückliche Herausnahme des Gerichts und der von diesem ernannten Sachverständigen darf jedoch nicht zu der Annahme verleiten, gegen alle übrigen Prozessrechtssubjekte über die geschriebenen Ausnahmen hinaus sei eine Streitverkündung statthaft. Der Grundsatz des § 72 Abs. 1 ZPO erfährt nicht nur infolge ausdrücklicher gesetzgeberischer Anordnung eine Ausnahme, sondern ebenso, und dies ist der Ausnahmeregelung des § 72 Abs. 2 S. 2 ZPO denknotwendig vorgelagert, durch die den Prozessbeteiligten durch die Rechtsordnung zugewiesenen Aufgaben im Sinne einer Kompetenzermächtigung und zugleich -begrenzung. Damit können zunächst weder Kläger noch Beklagter als „Dritter" in Betracht kommen, da der Kläger „Erster" und der Beklagte „Zweiter" des Verfahrens ist. Diese Feststellung gilt an sich auch für das Gericht, welches zwar weder „Erster" noch „Zweiter" ist, endlich aber auch nicht „Dritter" sein kann, da dies seiner unabhängigen Stellung im Gefüge der rechtsprechenden Gewalt zuwiderlaufen und seine Rolle als notwendiger Teil konterkarieren würde.

Wie aber steht es um die Person des Prozessbevollmächtigten? Für ihn als möglichen Streitverkündungsempfänger mangelt es an einem vergleichbaren gesetzlichen Ausschluss, wie er für das Gericht und den gerichtlichen Sachverständigen existiert. Dennoch ist fraglich, ob er taugliches Subjekt einer Streitverkündung sein kann. Er füllt ebenfalls eine besondere Rolle im Zivilprozess aus. Als prozessbevollmächtigter Rechtsanwalt unterliegt er beruflichen Rechten und Pflichten. Er ist einerseits unabhängiges Organ der Rechtspflege und andererseits Interessenvertreter des Mandanten in allen Rechtsangelegenheiten. Erschwerend kommt hinzu, dass er als gewillkürter Prozessvertreter ohnehin in einem engen rechtlichen Bindungsverhältnis zum vertretenen Auftraggeber steht. Er handelt nicht in eigenem, sondern in fremdem Namen. Die sich aus diesen rechtlichen Bindungen ergebenden Folgen für die Parteien und ihre Prozessbevollmächtigten sowie den Zivilprozess zur Gänze sind geeignet, auf die Streitverkündung Einfluss zu nehmen.

Neben rechtlichen Problemen sind die möglichen tatsächlichen Schwierigkeiten nicht zu leugnen. Sie folgen weithin aus dem allgemeinen Verhältnis des Rechtsanwalts zu seinem Mandanten. Das anfänglich zwischen Anwalt und Mandant begründete Mandatsverhältnis, welches ein Höchstmaß an wechselseitigem Vertrauen und Verlässlichkeit begründet, kann in Schieflage geraten, wenn Konstellationen eintreten, in denen es aus Sicht des Auftraggebers erforderlich erscheint, seinem Rechtsbeistand den Streit zu verkünden. Die Gefahr der Entstehung gegenläufiger Interessen droht.

II. Einschlägige Sachverhaltskonstellationen

Es mag zunächst als nicht üblich erscheinen, wenn der Prozessverlauf in eine Lage mündet, in der die Partei eines Zivilprozesses dazu übergeht, einem

Prozessbevollmächtigten den Streit zu verkünden. Auf die Streitverkündung als prozessuales Institut wird in der Prozesswirklichkeit nicht allzu häufig zurückgegriffen.[1] Genaue Erhebungen über die Anzahl an Streitverkündungen vor deutschen Gerichten gibt es nicht. In vorgreiflicher Erwähnung der zu diesem Problemkreis ergangenen Rechtsprechung zeigt sich dennoch, dass solche Fälle nicht nur theoretisch denkbar, sondern praktisch anzutreffen sind. Unter Beachtung der soeben erfolgten Problemschilderung sind die in Betracht kommenden Sachverhaltsvarianten auseinanderzuhalten. Die rechtstheoretische Betrachtung lässt folgende Fallkonstellationen als möglich erscheinen:

1. Streitverkündung gegenüber dem eigenen Prozessbevollmächtigten

Die Form der Streitverkündung in der Variante gegenüber dem eigenen Prozessbevollmächtigten erscheint als durchaus gangbar. Bei näherem Hinsehen kann in einem zweiten Schritt eine weitere Differenzierung danach erfolgen, ob sich die Verkündung des Streits gegen den aktuellen oder ehemaligen Prozessbevollmächtigten richtet.

Unter dem aktuellem Prozessbevollmächtigten ist jener zu verstehen, der im laufenden Prozess die rechtlichen Interessen der Partei vor Gericht vertritt, weil diese entweder nicht eigens postulieren will oder kann.

Hingegen wird ehemaliger Prozessbevollmächtigter, wer die Partei entweder nur außergerichtlich bzw. vorprozessual vertreten oder die gerichtliche Vertretung in einem zurückliegenden Prozess übernommen hat. Beide Formen sind hier dadurch geprägt, dass eine frühere Mandatierung vorlag, diese aber im aktuell laufenden Verfahren nicht mehr zu dem damaligen Prozessvertreter besteht, sondern von einem anderen wahrgenommen wird.

2. Streitverkündung gegenüber dem gegnerischen Prozessbevollmächtigten

Als weitere Angriffsrichtung steht für eine Partei die gegnerische Prozessseite zur Verfügung. Hier kann daran gedacht werden, einerseits dem aktuell bestellten Prozessbevollmächtigten der Gegenseite den Streit zu verkünden. Andererseits kommt auch die Situation in Betracht, in der dem erst zukünftigen Prozessbevollmächtigten, gleichsam vorprozessual, in (sicherer) Erwartung der auch prozessualen Mandatsbetreuung, die Streitverkündung erfolgt.

1 Lüke I, Kap. 2 S. 31.

3. *Faktische Streitverkündung*

Endlich kann zwischen den Beteiligten die Interventionswirkung herbeigeführt werden, indem eine privatautonome Parteivereinbarung auf den Eintritt ihrer Folgen gerichtet ist. Die Zulässigkeits- und Wirksamkeitsvoraussetzungen der Streitverkündung finden je nach vertraglicher Gestaltung vollständig bis keinerlei Berücksichtigung. Aus diesem Grund kann man bei solchen Fällen von „faktischer" Streitverkündung sprechen. Fraglich ist daher, ob mit dieser rein zielorientierten Herbeiführung der Interventionswirkung gegen übergeordnete Prozessgrundsätze verstoßen wird und gegebenenfalls welche Folgen daraus erwachsen.

III. Gang der Darstellung

Die Methodik der Darstellung orientiert sich an der Gegenüberstellung und Einordnung der prozessualen Rollen der einzelnen Prozessteilnehmer unter Berücksichtigung ihres eigenen Verständnisses sowie gegenseitigen Verhältnisses. Hier werden die ihnen von der Zivilprozessordnung zugewiesenen Befugnisse und Grenzen hinsichtlich der Handlungsmöglichkeiten sowie der individuellen Funktion im Zivilprozess von Bedeutung sein. Diese Darstellungsmethode gibt gleichzeitig den Gang der Untersuchung vor, der sich wie folgt skizzieren lässt:

Im Weiteren dieses 1. Kapitels wird der Stand der Diskussion in der Rechtswissenschaft und darauf folgend die den Anlass zu dieser Untersuchung gebende Rechtsprechung dargestellt. Neben den Ausführungen des BGH werden insbesondere auch jene der Vorinstanzen benannt. In einem 2. Kapitel sind ausgehend vom Wortlaut des § 72 ZPO die sich unmittelbar wie mittelbar aus der Vorschrift ergebenden und für die Bearbeitung wichtigen Grundbegriffe zu sammeln, darzustellen und näher zu beschreiben. Diese im engen und weiten Regelungsbereich zur Streitverkündung angesiedelten Merkmale legen den Grundstein zur Diskussion und weisen zum Teil schon auf das Spannungsverhältnis der Einzelkomplexe zum Gesamtgefüge der Streitverkündung hin. Es sind dies zunächst Grundsätze wie das Zweiparteienprinzip, der Parteibegriff und die Vertretung der Partei im Prozess aufgrund gesetzlicher Anordnung oder gewillkürter Veranlassung. In Erweiterung dieser auf dem Zweiparteienprinzip fußenden Grundsätze schließen sich in einem 3. Kapitel die Möglichkeiten prozessualer Drittbeteiligung an. Kapitel 4 behandelt die konkreten Voraussetzungen, welche im Rahmen der Nebenintervention und Streitverkündung an die Person des Dritten zu stellen sind. Hier wird es zum einen um die von diesen Prozessinstituten ausgehenden sachlichen Anforderungen und zum anderen um die personalen Voraussetzungen gehen. Hier steht die prozessuale Rolle des

Gerichts und des Sachverständigen im Raum. Kapitel 5, das inhaltlich Kapitel 4 fortführt, vertieft, ausgehend von der Bedeutung des Themas der Arbeit, die Rolle hinsichtlich des Prozessbevollmächtigten. Kapitel 5 ordnet konkret den Prozessbevollmächtigten ein. Im Abschluss werden mit Kapitel 6 die wesentlichen Schlüsse zusammengefasst.

B. Stand der Diskussion

I. Rechtsprechung

Die höchstrichterliche bzw. obergerichtliche Rechtsprechung hat sich in der Vergangenheit bisher in wenigen Entscheidungen mit der aufgeworfenen Frage auseinandergesetzt, ohne bisher eine klare Entscheidung getroffen zu haben.[2] Im Verfahren VI ZB 31/09[3] kam der BGH dann ausdrücklich zu der Feststellung, dass sowohl der eigene als auch der gegnerische Prozessbevollmächtigte „Dritter" i.S. des § 72 Abs. 1 ZPO sein kann. Mit Verweis auf diese Begründung folgte ihm das OLG Frankfurt a.M. in einem anderen Rechtsstreit.[4]

II. Schrifttum

Im Schrifttum wird die Zulässigkeit der Streitverkündung gegenüber dem Prozessbevollmächtigten nicht bzw. kaum problematisiert. Zum Teil wird nur ausdrücklich die Streitverkündung an den gesetzlichen Vertreter einer Partei als unzulässig bezeichnet, zum Teil auch eine an den gewillkürten Vertreter, zum Teil wird eine Streitverkündung an Personen abgelehnt, die am Rechtsstreit bereits in einer mit der Streithilfe unvereinbaren Funktion beteiligt sind, so auch die Parteien und ihre gesetzlichen Vertreter sowie ihre eigenen Prozessbevollmächtigten. Nach anderer Auffassung kann Dritter auch der Prozessbevollmächtigte sein. Soweit einzelne Abhandlungen die zivilprozessuale Drittbeteiligungsproblematik zum Gegenstand haben, arbeiten sie lediglich die verschiedenen Drittbeteiligungsvarianten der ZPO auf. Eine vertiefte dogmatische Auseinandersetzung zur Person des Dritten, insbesondere des Prozessbevollmächtigten, findet nicht statt.[5]

---

2 RGZ 169, 50, 51; BGH, Urt. v. 13.7.1982, VI ZR 300/79 VersR 1982, 975, 976.

3 BGHZ 188, 193 = BGH NJW 2011, 1078, 1079 =VersR 2011, 687 = FamRZ 2011, 639 = ZIP 2011, 1172 = BB 2011, 577.

4 Beschluss v. 1.6.2011 14 W 37/11, zitiert nach juris, dort Rdnr. 11.

5 Schober, Drittbeteiligung im Zivilprozess (1990); Schultes, Die Beteiligung Dritter am Zivilprozess (1994); Schäfer, Nebenintervention und Streitverkündung (1990);

C. Die Entscheidung BGH (Beschl. v. 8.2.2011 - VI ZB 31/09)

I. Sachverhalt

Der gegenständlichen Entscheidung[6] liegt folgender Sachverhalt zugrunde:

Der Kläger verlangt von dem Beklagten Einsicht in die Originale ärztlicher Behandlungsunterlagen. Zwischen den Parteien ist bereits in anderer Sache ein langjähriger Schadensersatzprozess anhängig. Im Rahmen dieses Schadensersatzprozesses reichte die Prozessbevollmächtigte des Beklagten Behandlungsunterlagen zu den Gerichtsakten, die sie als Originale bezeichnete. In einem späteren Schriftsatz behauptete die Prozessbevollmächtigte hingegen, die Originale seien in einem Strafverfahren beschlagnahmt worden. Die Beschlagnahme lag allerdings im Zeitraum nach der Einreichung der Unterlagen zu den Gerichtsakten. Im Rechtsstreit um die Einsicht in die Behandlungsunterlagen hat der Kläger der Prozessbevollmächtigten bereits mit der Klageschrift den Streit verkündet. Als Streitverkündungsgrund behauptete er für den Fall seines Unterliegens, die Prozessbevollmächtigte wegen Beteiligung an einem Prozessbetrug oder Verletzung anwaltlicher Berufspflichten für ihm auferlegte Gerichtsgutachterkosten in Anspruch nehmen zu können. Die Verteidigungsanzeige der Prozessbevollmächtigten lag vor. Das Ausgangsgericht hat die Zustellung der Streitverkündungsschrift abgelehnt. Das Beschwerdegericht hat die sofortige Beschwerde zurückgewiesen. Die vom Beschwerdegericht zugelassene Rechtsbeschwerde des Klägers hatte Erfolg.

II. Rechtliche Ausführungen

1. Ausgangsgericht

Zur Begründung führte das Landgericht aus, der Prozessbevollmächtigte des Beklagten sei nicht Dritte im Sinne von § 72 ZPO sei und sie neben ihrer Stellung als Prozessbevollmächtigte des Beklagten nicht eigene Interessen verfolgen könne. Es sei unerheblich, dass sich die Prozessbevollmächtigte erst nach Zustellung der Klageschrift als solche bestellt habe, da sie sich für die beklagte Partei bereits in dem Hauptverfahren bestellt habe und die vorliegende Klage eine Teilproblematik aus dem Verfahren beinhalte. Es müsse der Beklagten

---

Ziegert, Die Interventionswirkung (2003); Diedrich, Die Interventionswirkung – Ausprägung eines einheitlichen Konzepts zivilprozessualer Bindungswirkungen (2001).

6 BGH, Beschl. v. 8.2.2011 – VI ZB 31/09 (Vorinstanzen OLG München, Beschl. v. 14.5.2009, Az.: 1 W 875/09; LG München II, 12.1.2009 – 1 MO 6514/08).

unbenommen bleiben, sich in derart zusammenhängenden Verfahren vom gleichen Prozessbevollmächtigten vertreten zu lassen. Durch eine Streitverkündung könne ihr dieses Recht nicht indirekt genommen werden.

In der Beschwerdebegründung vertritt der Kläger die Auffassung, der angegriffene Beschluss verletze ihn in seinen prozessualen Rechten, eine Streitverkündung gegenüber dritten Personen vornehmen zu können. In der Rechtsprechung seien keine Fälle bekannt, in denen es Gerichte schon einmal abgelehnt hätten, eine Streitverkündungsschrift an einen Rechtsanwalt der gegnerischen Partei aus einem Parallelverfahren oder Vorprozess zuzustellen. Der Rechtsanwalt sei in Bezug auf den vorliegenden Prozess Dritter im Sinne von § 72 ZPO, da er selber nicht Schuldner des Klageanspruchs sein könne. Es sei auch nicht ersichtlich, warum die Streitverkündungsempfängerin im Verhältnis zum Beklagten durch die Zustellung der Streitverkündungsschrift in einen unauflösbaren Interessenkonflikt gebracht werden würde. Der angegriffene Beschluss betone die Prozessrechte des Beklagten einseitig zu stark. Der Kläger wies überdies darauf hin, dass keine Regelungslücke bestehe. Der Gesetzgeber habe bei der Neufassung des § 72 Abs. 2 ZPO gesehen, dass auch die Streitverkündung gegenüber Rechtsanwälten möglich sei und in Betracht komme. Der Gesetzgeber habe in § 72 Abs. 2 ZPO nur aufgenommen, dass die Streitverkündung gegenüber dem Gericht und gegenüber einem vom Gericht ernannten Sachverständigen unzulässig sei. Die Auffassung des Landgerichts stehe gegen den Willen des Gesetzgebers.

2. *Beschwerdegericht*

Das Beschwerdegericht bestätigte die Rechtsauffassung des Ausgangsgerichts, dass ein Prozessbevollmächtigter aufgrund seiner Aufgabenstellung so eng mit der prozessualen Stellung einer Partei verknüpft sei, dass er als Vertreter dieser Partei in seiner Prozessstellung auch der Partei zugeordnet und der Prozessbevollmächtigte von vornherein Erster oder Zweiter im Sinne der Vorschrift des § 72 Abs. 1 ZPO sei. Das Beschwerdegericht führt aus, das Landgericht habe die Streitverkündungsschrift nicht zustellen dürfen, da die Streitverkündung unstatthaft sei. Die Unstatthaftigkeit ergebe sich daraus, dass der Kläger der zu erwartenden Prozessbevollmächtigten des Beklagten den Streit verkündet habe. Der Kläger habe aufgrund der Prozessbevollmächtigung in dem Hauptverfahren davon ausgehen müssen, dass der Beklagte die in dem gesamten Verfahrenskomplex eingearbeitete Prozessbevollmächtigte wiederum als Prozessbevollmächtigte bestelle.

Der Grundsatz, dass eine Prüfung der Zulässigkeit der Streitverkündung nicht im Hauptverfahren, sondern im Folgeprozess erfolgt, gelte nicht uneingeschränkt, wie der Regelung § 72 Abs. 2 S. 2 ZPO entnommen werden könne. Auch wenn diese Bestimmung ausdrücklich nur eine Zustellung des Schriftsatzes im Falle der Streitverkündung gegenüber dem erkennenden Gericht und einem gerichtlich bestellten Sachverständigen ausschließe, könne aus dieser Bestimmung der Grundsatz hergeleitet werden, dass eine Zustellung der Streitverkündung dann zu unterbleiben habe, wenn die Streitverkündung nicht an einen Dritten, sondern an einen an dem Prozess als Vertreter des Klägers oder Beklagten Beteiligten erfolge und bereits die Zustellung der Streitverkündung seine ihm kraft Gesetz und Aufgabenstellung zugewiesene Funktion in dem Rechtsstreit beeinträchtigen könne. Die Vorschrift des § 72 Abs. 2 S. 2 ZPO sei dann zumindest analog anzuwenden. Als Prozessbevollmächtigte der Beklagten sei die Rechtsanwältin nicht Dritte im Sinne von § 72 Abs. 1 ZPO, sondern als Vertreterin des Beklagten Zweite im Sinne dieser Vorschrift.

Die Aufgaben und Rechtsstellungen des Prozessbevollmächtigten seien derart eng mit seiner Partei verbunden, dass er nicht als unabhängiger Dritter, wie beispielsweise ein Zeuge oder Sachverständiger, in dem Prozess tätig sein könne. Von seinen Berufsgrundsätzen sei der Prozessbevollmächtigte verpflichtet, im Rahmen der Rechtsordnung ausschließlich die Interessen seines Mandanten wahrzunehmen, und es sei ihm untersagt, eigene Interessen in dem Prozess zu verfolgen, die möglicherweise im Widerstreit zu den Interessen seines Mandanten stehen könnten. Die Gefahr eines Interessenkonflikts bestehe wegen einer möglichen Interventionswirkung bereits im Falle der Zustellung einer Streitverkündungsschrift. Der Ausgang des Prozesses habe dann auch unmittelbare Auswirkung auf die Rechtsposition des Prozessbevollmächtigten. Der Prozessbevollmächtigte könne nicht mehr uneingeschränkt und ausschließlich die Interessen seines Mandanten vertreten, sondern müsse stets auch die Wahrung eigener Rechtsinteressen im Blick behalten. Eine solche Konstellation sei mit der Funktion eines Anwaltes als Rechtsvertreter seines Mandanten unvereinbar und habe zur Folge, dass ein Rechtsanwalt sein Mandat niederlegen müsse. Es bedürfe keiner vertieften Ausführungen, dass es mit der Funktion des Prozessbevollmächtigten einer Partei völlig unvereinbar sei, der Aufforderung des Gegners zu folgen, auf seiner Seite dem Prozess beizutreten.

Eine Partei habe die Funktion und Aufgabenstellung des gegnerischen Prozessbevollmächtigten hinzunehmen und es dürfe ihr nicht gestattet sein, in das Mandatsverhältnis einzugreifen, anderenfalls könne eine Partei die Wahl des Prozessbevollmächtigten beeinflussen bzw. den Gegner zur Beauftragung eines anderen Rechtsanwaltes zwingen. Dem Schutz des Anwalts-Mandantenverhältnisses und dem Recht der freien Anwaltswahl sei der Vorrang vor etwaigen rechtlichen Interessen einer Partei, dem Prozessbevollmächtigten des Gegners den Streit zu verkünden, einzuräumen.

3. *BGH*

Entgegen der Auffassung des Beschwerdegerichts sei § 72 Abs. 2 ZPO aber nicht der Grundsatz zu entnehmen, dass von einer Zustellung der Streitverkündungsschrift auch dann abzusehen ist, wenn die Streitverkündung gegenüber dem bereits bestellten oder erwarteten Prozessbevollmächtigten des Gegners erfolge. Für ein solches Verständnis der Norm biete weder der Gesetzeswortlaut noch die Gesetzesbegründung den erforderlichen Anhalt. Der Gesetzesbegründung seien keine Hinweise darauf zu entnehmen, dass der Gesetzgeber die Streitverkündung über den Wortlaut der Bestimmung hinaus auch gegenüber anderen als den darin genannten Personen – und den Parteien, die als Erster bzw. Zweiter des Verfahrens nicht zugleich Dritte sein können – von vornherein ausschließen wolle. Entgegen der Auffassung des Beschwerdegerichts sei § 72 Abs. 2 S. 2 ZPO auch nicht analog anwendbar. Dabei kann dahinstehen, ob die für eine Analogie erforderliche planwidrige Regelungslücke gegeben sei, da es jedenfalls an einer vergleichbaren Interessenlage fehle. Anders als der gerichtliche Sachverständige sei der Rechtsanwalt kein zur Unparteilichkeit verpflichteter, vom Gericht bestellter „Gehilfe des Richters", sondern unabhängiger Berater und Vertreter in allen Rechtsangelegenheiten (§ 3 Abs. 1 BRAO), der nur den Interessen des eigenen Mandanten verpflichtet sei. Anders als im Falle der Prozessbeteiligung des Richters oder gerichtlichen Sachverständigen werde die verfahrensrechtliche Stellung des Prozessbevollmächtigten durch einen solchen Beitritt nicht entgegen der im Prozessrecht vorgesehenen Aufgabenverteilung grundlegend verändert.

Dementsprechend habe der erkennende Senat die Streitverkündung sowohl gegenüber dem eigenen Prozessbevollmächtigten als auch gegenüber dem gegnerischen Prozessbevollmächtigten als zulässig angesehen. Entgegen der Auffassung des Beschwerdegerichts beeinträchtige die Zustellung der Streitverkündung den Prozessbevollmächtigten auch nicht in der Wahrnehmung seiner ihm gesetzlich zugewiesenen Aufgaben. Die Streitverkündung sei insbesondere nicht geeignet, einen bislang nicht gegebenen Interessenkonflikt zwischen Prozessbevollmächtigtem und der von ihm vertretenen Partei herbeizuführen mit der Folge, dass der anwaltliche Bevollmächtigte möglicherweise gemäß § 43a Abs. 4 BRAO, § 3 Abs. 4 BORA sein Mandat niederlegen müsse oder gar nicht erst annehmen dürfe. Die Frage, ob ein Interessenwiderstreit im Sinne der genannten Bestimmungen gegeben sei, beurteile sich auf der Grundlage der materiellen

Rechtslage. Verfolge der Prozessbevollmächtigte und die von ihm vertretene Partei keine gegensätzlichen Interessen, so vermöge allein die Zustellung einer Streitverkündungsschrift keinen Interessenkonflikt zu begründen.

Bestehe dagegen im konkreten Fall ein Interessenwiderstreit in derselben Rechtssache, hänge die Anwendbarkeit des § 43a Abs. 4 BRAO nicht davon ab, dass dem Anwalt der Streit verkündet werde. Auch der Anwalt, dem in einem solchen Fall keine Streitverkündungsschrift, sondern eine außergerichtliche Leistungsaufforderung oder eine Klage in einem gesonderten Verfahren zugestellt werde, stehe vor der Frage, ob er das ihm übertragene Mandat beenden müsse, weil er widerstreitende Interessen im Sinne der § 43a Abs. 4 BRAO, § 3 Abs. 4 BORA vertrete.

4. *Zusammenfassung*

Die gegebene Rechtsprechungsübersicht zeigt keinen umfangreichen Bestand an Entscheidungen auf, sondern orientiert sich überwiegend an dem geschilderten Einzelfall. Die rechtlichen Ausführungen des Ausgangs- und Beschwerdegerichts unterscheiden sich von denen des BGH erheblich. Während erstere von einer gänzlichen Unvereinbarkeit der Drittstellung mit der prozessualen Rolle eines Prozessbevollmächtigten ausgehen, orientieren sich die Ausführungen des BGH an einer unbedingten Zulässigkeit der Streitverkündung. Der BGH legt das rechtliche Augenmerk, den Besonderheiten des Sachverhalts folgend, auf die Rolle des gegnerischen Prozessbevollmächtigten, erklärt aber beiläufig auch den eigenen Prozessbevollmächtigten einer Partei als geeigneten Streitverkündungsempfänger. Die Begründungen der Instanzgerichte weichen hingegen von der – durchaus ungewöhnlichen – Tatsachengrundlage ab und stellen schwerpunktmäßig die Frage nach der grundsätzlichen Zulässigkeit der Streitverkündung gegenüber dem Prozessbevollmächtigten.

D. Ziel der Arbeit

Ziel der Arbeit soll es sein, den bisher nicht in ausreichendem Maße geklärten Problemkreis der Streitverkündung gegenüber dem Prozessbevollmächtigten aufzuarbeiten, welche Fallgestaltungen mit welchen Rechtsfolgen in Betracht kommen, den Stand von Literatur und Rechtsprechung zu verwerten, zu würdigen und die darin bereits gefundenen Erkenntnisse fortzuschreiben, um die Thematik auf einen aktuellen Stand zu bringen. Insbesondere sollte der Frage nachgegangen werden, ob die Linie des BGH verallgemeinerungsfähig oder die getroffene Entscheidung zu eng mit den Besonderheiten des Einzelfalles verknüpft ist, als dass sie grundlegenden Einfluss auf die allgemeine Bedeutung der Rolle des Prozessbevollmächtigten im Rahmen der Streitverkündung hat.

Auch dürfte die Untersuchung für die Rechtsanwaltschaft sowie die befassten Spruchkörper von Interesse sein; sind sie es doch, die in weit größerem Umfang als die Wissenschaft und in lebendiger Weise mit dem Recht der ZPO in einer den praktischen Anforderungen gerecht werdenden Weise umzugehen haben. Wenn zum anderen – wie bereits oben ausgeführt – Streitverkündungen gegen Prozessbevollmächtigte in der Praxis anzutreffen sind, dieser Umstand aber im Schrifttum sowie der höchstrichterlichen/obergerichtlichen Rechtsprechung keine dem gerecht werdende Entsprechung findet, scheint die Vermutung nahe zu liegen, dass entweder der Praktiker dieses prozessuale Werkzeug mehr intuitiv als dogmatisch hinterfragend anwendet, oder die Lehre die realen Gegebenheiten eines aus praktischer Sicht bereits als entschieden geltenden Streitstandes verkennt.

2. Kapitel – Grundverständnis: Der Zivilprozess als Zweiparteiensystem

In § 72 Abs. 1 ZPO, der die Zulässigkeit der Streitverkündung zum Gegenstand hat, heißt es:

> „Eine Partei, die für den Fall des ihr ungünstigen Ausganges des Rechtsstreits einen Anspruch auf Gewährleistung und Schadloshaltung gegen einen Dritten erheben zu können glaubt oder den Anspruch eines Dritten besorgt, kann bis zur rechtskräftigen Entscheidung des Rechtsstreits dem Dritten gerichtlich den Streit verkünden."

Absatz 2 lautet:

> „Das Gericht und ein vom Gericht ernannter Sachverständiger sind nicht Dritter im Sinne dieser Vorschrift. § 73 Satz 2 ist nicht anzuwenden."

Der Inhalt der Vorschrift wirft mit Blick auf den „persönlichen Anwendungsbereich" eine Reihe von Beteiligtenbegriffen auf: So wird neben der Partei das Gericht erwähnt, der von ihm ernannte Sachverständige sowie schließlich – und das ist für das Wesen und Verständnis der Streitverkündung von entscheidender Bedeutung – der Dritte. Die sich aus der jeweiligen Beteiligtenrolle ergebende Bedeutung sowie die Eigenschaften, Befugnisse und Grenzen seien im Folgenden zunächst dargestellt, um die Hinführung zur Thematik zu gewährleisten.

A. Die Parteien

I. Verständnis vom Zivilprozesses als Zweiparteiensystem

1. Allgemein

Der Zivilprozess erlangt sein rechtliches Gepräge dadurch, dass an ihm zwei Parteien beteiligt sind. Dieses Prinzip des Zwei-Parteien-Systems wird verwirklicht, wenn sich mindestens und höchstens zwei (natürliche und/oder juristische) Personen als Kläger und Beklagter gegenüberstehen.[7] Der Individualrechtsschutz geht von der Zweiseitigkeit des Rechtsverhältnisses aus und stellt damit das prozessuale Korrelat zum ebenfalls zweiseitig geprägten materiellen Recht

---

7 Adolphsen, § 7 Rdnr. 15; ferner Stein/Jonas/Bork, Vor § 50 Rdnr. 17 f.: Zwar existiert im Aufgebotsverfahren nur eine Partei, dies ist jedoch nicht dem Kernbereich der ZPO, sondern der freiwilligen Gerichtsbarkeit zuzuordnen.

dar.[8] Diesem Strukturprinzip liegt die Annahme zugrunde, dass es sachgerecht erscheint, wenn bei Personen, deren rechtliche Interessen regelmäßig nicht über den eigenen Rechtskreis hinaus betroffen sind, sich gleichzeitig auch die Angriffs- und Verteidigungsrichtung aufeinander zu beschränken haben.[9] Allein ihnen ist das Ergebnis des Prozesses von Vor- und Nachteil. Die Zweiseitigkeit des Prozessverlaufs setzt sich von dessen Beginn bis zur materiellen Rechtskraft bzw. unstreitigen Prozessbeendigung fort. Aus subjektiver Sicht wird die Rechtskraft durch §§ 325 ff. ZPO definiert: Das Urteil bindet grundsätzlich nur die Parteien (§ 325 Abs. 1 ZPO), während sich ausnahmsweise eine Erstreckung der Rechtskraft auf Dritte ergeben kann.[10]

2. *Insichprozess*

Darüber hinaus bedeutet das Zweiparteiensystem noch ein weiteres: Wenn sich zwei Personen kontradiktorisch[11] gegenüberstehen, ist damit zugleich die Aussage verbunden, dass zwischen den Parteien des Zivilprozesses Identitätsverschiedenheit bestehen muss. Ein Rechtsstreit des Klägers gegen sich selbst, als Vertreter eines anderen oder als gegnerischer Streitgenosse ist nicht möglich.[12] Ob die Identität von Beginn an besteht oder sich erst im Laufe des Verfahrens durch Konfusion einstellt, ist nicht relevant.[13] Dieses Verschiedenheitsgebot gilt nicht nur für die Parteien, sondern auch für die am Verfahren als Nebenintervenienten oder Streitverkündungsempfänger Beteiligten.[14] Ob und inwieweit dieser Grundsatz in bestimmten Fällen Ausnahmen unterliegt, ist nicht abschließend geklärt. Als gesichert gilt zumindest, dass lediglich unselbständige Organeinheiten regelmäßig nicht klagebefugt sind. Dies gilt zunächst maßgeblich im Bereich des öffentlichen Rechts für den Fiskus als einheitlichen Rechtsträger.[15] Nichts anderes gilt grundsätzlich auch für den Bereich des materiellen und prozessualen

---

8 Vgl. MünchKomm-ZPO/Rauscher, Einl. Rdnr. 25 f.

9 Blomeyer, S. 65.

10 Oberheim, § 10 Rdnr. 18. Die Ausnahmen ergeben sich aus §§ 325 Abs. 1, 326 Abs. 1, 265 ZPO, 768 Abs. 1 BGB.

11 Wieczorek/Schütze/Mansel, Vor § 64 Rdnr. 1.

12 BGH NJW 1975, 345; 1984, 57, 58, Stein/Jonas/Bork, Vor § 50 Rdnr. 17; Rosenberg/Schwab/Gottwald, § 40 Rdnr. 27; Jauernig/Hess, § 19 Rdnr. 26.

13 Zur nachträglichen Entstehung des Insichprozesses und dessen Folgen vgl. BGH NJW-RR 1999, 1152.

14 Wieczorek/Schütze/Mansel, Vor § 64 Rdnr. 1, § 66 Rdnrn. 22 ff., § 72 Rdnrn. 29 ff.; Rosenberg/Schwab/Gottwald, § 40 Rdnr. 27.

15 Baumbach/Lauterbach/Albers/Hartmann, Grdz § 50 Rn. 13.

Zivilrechts.[16] Prozesse zwischen Organen und einer Gesellschaft sind unzulässig, da sich in Ihnen ein und dasselbe Rechtssubjekt gegenübersteht.[17] Eine Ausnahme davon ist zum einen für die Fälle herzuleiten, in denen das Gesetz den unselbständigen Untergliederungen ausdrücklich die Klagebefugnis einräumt, so geschehen in §§ 245 ff. AktG.[18] Zum anderen wird – dies hingegen kontrovers – die Anerkennung ungeschriebener Klagebefugnisse im Bereich des gesellschaftsrechtlichen Rechtsschutzes diskutiert.[19] Sofern Teilen eines Organs schützenswerte Rechtspositionen zustehen, ist eine Klage eines solchen Teils gegen das Organ anerkannt.[20] Maßgebliches Abgrenzungskriterium ist das Bestehen eines subjektiven Rechts, das über die Klagebefugnis zu entscheiden hat.

3. *Kollektive Rechtsschutzinstrumente*

Das Zweiparteienprinzip ist dem deutschen Zivilprozessrecht immanent-andererseits ist es keinesfalls zwingend. Viele ausländische Prozessrechtsordnungen zeigen, wie der prozessualen Ausgestaltung der Parteienseite andere Vorstellungen zugrunde liegen können.[21] Damit ist das Gegenstück zum Zweiparteienprinzip angesprochen – das Mehrparteiensystem. Dieses ist vom Grundsatz dergestalt geprägt, dass auf Seiten der Parteien jeweils zwei oder mehr Personen streiten können.[22] Im Detail ihrer rechtlichen Umsetzung unterscheiden sich Mehrparteiensysteme zum Teil erheblich voneinander, weshalb sie bisweilen nur der Oberbegriff eint. Die Unterschiede liegen nicht nur im materiellen Gehalt, sondern schon rein in der Begrifflichkeit.[23] So existiert kein feststehender

---

16 So bspw. bei einem Rechtsstreit zwischen zwei Filialen eines Unternehmensträgers, vgl. MünchKomm-ZPO/Lindacher, Vor §§ 50 ff. Rdnr. 5).

17 Zulässig hingegen die Klage zwischen Gesellschafter und parteifähiger Personenvereinigung, deren Mitglied er ist (Bsp.: OHG), vgl. Stein/Jonas/Bork, Vor § 50 Rdnr. 17.

18 Rosenberg/Schwab/Gottwald, § 40 Rdnr. 29 sehen dies zugleich als einzige Möglichkeit einer zulässigen Organstreitigkeit, ferner OLG Schleswig OLGR 1998, 92.

19 Zum Meinungsstand vgl. MünchKomm-ZPO/Lindacher, Vor §§ 50 ff. Rdnr. 8; Hess, ZZP 117 (2004), 267, 286.

20 M. Schwab, S. 590 ff.; S. auch die Darstellung bei Bork, ZGR 1989, 1, 26, 6 ff. sowie 22 ff., der zwischen materiell-rechtlichen Voraussetzungen und prozessualen Konsequenzen trennt.

21 So u. a. die Rechtslage in Skandinavien, Portugal, Spanien; weiterführend auch Tamm, EuZW 2009, 439, 440.

22 Anders hingegen Hirte, ZZP 104 (1991), 11, 43, der die Verbandsklagen als „Einbeziehung Dritter" bewertet und sich damit von der parteiseitigen Ausrichtung solcher Instrumente argumentativ entfernt.

23 So auch Meller-Hannich/Höland, DRiZ 2011, 164.

Begriff, sondern eine Vielzahl teils synonym gebrauchter Begriffe. Als die wohl gebräuchlichsten lassen sich Sammelklagen, Kollektivklagen, Popularklagen und Musterklagen nennen.[24]

Hinsichtlich eines Bestandes an kollektiven Rechtsschutzmöglichkeiten im nationalen Recht muss wie folgt differenziert werden:

Dem deutschen Prozessrecht waren solche Institute – unabhängig von der Art ihrer konkreten Ausgestaltung – lange Zeit fremd. Insbesondere das Erfordernis der Prozessführungsbefugnis als Zulässigkeitskriterium der Klage verlangt vom Kläger die schlüssige Behauptung, Inhaber des materiellen Rechts bzw. darüber verfügungsbefugt zu sein und weist infolgedessen ein gewisses Spannungsverhältnis zum Kollektivrechtsschutz auf.[25] Auch nachdem – national wie supranational – das rechtliche und politische Interesse an kollektiven Rechtsschutzmöglichkeiten zu wachsen begann, war damit bisher keine grundlegende Umkehr verbunden.[26] Im Detail enthält die ZPO mit § 79 Abs. 2 S. 2 Nr. 3 ZPO eine Sonderregelung für Verbraucherverbände zur Einziehung von Verbraucherforderungen durch gebündelte Geltendmachung.[27]

Dagegen finden sich außerhalb der ZPO eine Reihe unterschiedlicher Rechtsschutzinstrumentarien, die im Kern „spezielle Verfahren zur Geltendmachung bzw. Bündelung einer Vielzahl von Individualansprüchen"[28] darstellen. In diesem Zusammenhang sind das KapMuG[29], die §§ 147 f., 245 AktG (Bündelung von Aktionärsklagen) sowie §§ 8 Abs. 3 Nrn. 2–4, 10 UWG und §§ 33 Abs. 2, 34a GWB[30] zu erwähnen.

Durch diese rein sektoral ausgestalteten Kollektivklageverfahren zeigt sich zugleich, dass sich der deutsche Gesetzgeber gegen die Schaffung einer allgemeinen

24 Weiterführend Stadler, JZ 2009, 121 ff. sowie Tamm, EuZW 2009, 439 ff.

25 Vgl. Rosenberg/Schwab/Gottwald, § 40 Rdnr. 5.

26 Zum Stand des europäischen Gesetzgebungsverfahrens s. Hess, WuW 2010, 493 ff. und Meller-Hannich/Höland, DRiZ 2011, 166 f. Sollte die EU-Kommission ihre ambitionierten Pläne verwirklichen, bedeutete dies eine signifikante Zäsur für das deutsche Zivilprozessrecht. Die Exklusivität des Zweiparteiensystems wäre mithin deutlich aufgebrochen. Freilich erscheint in Anbetracht des bewegten Gesetzgebungsverfahrens eine zeitnahe Einigung kaum als wahrscheinlich.

27 S. BGHZ 170, 18, 24 ff.; Hess, JZ 2011, 66; Sabel, AnwBl. 2007, 816 ff.

28 Zum Begriff vgl. Hess, JZ 2011, 66 m.w.N.

29 Gesetz über Musterverfahren in kapitalmarktrechtlichen Streitigkeiten vom 16.8.2005 (BGBl I, 2437), welches zum 1.11.2012 in geänderter Fassung in Kraft getreten ist, vgl. Schneider/Heppner, BB 2012, 2703 ff.

30 Sog. Verbands-Gewinnabschöpfungsklagen, s. weiterführend dazu Schaub, JZ 2011, 13 ff.; kritisch zur praktischen Bedeutung s. Berg/Mäsch/Mäsch, § 34a GWB Rdnr. 1.

und umfassend wirkenden zivilprozessualen Rechtsschutzmöglichkeit auf diesem Gebiet entschieden hat. Abseits der genannten Ausnahmen gilt nach wie vor der Grundsatz der Zweiparteiigkeit.[31]

II. Die Parteirolle

1. Begriff

Allgemein wird der Begriff „Partei" verstanden als jemand, der „für sich Rechtsschutz vom Gericht, insbesondere durch Urteil und Zwangsvollstreckung, begehrt und gegen wen Rechtsschutz begehrt wird"[32]. Die Begrifflichkeiten variieren in Abhängigkeit von der verfahrensrechtlichen Situation: In Urteilsverfahren sind die Parteien Kläger und Beklagter, in sonstigen Verfahren Antragsteller und Antragsgegner, in der Zwangsvollstreckung hingegen Gläubiger und Schuldner.[33]

a. Formeller Parteibegriff

Wer Partei ist, bemisst sich durch die den Rechtsstreit einleitende Verfahrenshandlung, regelmäßig durch das verfahrenseinleitende Schriftstück.[34] Dabei kommt es aber nicht darauf an, wer in Wirklichkeit materiell berechtigt und verpflichtet ist, sondern wer diese Berechtigung für sich in Anspruch nimmt und gegenüber wem die Verpflichtung behauptet wird.[35] Die Identität der Parteien muss jedoch zweifelsfrei feststehen.[36] Der Kläger bestimmt sich selbst durch Einreichung der Klageschrift zur „agierenden" Partei und gleichzeitig den Beklagten als „reagierende" Partei.

Daraus folgt zwingend, dass weder prozess-, noch materiell-rechtliche Zuordnungen für die Parteieigenschaft von Bedeutung sind. Entscheidend ist allein, wer in der Klageschrift formal als Kläger und Beklagter bezeichnet wird („formeller Parteibegriff")[37] und wer in dieser Eigenschaft wirksam in das Prozessrechtsverhältnis durch Einreichung und Zustellung der Klageschrift einbezogen

31 Einen Schritt weiter, hin zu „Masseverfahren", ist der Gesetzgeber mit den verwaltungsprozessualen Vorschriften der §§ 56a, 65 Abs. 3 und 67a, 93a VwGO sowie § 59 BNatSchG gegangen, vgl. Alexander, JuS 2009, 590, 591.

32 Jauernig/Hess, § 18 Rdnr. 4; Rosenberg/Schwab/Gottwald, § 40 Rdnr. 1.

33 Thomas/Putzo/Hüßtege, Vorbem. zu § 50 Rdnr. 3.

34 Thomas/Putzo/Hüßtege, Vorbem. zu § 50 Rdnr. 3.

35 Rosenberg/Schwab/Gottwald, § 40 Rdnr. 2.

36 Zur Methode der Parteibestimmung und der damit zusammenhängenden Probleme s. weiterführend Schilken, ZPR, § 4 Rdnr. 79 ff.

37 BGH NJW 1988, 1585, 1587 f.

wurde, gleich, ob dem Kläger das behauptete Recht zusteht und gegen den Beklagten geltend gemacht werden kann.[38]

b. Materieller Parteibegriff

Die sachlich-rechtliche Unabhängigkeit des Parteibegriffs ist kein ausschließlicher Grundsatz des deutschen Zivilverfahrensrechts. Die ursprüngliche Tendenz bei Entstehung der ZPO ging vom Gleichlauf des materiellen und prozessualen Rechtsverhältnisses aus und vertrat daher den materiellen Parteibegriff.[39] War eine der Parteien an dem dem Prozessrechtsverhältnis zugrunde liegenden materiellen Rechtsverhältnis nicht beteiligt, fehlte eine Prozessvoraussetzung und führte zur Nichtigkeit des Rechtsstreits.[40]

Die Partei nach materiellen Kriterien zu bestimmen, erweist sich gleich in mehrfacher Hinsicht als schwierig: Zum einen sollte es wesenseigene Aufgabe des Prozesses sein, die Berechtigung und Verpflichtung hinsichtlich des Streitgegenstandes zu klären, zum anderen gibt es Fälle, in denen materielle Berechtigung und prozessuale Befugnis auseinandergehen.[41] Hingegen beurteilt sich der Begriff des Beteiligten auch heute im Rahmen des FamFG (§ 7 Abs. 2 FamFG) anhand materieller Kriterien.[42] Zudem ist ein Rekurs auf materiell-rechtliche Grundsätze ausnahmsweise dort angezeigt, wo Fälle sog. Fremdprozessführung betroffen sind.[43]

2. Bedeutung

a. Einordnung

Die Bedeutung der Parteistellung ist für das Verständnis des Zivilprozesses von zentraler Bedeutung. Die Parteistellung ist bereits im Stadium der Klagevorbereitung von Bedeutung – schon hier können die Eigenschaften und Verhältnisse

---

38 H. M. BGHZ 4, 328, 334 = NJW 1952, 545; Stein/Jonas/Bork, Vor § 50 Rdnr. 2; Rosenberg/Schwab/Gottwald, § 40 Rdnr. 2; Schilken, ZPR, § 4 Rdnr. 75; Oberheim, § 2 Rdnr. 7. Zur weiteren Präzisierung des formellen Parteibegriffs durch diverse Anknüpfungspunkte s. weiterführend Stein/Jonas/Bork, Vor § 50 Rdnr. 3.

39 S. dazu Blomeyer, § 6 I 2; Heckel, S. 15.

40 G. Lüke, ZZP 76 (1963), 1, 7.

41 Stein/Jonas/Bork, Vor § 50 Rdnr. 3; Dem ursprünglichen Fehlen der materiellen Berechtigung steht ein späterer Wegfall gleich, s. Schilken, ZPR, § 4 Rdnr. 76.

42 Zöller/Vollkommer, Vor § 50 Rdnr. 3.

43 Zu diesen Ausnahmen s. weiterführend MünchKomm-ZPO/Lindacher, Vor §§ 50 ff. Rdnr. 3; Wieczorek/Schütze/Hausmann, Vor § 50 Rdnr. 8; Blomeyer, § 6 I 3.

der Parteien Ausstrahlungswirkung auf den späteren Prozess haben.[44] Der Kläger muss entscheiden, an welchem Gerichtsstand er den Rechtsstreit führen will bzw. muss und ob gegebenenfalls ein Anspruch auf Prozesskostenhilfe besteht. Im Zwischenverfahren ist insbesondere die Zustellung der Klage an die richtige Partei für die Rechtshängigkeit von Bedeutung, während des streitigen Verfahrens hat der Parteibegriff Auswirkung auf die Parteiänderung, das Beweisverfahren (Vernehmung der Partei also solche ist unter den Voraussetzungen der §§ 445 ff. ZPO zulässig, ihre Vernehmung als Zeuge hingegen unstatthaft), die Unterbrechung des Verfahrens, die Befangenheitsvorschriften, die Rechtskraft und die Zwangsvollstreckung.[45] Auch Rubrum und Tenor des gerichtlichen Urteils sind streng parteibezogen.

Während der Streitgegenstand[46], der dem Prozessrechtsverhältnis zugrunde liegt, die objektive Seite des Zivilprozesses bildet, korrespondiert dazu die Stellung der Parteien als dessen Subjekte. Ebenso wie eine Partei darüber autonom entscheidet, ob sie einen Prozess anstrengen will, unterliegt dessen weitere Gestaltung und Entwicklung dem maßgeblichen Einfluss der Partei(en). Die Stellung der Parteien im Zivilprozess ist formal gleichwertig. Kläger wie Beklagtem kommen grundsätzlich die gleichen Rechte zu, die freilich durch den Umstand, dass der Kläger als Angreifender und der Beklagte als Verteidigender auftritt, unterschiedlich ausgestaltet sind.[47] Um diesen Rechtsschutz effektiv für sich in Anspruch nehmen zu können, müssen aus der Stellung als Partei im Zivilprozess notwendig bestimmte Rechte, als deren Schranke aber auch bestimmte Pflichten, hergeleitet werden.

b. Prozessuale Umsetzung der Parteibezogenheit

(1) Das Prozessrechtsverhältnis

Die für den Rechtsstreit bedeutsamen Prozesshandlungen der Parteien vollziehen sich im Rahmen des sog. Prozessrechtsverhältnisses. Das Prozessrechtsverhältnis ist ein öffentlich-rechtliches Rechtsverhältnis zwischen dem Gericht und jeder Partei sowie den Parteien untereinander.[48] Es ist damit dreipolig

44 Rosenberg/Schwab/Gottwald, § 40 Rdnr. 9.

45 Zöller/Vollkommer, Vor § 50 Rdnr. 5.

46 Grundlegend dazu K. H. Schwab, Der Streitgegenstand im Zivilprozeß (1954); diese Ergebnisse fortentwickelnd Althammer, ZZP 123 (2010), 163 ff.

47 Im Einzelnen MünchKomm-ZPO/Lindacher, Vor §§ 50 ff. Rdnr. 10 f.; vertiefend dazu Bötticher, Die Gleichheit vor dem Richter, 1954.

48 Blomeyer, § 11 S. 1; Adolphsen, § 7 Rdnr. 1.

ausgestaltet.[49] Es dient der Bündelung der „(…) *Gesamtheit der Rechtsfolgen* (Hervorh. d. Verf.), welche die Rechtsordnung an die Tatsache des begonnenen (und fortgeführten) Prozesses knüpft".[50] Sein Beginn ist in der Einreichung der Klageschrift und sein Ende in der streitigen bzw. unstreitigen Beendigung des Rechtsstreits zu erblicken. Zu dritten Prozessbeteiligten des Rechtsstreits besteht kein Prozessrechtsverhältnis, da sie nicht Partei sind. Die Anzahl der Prozessrechtsverhältnisse steht in Abhängigkeit zu den beteiligten Parteien. Bei Vorhandensein jeweils einer Person auf jeder Parteienseite handelt es sich um ein Prozessrechtsverhältnis. Sind hingegen auf Seiten einer oder beider Parteien mehrere Personen beteiligt (subjektive Klagenhäufung), liegen auch mehrere Prozessrechtsverhältnisse vor.[51]

(2) Die Ausprägung der verfahrensrechtlichen Parteiherrschaft

Als die wohl deutlichste Implementierung des Parteienprinzips im Prozessbetrieb dient der Dispositionsgrundsatz (Verfügungsgrundsatz). „Die Parteien, der Kläger allein oder beide zusammen, bestimmen, ob und wann, worüber und wie lange prozessiert werden soll"[52]. Dies ist sachgerecht, da der Prozess weit überwiegend ihren Interessen dient.[53] Sie verfügen damit über den Streitgegenstand und bestimmen den näheren Inhalt und den Ablauf des Verfahrens.[54] In der ZPO als solcher zwar nicht ausdrücklich bezeichnet, kommt er jedoch in der weit überwiegenden Anzahl der Vorschriften mittelbar wie unmittelbar zum Ausdruck und prägt so den Ablauf des Zivilprozesses von der Einleitung bis hin

---

49 H.M. Musielak/Musielak, Einf. Rdnr. 52; Saenger/Saenger, Einf. Rdnr. 90; a.A. Hellwig, § 138 Abs. 2 (nur zwischen Gericht und Parteien).

50 Blomeyer, § 11 S. 1.

51 Zu den Pflichten der Parteien im Rahmen des Prozessrechtsverhältnisses s. ausführlich Rosenberg/Schwab/Gottwald, § 2 Rdnr. 11 ff.

52 Schellhammer, Rdnr. 1163.

53 Wieczorek/Schütze/Hausmann, Vor § 50 Rdnr. 6.

54 Thomas/Putzo/Reichold, Einl. I Rdnr. 5.

zu seinem Abschluss.[55] Lediglich dort, wo öffentliche Interessen berührt sein können[56], sind diesen die Individualinteressen der Parteien unterzuordnen.[57]

(3) Beibringungsgrundsatz

Eine weitere Ausstrahlungswirkung der Parteibezogenheit stellt der Beibringungsgrundsatz (Verhandlungsgrundsatz) dar. Im Gegensatz zur Dispositionsmaxime, die die Herrschaft der Parteien über das Verfahren bedeutet („formelle Herrschaft"), leitet sich korrespondierend aus ihm die Herrschaft über den Sachverhalt[58], nämlich die „materielle Herrschaft", her. Danach obliegt es grundsätzlich – von etlichen amtswegigen Vorschriften abgesehen[59] – den Parteien, zu entscheiden, welchen Sachverhalt bzw. Tatsachen sie zur Entscheidungsfindung des Gerichts stellen.[60] Ähnlich dem Dispositionsgrundsatz unterliegt auch der Beibringungsgrundsatz gesetzlichen Schranken. Die Ausschließlichkeit hinsichtlich der Beibringung durch die Parteien wird u. a. in §§ 139, 142, 143, 144 und 273 ZPO zugunsten der dem Gericht obliegenden Prozessleitung durchbrochen.[61] Aber auch diese, der Prozessleitung dienenden Normen, bezwecken endlich nichts anderes als den Ausgleich der gegensätzlichen Interessen der Parteien, die sich für den Kläger in der Durchsetzung seiner privaten Rechte und für die beklagte Partei in der Abwehr derer äußert.

3. Abgeleitete Funktionen

Die Parteistellung hat ebensolche Bedeutung für eine Reihe von Prozessvoraussetzungen, deren personeller Gehalt wiederum parteibezogen ausgerichtet ist.[62]

---

55 Siehe etwa die Entscheidung zur Erhebung der Klage gem. § 253 ZPO, deren Änderung und Rücknahme nach §§ 263 ff., 269 ZPO, den Umfang der Prüfung durch das Gericht (§§ 306 ff. ZPO) oder die Beendigung des Verfahrens nach §§ 91a, 794 Abs. 1 Nr. 1 ZPO.

56 So vorrangig in Familiensachen (mit Ausnahme der Familienstreitverfahren) und den Angelegenheiten der freiwilligen Gerichtsbarkeit, dort auch nur insoweit, als kein Antragsverfahren oder Rechtsmittelverfahren in Rede steht, s. Zöller/Geimer, Einl. FamFG Rdnr. 29.

57 Zöller/Greger, Vor § 128 Rdnr. 9.

58 Schellhammer, Rdnr. 1164.

59 Diese sind Ausdruck der richterlichen Prozessleitung und dienen dazu, die Rechte und Pflichten des Gerichts zur Gestaltung der äußeren (formellen) und inneren (materiellen) Ordnung des Prozesses zu konkretisieren.

60 Würthwein, S. 15.

61 Thomas/Putzo/Reichold, Einl. I Rdnr. 3.

62 S. auch Schilken, ZPR, § 4 Rdnr. 78.

Hierzu gehören die zur Einleitung und Durchführung des Rechtsstreits erforderlichen Kompetenzen, die sich in den Begriffen der Parteifähigkeit, Prozessfähigkeit, Postulationsfähigkeit und Prozessführungsbefugnis ausdrücken.

B. Mehrheit von Parteien

I. Die Streitgenossenschaft

1. Differenzierung nach der prozessualen Einflussnahme

Bisher ist die Darstellung vom Normalfall des Zivilprozesses ausgegangen, bei dem sich auf Seiten der Parteien jeweils eine Person gegenübersteht. Sofern von Beginn an oder ab einem späteren Zeitpunkt mehr als zwei Parteien am Rechtsstreit beteiligt sind, ist dies entweder Folge einer zulässigen Drittbeteiligung nach §§ 64 ff. ZPO[63], oder es liegt der Fall einer Streitgenossenschaft gemäß §§ 59 ff. ZPO vor. In der ersten Möglichkeit erlangen Dritte nicht die Parteirolle, sondern wirken in ihrer vom Gesetz vorgegebenen Rolle am Verfahren mit.

Bei der Streitgenossenschaft handelt es sich um Parteien, deren Prozessrechtsverhältnisse miteinander verbunden sind.[64] Der Zweiparteiengrundsatz, der zwischen den Begriffen „Partei" und „Person" unterscheidet, wird auch bei der Streitgenossenschaft nicht durchbrochen. Zwei Parteien schließen nicht das Vorhandensein mehrerer Personen auf einer bzw. beiden Seiten aus. Die vorhandene Mehrheit von Personen bildet als Gruppe das prozessuale Individualsubjekt Partei. Hingegen handelt es sich nicht um eine Streitgenossenschaft, wenn einem parteifähigen Rechtsträger mehrere Personen angehören oder dieser durch mehrere natürliche Personen vertreten wird.[65]

2. Entstehung

Eine Streitgenossenschaft kann auf Klägerseite (Aktivseite) oder/und auf Beklagtenseite (Passivseite) vorliegen. Mehrere Kläger können einem oder mehreren Beklagten gegenüberstehen, oder nur ein Kläger wendet sich mit seiner Klage gegen mehrere Beklagte.

Zunächst ist denkbar, dass die Streitgenossenschaft von Beginn des Prozesses an besteht. Die Streitgenossenschaft kann darüber hinaus auch nach

63 Dazu ausführlich im 3. Kapitel, S. 40 ff.

64 MünchKomm-ZPO/Lindacher, Vor §§ 50 ff. Rdnr. 9; Zöller/Greger, Vor § 50 Rdnr. 1; Alexander, JuS 2009, 590, 591.

65 Musielak/Weth, §§ 59, 60, Rdnr. 3; BeckOK-ZPO/Dressler, § 59 Rdnr. 4.

Rechtshängigkeit und Beginn der mündlichen Verhandlung zur Hauptsache entstehen. Hier kommen als Möglichkeiten der Parteientschluss und die Verbindung mehrerer Prozesse kraft gerichtlicher Verbindung in Betracht. Die Parteien bzw. Dritte können selbst im Wege der Modifizierung des Prozesssubjekts eine Streitgenossenschaft herbeiführen. Dies kann erfolgen durch Parteierweiterung als Beitritt weiterer Kläger oder Beklagter sowie durch Drittwiderklage.

Schließlich hat das Gericht über § 147 ZPO die prozessuale Handlungsmöglichkeit zur Schaffung von Streitgenossenschaften. Es kann die Verbindung mehrerer bei ihm anhängiger Prozesse derselben oder verschiedener Parteien zum Zwecke der gleichzeitigen Verhandlung und Entscheidung anordnen, wenn die Ansprüche, die den Gegenstand dieser Prozesse bilden, in rechtlichem Zusammenhang stehen oder in einer Klage hätten geltend gemacht werden können.

3. *Bedeutung*

a. Erleichterung des Prozessbetriebs

Der Grund ihres Bestehens ist in der Prozessökonomie zu erblicken. Zur Vermeidung mehrerer gleichgelagerter Prozesse, die den Beteiligten zusätzlichen zeitlichen und finanziellen Aufwand kosten können, sollen möglichst sämtliche, die Prozessrechtsverhältnisse gemeinsam betreffende Fragestellungen als Einheit behandelt werden. Durch diese vorrangig organisatorisch geprägte Zusammenfassung der Prozesse verschmelzen diese nicht miteinander, sondern behalten ihre rechtliche Selbständigkeit. Die einzelnen Streitgenossen sind weiterhin in selbständigen Prozessrechtsverhältnissen am Verfahren beteiligt. Die Klagen werden unter Beibehaltung ihrer Prozessautonomie zur gemeinsamen Verhandlung, Beweisaufnahme und Entscheidung zusammengeschlossen.[66] Dies ist nur statthaft, wenn für sämtliche zusammengefasste Streitverhältnisse jeweils die allgemeinen und gegebenenfalls besonderen Prozessvoraussetzungen vorliegen.[67] Eine Ausnahme des zuletzt genannten Grundsatzes besteht für diejenigen Verfahrensvoraussetzungen, die unterschiedliche Prozessarten betreffen.[68] Zwar können auch bei diesen besonderen Prozessarten Streitgenossenschaften zustande kommen. Innerhalb einer Streitgenossenschaft muss jedoch dieselbe

---

66 W. Lüke, S. 12.

67 Rosenberg/Schwab/Gottwald, § 48 Rdnr. 14. Bezüglich der sachlichen und örtlichen Zuständigkeit des angerufenen Gerichts hat dies zu gelten, da die ZPO keinen eigenen Gerichtsstand der Streitgenossenschaft kennt – anders hingegen das europäische Prozessrecht mit Art. 6 Nr. 1 EuGVVO.

68 Beispiele: Urkunden- (§§ 592 ff. ZPO) und Wechselprozess (§§ 602 ff. ZPO).

Prozessart vorliegen und dasselbe Gericht zuständig sein. Darüber hinaus darf kein Verbindungsverbot bestehen.[69] Diese drei Zulässigkeitsvoraussetzungen der Streitgenossenschaft folgen aus einer Analogie zu § 260 ZPO.[70] § 260 ZPO gilt in direkter Anwendung nur für den Fall von objektiver Klagenhäufung, nämlich die Verbindung mehrerer Ansprüche des Klägers gegen denselben Beklagten in einer Klage. Die Verbindung mehrerer Streitigkeiten bewirkt eine objektive Klagenhäufung. Für den Fall der „Personenhäufung" (subjektive Klagenhäufung) muss dies - obwohl vom Wortlaut der Norm nicht vorgesehen - ebenso gelten. Die subjektive Klagenhäufung führt immer auch zu einer objektiven Klagenhäufung.[71]

b. Notwendigkeitsfunktion

Zu der genannten Zweckmäßigkeitsfunktion treten aber auch materielle und prozessuale Gründe hinzu, die eine einheitliche Behandlung der Verfahren gebieten. Gemeint sind bürgerlich-rechtliche Vorschriften, deren Einflussnahme auf das Prozessrecht sich hinsichtlich der Prozessführungsbefugnis und der Sachlegitimation des Anspruchs auswirken kann.[72] Hierin ergeben sich Unterschiede innerhalb der Streitgenossenschaft, die das Gesetz in den wenig ausdifferenzierten §§ 59 ff. ZPO folgendermaßen zum Ausdruck bringt[73]: Die Unterscheidung zwischen einfacher Streitgenossenschaft und notwendiger/ besonderer Streitgenossenschaft. Die Unterscheidung beider Institute erfolgt danach, ob die Entscheidung hinsichtlich der beteiligten Streitgenossen unterschiedlich ausfallen darf oder nicht.[74]

II. Einfache Streitgenossenschaft

Bei der einfachen Streitgenossenschaft werden mehrere Prozesse, die sonst jeder für sich abgeurteilt würden, zum Zwecke gemeinsamer Entscheidung in einem Verfahren verbunden. Die materielle Rechtslage wird dadurch nicht beeinflusst.

---

69 Wieczorek/Schütze/Schütze, § 59 Rdnr. 39; Stein/Jonas/Bork, Vor § 59 Rdnr. 7.

70 Schilken, ZPR, § 16 Rdnr. 666; ähnlich auch Gottwald, JA 1982, 64, 65.

71 Rosenberg/Schwab/Gottwald, § 48 Rdnr. 10.

72 Vgl. Stein/Jonas/Bork, Vor § 59 Rdnr. 4.

73 Überwiegend wird die gesetzliche Systematik der §§ 59 ff. ZPO als nicht gelungen angesehen, vgl. Stein/Jonas/Bork, § 59 Rdnr. 2; Gottwald, JA 1982, 64, 65. Insbesondere die mangelnde sachliche Trennschärfe, die eine genaue Zuordnung der verschiedenen Fallkonstellationen erschwert, hat dazu geführt, dass zwischen den einzelnen in Betracht zu ziehenden Varianten kaum noch unterschieden wird.

74 Schellhammer, Rdnr. 1586.

Die prozessuale Verbindung ist derart lose, dass zukünftig eine jederzeitige Trennung erfolgen kann. Diese Form der Streitgenossenschaft findet ihren rechtlichen Niederschlag in den §§ 59, 60 ZPO.

1. Erscheinungsformen

Die einfache Streitgenossenschaft lässt sich in drei unterschiedliche Anwendungsbereiche aufteilen. Zunächst ist sie immer dann statthaft, wenn eine Rechtsgemeinschaft zwischen den Prozesspersonen besteht (§ 59 Var. 1 ZPO), darüber hinaus dann, wenn mehrere Personen aus demselben tatsächlichen und rechtlichen Grund berechtigt oder verpflichtet sind (§ 59 Var. 2 ZPO) und schließlich, wenn gleichartige und auf einem im wesentlichen gleichartigen tatsächlichen und rechtlichen Grund beruhende Ansprüche oder Verpflichtungen den Gegenstand des Rechtsstreits bilden (§ 60 ZPO).

2. Prozessuale Folgen

Aus prozessualer Sicht wird die Streitgenossenschaft vom Grundsatz der Selbständigkeit der Streitgenossen geprägt. Die Streitgenossen werden Partei des Rechtsstreits, allerdings werden die Prozessrechtsverhältnisse hinsichtlich ihrer Entstehung und zulässigen Fortentwicklung im Prozess getrennt beurteilt. Die Verbindung erfolgt nur rein äußerlich. Dem näheren Verständnis dienen §§ 61 und 63 ZPO.

III. Notwendige Streitgenossenschaft

Die verfahrensökonomische Zweckmäßigkeit ist nur ein Grund der Prozessbündelung. Ein nicht nur äußerer, sondern auch innerer Streitzusammenhang wird notwendig, wenn prozessuale oder materielle Gründe dafür sprechen, weil die Prozesse gegenüber allen Beteiligten einheitlich entschieden werden müssen.

1. Allgemeines

Bei der notwendigen Streitgenossenschaft muss über den Streitgegenstand gegenüber allen Streitgenossen einheitlich entschieden werden. Dazu bedarf es einer engeren Verbindung der Prozessrechtsverhältnisse der Streitgenossen im Vergleich zur einfachen Streitgenossenschaft. Die Streitgenossen stehen hier im Gegensatz zur einfachen Streitgenossenschaft in einer größeren Abhängigkeit zum Verhalten der anderen Streitgenossen. Dieser gesteigerten Bedeutung trägt § 62 ZPO Rechnung, indem er, neben §§ 59 f. ZPO, die ebenso für die notwendige Streitgenossenschaft gelten, erweiternde Voraussetzungen für die Anforderungen an diese Form der Streitgenossenschaft stellt.[75]

2. *Arten*

Die notwendige Streitgenossenschaft wird vom Gesetz in zwei Fallgruppen unterteilt: Die eine bildet die notwendige Streitgenossenschaft aus prozessrechtlichen Gründen. Sie betrifft die Fälle der Rechtskrafterstreckung auf den jeweils anderen Streitgenossen und der Gestaltungswirkung der Entscheidung über das Prozessrechtsverhältnis des einzelnen Streitgenossen hinaus.

Die zweite Gruppe bildet die Streitgenossenschaft aus Gründen des materiellen Rechts (Streitgenossenschaft aus sonstigen Gründen), die auf eine gemeinsame Berechtigung oder Verpflichtung gegründet ist, wobei hier die Abgrenzung zur einfachen Streitgenossenschaft nicht immer eindeutig ausfällt.

3. *Prozessuale Folgen*

Zunächst gilt auch im Rahmen notwendiger Streitgenossen das Postulat der Selbständigkeit und die sich aus §§ 61, 63 ZPO ergebenden Folgen, wie sie auch für die einfache Streitgenossenschaft gelten.[76] Dies betrifft die persönlichen Prozessvoraussetzungen sowie die Zulässigkeit und die Folgen aktiver und passiver Prozesshandlungen.[77] Über diese Grundsätze, die notwendige und einfache Streitgenossenschaften gemeinsam haben, muss dem Merkmal der „Notwendigkeit" auch prozessual Rechnung getragen werden. Aus prozessualer Sicht bewirkt die notwendige Streitgenossenschaft ein engeres Band zwischen den Streitgenossen. Diesem Umstand trägt § 62 ZPO Rechnung, der – allerdings nicht abschließend – die Besonderheiten der sich aus dem Zwang zur einheitlichen Entscheidung in Folge der gemeinsamen Rechtsverfolgung festhält.[78]

C. Partei kraft Amtes

In bestimmten Rechtsbereichen wird einem ursprünglichen Rechtsträger die Verwaltungs- und Verfügungsbefugnis auf einen Dritten, den sog. Verwalter bzw. Vollstrecker, übertragen, der dann die Rechte und Interessen des Rechteinhabers im Rechtsverkehr wahrnimmt. Fälle dieser Art finden sich in Insolvenz- (§§ 21,

75 Zur Lückenhaftigkeit der Regelung s. BeckOK-ZPO/Dressler, § 62 Rdnr. 7.
76 BGHZ 131, 376, 381.
77 Stein/Jonas/Bork, Vor § 59 Rdnr. 3.
78 BeckOK-ZPO/Dressler, § 62 Rdnr. 30.

22, 80 InsO), Zwangsverwaltungs- (§ 152 ZVG), Testaments- (§§ 2212 f. BGB) und Nachlasssachen (§§ 1984 f. BGB).

Wie sich aber die Rechtsstellung solcher Verwalter in einem Prozess gestaltet, den sie im Rahmen dieser ihnen zugewiesenen gesetzlichen Funktion führen oder der gegen sie geführt wird, gehörte lange Zeit zu den lebhaft geführten Diskursen der Parteilehre zum Prozessrecht.[79] Trotz unverkennbarer Parallelen zur gesetzlichen Vertretung sind die Parteien kraft Amtes diesem Bereich nicht zuzuordnen. Die seit langem überwiegende Meinung in Rechtsprechung und Literatur begreift das Handeln dieses Personenkreises als ein sich im Rahmen eines privaten Amtes abspielendes. Daher erlangen sie die Parteistellung im Prozess kraft ihres ausgeübten Amtes („Amtstheorie").[80] Der Gesetzgeber ist zudem in § 116 S. 1 Nr. 1 ZPO der Amtstheorie gefolgt. Sie vertreten demnach fremde Interessen, treten aber gleichwohl im eigenen Namen auf.[81] Nach der im Vordringen befindlichen Vertretertheorie sind die genannten Personen nicht Partei, sondern deren gesetzlicher Vertreter, beschränkt auf das erfasste Vermögen.[82] Als kaum relevant, da systemwidrig, erweisen sich die Organtheorie[83] und die Theorie vom neutralen Handeln[84].[85]

D. Die Stellvertretung im Zivilprozess

I. Allgemeine Grundsätze

Für die Rolle der Partei und deren Vertreter kommt es darauf an, wer für sich Rechtsschutz begehrt bzw. für wen Rechtsschutz begehrt wird, so dass ein Vertreter in keinem Fall Partei sein kann, da die rechtlichen Wirkungen seines Handelns stets den Vertretenen treffen, § 164 Abs. 1 S. 1 BGB.[86] Schon mehrfach

79 Zur dogmatischen und praktischen Bedeutung des Meinungsstreits mit Blick auf den Insolvenzverwalter s. Bork, § 7 Rdnr. 64.

80 St. Rspr. seit RGZ 29, 29, 30; ferner u. a. BGHZ 38, 281, 282; 100, 346, 351; Baumbach/Lauterbach/Albers/Hartmann, Grdz. § 50 Rdnr. 9; MünchKomm-InsO/Ott/Vuia, § 80 Rdnr. 35; Zöller/Vollkommer, § 51 Rdnr. 7; Stein/Jonas/Bork, Vor § 50 Rdnr. 33 ff.

81 Stein/Jonas/Bork, Vor § 50 Rdnr. 29.

82 K. Schmidt, KTS 1984, 345, 360 ff.; Rosenberg/Schwab/Gottwald, § 40 Rdnr. 16; MünchKomm-ZPO/Lindacher, Vor § 50 Rdnr. 36; Thomas/Putzo/Hüßtege, § 51 Rdnr. 29.

83 Der Verwalter handelt bezogen auf das Sondervermögen als dessen Organ.

84 Der Verwalter tritt weder als Vertreter des Schuldners noch im eigenen Namen auf.

85 So im Ergebnis etwa Bork, § 7 Rdnrn. 65, 67.

86 Kein Widerspruch dazu stellt die Möglichkeit der Prozessstandschaft dar. Bei dieser geht die Prozessführungsbefugnis kraft Gesetzes oder Rechtsgeschäft vom eigentlichen Rechtsträger auf die Partei des Rechtsstreits über.

wurde bisher auf das Verhältnis von Sachrecht und Prozessrecht eingegangen. Diese Beziehung reicht von einer rechtlichen Unabhängigkeit beider Rechtsmaterien (vgl. die Ausführungen zum formellen Parteibegriff) bis hin zu einer engen wechselseitigen Verbindung (Notwendigkeit des Prozessbetriebs zur Feststellung und Durchsetzung materieller Rechte). Eine ebensolche Wechselseitigkeit, die neben vielen Gemeinsamkeiten auch systemische Unterschiede aufweist, ist am Recht der Stellvertretung zu erkennen. Im bürgerlichen Recht richtet sich die Stellvertretung nach den §§ 164 ff. BGB. Abgesehen von höchstpersönlichen Rechtsgeschäften wie die Parteivernehmung nach §§ 445 ff., 452 ZPO, bei denen eine Stellvertretung ausscheidet, ist sie im Rechtsverkehr immer dann möglich bzw. notwendig, wenn der Betroffene in Person nicht handeln kann oder will. Die notwendige Vertretungsmacht des Vertreters kann dabei aufgrund rechtsgeschäftlicher Erteilung (Vollmacht, gewillkürte Stellvertretung) oder kraft gesetzlicher Anordnung (gesetzliche Stellvertretung) bestehen.

Die so gefundenen Grundsätze gelten prinzipiell auch im Prozessrecht.[87] Der Rechtsstreit im Zivilprozess läuft im Rahmen des Prozessrechtsverhältnisses ab, welches einer Stellvertretung ebenso wie ein materielles Rechtsgeschäft zugänglich ist. Dies erschien dem Gesetzgeber als derart selbstverständlich, dass er nur an den Stellen die Stellvertretung ausdrücklich erwähnt, wo sie ausnahmsweise nicht zulässig ist, wie etwa in § 478 ZPO.[88] Der Prozessbetrieb selbst dreht sich nicht um Willenserklärungen (diese liegen dem materiellen Recht zugrunde), sondern um sog. Prozesshandlungen: Es sind privatrechtliche prozessuale Erklärungen, deren Erfolg auf eine prozessuale Rechtsfolge gerichtet ist. Ihr Hauptmerkmal liegt in der gestaltenden Wirkung, die sie auf ein Verfahren haben.[89]

Darüber hinaus ist in vielen Fällen die Stellvertretung – obschon es sich um eine gewillkürte Vertretung handeln kann – obligatorisch – neben dem Empfang von Zustellungen ist dies für den Anwaltsprozess von großer Bedeutung.

II. Gesetzliche Vertretung

1. Begriff

Als gesetzlicher Vertreter gilt derjenige, dessen Vertretungsmacht nicht auf der privatautonomen Erteilung durch den Vertretenen, sondern aufgrund ausdrücklicher gesetzlicher oder zumindest staatlicher Anordnung zurückzuführen

---

87 Jauernig/Hess, § 21 Rdnr. 1; Blomeyer, § 9 S. 75.

88 Rosenberg/Schwab/Gottwald, § 53 Rdnr. 7.

89 Rosenberg/Schwab/Gottwald, § 63 Rdnr. 1.

ist.[90] Wer als gesetzlicher Vertreter in Betracht kommt, unter welchen Voraussetzungen dies geschieht und welchen Schranken er unterliegt bzw. wann ein Fall der gesetzlichen Vertretungsanordnung vorliegt, ist dem materiellen Recht zu entnehmen (vgl. §§ 1629 Abs. 1, 1789, 1793, 1896, 1902 BGB). Dies folgt unmittelbar aus § 51 Abs. 1 Var. 2 ZPO, der jedoch nicht nur auf die Vorschriften des bürgerlichen Rechts verweist, sondern zugleich die Vorrangstellung der ZPO sowie die normative Ergänzung des materiellen Rechts infolge der §§ 52 ff. ZPO beschreibt. Prozessfähigkeit und gesetzliche Vertretung stehen zudem nicht zwingend in einem Exklusivitätsverhältnis, wie insbesondere die §§ 53 und 58 ZPO zeigen.

Keine gesetzliche, sondern gewillkürte Vertretung liegt vor in Fällen, in denen jemand kraft gesetzlicher Anordnung dazu verpflichtet ist, einen für sich tätig werdenden Vertreter zu wählen (vgl. § 78 ZPO) oder wo die Beiordnung eines Rechtsanwalts vorgeschrieben ist (§§ 78b, 78 ZPO, § 11 ArbGG, § 48 BRAO).[91] Darüber hinaus wirkt die gesetzliche Vertretung nicht nur im Prozessrecht, sondern eben gerade auch im materiellen Recht. Der Hauptanwendungsfall der gesetzlichen Vertretung im Prozess liegt bei natürlichen Personen im Rahmen der Geschäftsunfähigkeit und beschränkten Geschäftsfähigkeit. Zum anderen taucht die Frage bei juristischen Personen und sonstigen rechtsfähigen Zusammenschlüssen auf, die aus sich heraus nicht prozessfähig sind, vgl. § 52 ZPO.[92]

2. Die Rolle im Prozess

Die rechtliche Verbundenheit von Vertretenem und gesetzlichem Vertreter ist enger ausgestaltet als jene im Verhältnis zwischen Vertretenem und gewillkürtem Vertreter.[93] Dies zeigt sich daran, dass für die prozessunfähige Partei zwingend ihr gesetzlicher Vertreter handeln muss. Erfolgt dies nicht, können auch keine prozessualen Handlungen vorgenommen werden – eine bereits erhobene Klage ist unzulässig.[94] Der gesetzliche Vertreter muss dabei entweder in Person

90 Stein/Jonas/Bork, § 51 Rdnr. 22.

91 Wieczorek/Schütze/Hausmann, § 51 Rdnr. 2; Stein/Jonas/Bork, § 51 Rdnr. 22; s. auch unten S. 36 ff.

92 Zur dogmatisch umstrittenen Frage der Prozessfähigkeit juristischer Personen vgl. Rosenberg/Schwab/Gottwald, § 44 Rdnr. 7 und die Nachweise bei Schilken, ZPR, § 4 Rdnr. 85; Baumbach/Lauterbach/Albers/Hartmann, § 51 Rdnr. 16 ff.; siehe ferner aus der Rspr. BGH NJW 1984, 668.

93 RGZ 66, 240, 242.

94 Vgl. Wieczorek/Schütze/Hausmann, § 51 Rdnr. 4.

oder zumindest durch einen Bevollmächtigten auftreten.[95] Durch den gesetzlichen Vertreter wird damit die Partei erst in die Lage versetzt, gestaltend am Prozessrechtsverhältnis teilzunehmen. Dadurch wird die Prozessunfähigkeit der Partei überwunden.[96] Dies geschieht rein faktisch aber nicht in Gestalt der Partei, sondern des gesetzlichen Vertreters, dem gegenüber den Prozessbeteiligten eine Quasi-Parteistellung zuteil wird.[97] Dass er somit Träger umfassender parteilicher Rechte und Pflichten ist, ist freilich keine Schlussfolgerung kraft geschriebener Grundsätze, sondern muss dem Normgefüge der ZPO entnommen werden. Den Organen juristischer Personen und parteifähigen Vereinigungen kommt auch im Prozess die Stellung eines gesetzlichen Vertreters zu; sie stehen damit den Vertretern Prozessunfähiger gleich.[98]

Sofern ein gesetzlicher Vertreter fehlt oder er gleichzeitig der Prozessgegner wäre, ist eine Prozessführung ausgeschlossen. Dies folgt aus dem allgemeinen Grundsatz des Verbots des Selbstkontrahierens nach § 181 BGB. Zwar ist § 181 BGB auf Prozesshandlungen nicht direkt anwendbar; jedoch lässt sich dem Rechtsgedanken entnehmen, dass niemand gleichzeitig auf beiden Seiten des Prozesses stehen darf.[99]

Somit hat zwischen Vertreter und Vertretenem zunächst eine scharfe personelle und sachliche Trennung zu erfolgen. Partei des Prozesses ist der Vertretene, dem die Handlungen des gesetzlichen Vertreters „unmittelbar und ausschließlich"[100] gelten.

In Abkehr des geschilderten Grundsatzes der rechtlichen Selbständigkeit geht das Gesetz selbst an einigen Stellen von einer gewissen Überschneidung der normativen persönlichen Anwendungsbereiche aus. Diese gelten zum Teil sowohl für die Partei als auch ihren Vertreter (so etwa beim Ausschluss von der Ausübung des Richteramtes nach § 41 Nr. 1 ZPO und Nr. 4 ZPO), teils gelten sie gar für den Vertreter gleich einer Partei (im Rahmen der Zurechnung des Verschuldens nach § 51 Abs. 2 ZPO, bei der Anordnung des persönlichen Erscheinens gemäß §§ 141, 273 Abs. 2 Nr. 3, 279 Abs. 3 ZPO und Parteivernehmung

95 Vgl. Wieczorek/Schütze/Hausmann, § 51 Rdnr. 45.

96 Zum Normzweck s. zudem Wieczorek/Schütze/Hausmann, § 51 Rdnr. 4.

97 Stein/Jonas/Bork, § 51 Rdnr. 23; AK-ZPO/Koch § 52 Rdnr. 14; MünchKomm-ZPO/Lindacher, § 51 Rdnr. 31; siehe einschränkend RGZ 66, 240, 242.

98 Schilken, ZPR, § 4 Rdnr. 85.

99 BGHZ 41, 104, 107; zum Verbot des Insichprozesses s. bereits oben S. 20 f.

100 Zöller/Vollkommer, § 51 Rdnr. 14; RGZ 156, 193, 195 f.; Wieczorek/Schütze/Hausmann, § 51 Rdnr. 45.

gemäß der §§ 426, 441 Abs. 3, 455 Abs. 1 ZPO).[101] Der gesetzliche Vertreter kann aufgrund der beschriebenen Stellung, die er zur Partei einnimmt, weder Zeuge, noch Nebenintervenient und Streitverkündungsempfänger sein.

III. Gewillkürte Vertretung

1. Begriff

Im Rahmen der gewillkürten Stellvertretung leitet sich die Vertretungsmacht nicht von einer gesetzlichen Anordnung ab, sondern getragen vom Willen des Vertretenen[102], die sich in einer rechtsgeschäftlichen Erteilung, der Bevollmächtigung, äußert. Damit zeigen sich – wie auch im Falle gesetzlicher Vertretung – erkennbar Parallelen zum materiellen Recht, nicht nur was die Voraussetzungen der Erteilung, sondern auch deren Wirkungen betrifft.[103] Die im Prozessrecht häufigste Form der gewillkürten Vertretung erfolgt gegenüber dem Rechtsanwalt als Prozessbevollmächtigten der Partei, dessen Vertretungsmacht auf der rechtsgeschäftlich erteilten Vollmacht – der Prozessvollmacht (vgl. § 81 ZPO) – beruht.[104]

2. Die Prozessvollmacht

a. Entstehung und Anwendungsbereich

Die Bezeichnung als „Prozessvollmacht" gibt nicht nur Auskunft über den sachlichen Anwendungsbereich der Bevollmächtigung (das Prozessrechtsverhältnis), sondern weist gleichzeitig auch auf die Besonderheiten hinsichtlich ihres Zustandekommens hin. Sie ist eine spezielle Form der Vollmacht, die den Vertreter zur Prozessführung im Namen des Vertretenen ermächtigt.[105] Für die Erteilung der Vollmacht sind nämlich primär nicht die Regelungen der §§ 165 ff. BGB, sondern vorrangig §§ 80 ff. ZPO anzuwenden. Jene Vorschriften sind nur dann nicht abschließend, wenn ergänzend kraft Verweisung auf die materiellrechtlichen Regelungen zurückzugreifen ist oder in ihnen zumindest „allgemeine Rechtsgedanken der Stellvertretung zum Ausdruck kommen"[106]. Streng zu

---

101 Schilken, ZPR, § 4 Rdnr. 77; Zöller/Vollkommer, § 51 Rdnr. 14; Wieczorek/Schütze/Hausmann, § 51 Rdnr. 46.

102 Baumbach/Lauterbach/Albers/Hartmann, § 51 Rdnr. 7.

103 Blomeyer, § 9, S. 75 f.

104 Zu den weiteren Fällen s. sogleich unter S. 34 ff.

105 Vgl. W. Zimmermann, § 80 Rdnr. 3.

106 So BGH NJW 2003, 963, 964; 2003, 1594; 2004, 844 („Sonderrecht" der Prozessvollmacht).

trennen, wie dies im Übrigen auch für die Vollmacht nach §§ 165 ff. BGB gilt, ist sie von dem ihr zugrunde liegenden Rechtsverhältnis.

Die Prozessvollmacht ist die für den Rechtsanwalt geltende Generalvollmacht, deren Umfang gesetzlich vorgegeben ist.[107] Ob sie zur Prozessführung zwingend erforderlich ist, entscheidet die Abgrenzung von Anwaltsprozess (§ 78 Abs. 1 S. 1 ZPO) und Parteienprozess (§ 79 ZPO).[108]

Nach § 78 Abs. 1 S. 1 ZPO müssen sich die Parteien vor den Landgerichten und Oberlandesgerichten durch einen Rechtsanwalt vertreten lassen.[109] In diesen Verfahren besteht Anwaltszwang, darum wird hier terminologisch vom Anwaltsprozess gesprochen. Der Anwaltszwang hat in der Gerichtsbarkeit eine lange Tradition.[110] Er stellt keine (unverhältnismäßige) Beschränkung der Parteien des Zugangs zu den staatlichen Gerichten dar, sondern fördert bei genauerem Hinsehen diesen.[111] Seine Notwendigkeit für das Funktionieren der Rechtspflege liegt auf der Hand und kann entgegen aller vorgebrachten Kritik[112] nicht hoch genug bewertet werden.

Der Ausdruck darf allerdings nicht darüber hinwegtäuschen, dass auch im Prozess mit Anwaltszwang die Zentralfiguren die Parteien sind. Ihnen fehlt es lediglich an der Postulationsfähigkeit. Die starke Betonung des Rechtsanwalts erklärt sich aus dem zwingenden Erfordernis seiner Vertretungsfunktion. Dieses Verständnis verdeutlichen auch zahlreiche Vorschriften der ZPO, die die aktive Mitwirkung der Partei auch im Anwaltsprozess vorsehen und zum Teil vorschreiben (vgl. § 85 Abs. 1 S. 2, 141, 273 Abs. 2 Nr. 3, Abs. 4; 279 Abs. 2 ZPO[113]).

Aus § 79 ZPO folgt die Existenz des Parteienprozesses für den Zivilprozess.[114] Im Parteienprozess ist eine Vertretung der Partei durch einen Rechtsanwalt

---

107 Vgl. Zöller/Vollkommer, § 81 Rdnr. 1.

108 Für den Bereich der freiwilligen Gerichtsbarkeit sind §§ 10, 114 FamFG zu beachten.

109 Zu weiteren gesetzlichen sowie allgemein anerkannten Ausnahmen s. Bergerfurth, NJW 1961, 1237 ff.

110 Vgl. die Darstellung bei Hartstang I, Kap. III S. 91 ff.

111 A.A. und mit deutlicher verfassungsrechtlicher Kritik Sauer, DRiZ 1970, 293 ff. und ihm folgend Husmann, DRiZ 1971, 311 f.

112 Sauer, DRiZ 1970; 293 ff.; Husmann, DRiZ 1971, 311 ff.

113 Zur gleichzeitigen Vertreterbestellung des Prozessbevollmächtigten s. Gruschwitz, JR 2012, 283 ff.

114 § 79 ZPO wurde durch Art. 8 des Rechtsberatungsneuregelungsgesetzes vom 12.12.2007 (BGBl. I, S. 2840) geändert. Für die übrigen Gerichtsbarkeiten existieren dem § 79 ZPO nachgebildete Vorschriften, vgl. §§ 11 ArbGG, 67 VwGO, 73 SGG, 62 FGO, 13 FGG.

nicht geboten, die Partei kann den Rechtsstreit selbst führen (vgl. § 79 Abs. 1 S. 1 ZPO), wenngleich auch hier die Vertretung durch einen Rechtsanwalt möglich ist (§ 79 Abs. 2 S. 1 ZPO) und auch praktisch ganz überwiegend vorkommt.

Der Unterschied zwischen Vertretungsfreiheit vor den Amtsgerichten und Vertretungszwang in den übrigen Instanzen ergibt sich streitwertabhängig.[115] Aber selbst im Parteiprozess darf neben dem Rechtsanwalt nicht jeder beliebige Dritte als Prozessvertreter der Partei auftreten. Die ZPO hat die Prozessvertretung solcher Personen stark eingeschränkt. Sinn und Zweck dieser Begrenzung auf bestimmte Personen ist der Schutz der Prozesspartei vor unsachgemäßer Vertretung und deren nachteiliger Folgen.[116] Neben den bereits angesprochenen Rechtsanwälten sind dies die in § 79 Abs. 2 S. 2 ZPO abschließend erwähnten Vertreter.[117] Einen zusätzlichen gesetzlichen Schutz vor unsachgemäßer Vertretung vermittelt § 79 Abs. 3 S. 3 ZPO, der nicht nur von der abstrakten Eignung der in Frage kommenden Vertretungspersonen ausgeht, sondern das Gericht zu einer Überprüfung dieser Sachkompetenz auch im konkreten Fall ermächtigt.[118]

An diesem Umstand hat auch die umfassende Neuregelung der nichtanwaltlichen Rechtsdienstleistungen durch das RDG[119] keine Änderungen bewirkt. Dieses hat mit Wirkung zum 1.7.2008 das bis zu diesem Zeitpunkt geltende RBerG[120] abgelöst. Mit dem zentralen Begriff der Rechtsdienstleistung[121] ist es auf den außergerichtlichen Tätigkeitsbereich beschränkt (vgl. § 1 Abs. 1 i.V.m. § 2 RDG). Die hiernach ermächtigten Rechtsdienstleister dürfen ihre Tätigkeit nicht im prozessualen Stadium der Rechtsangelegenheit fortsetzen.

b. Umfang

Die klassische Prozessvollmacht, von der § 81 ZPO ausgeht, ist vom sachlichen Umfang her unbeschränkt und unbeschränkbar. Sie ermächtigt den Prozessbevollmächtigten zur Vornahme von Prozesshandlungen aller Art für den dem Rechtsstreit zugrunde liegenden „Prozess als Ganzes“[122]. Auch auf bestimmte

115 Zustimmend Vollkommer, S. 30 f, bezugnehmend Stürner, JZ 1986, 1089 ff.
116 Franz, S. 40 A IV 3a.
117 BT-Drucks. 16/3655, S. 87.
118 BT-Drucks. 16/3655, S. 87.
119 Gesetz über außergerichtliche Rechtsdienstleistungen vom 12.12.2007, BGBl. I, S. 2840.
120 Rechtsberatungsgesetz vom 13.12.1935, RGBl. I, S. 1478, aufgehoben mit Wirkung vom 1.7.2008.
121 Zu Einzelheiten s. Römermann, NJW 2008, 1249, 1250 f.
122 Stein/Jonas/Bork, § 81 Rdnr. 1.

Instanzen ist sie nicht beschränkt. Die Abgabe und Entgegennahme rechtsgeschäftlicher Erklärungen muss einen Bezug zum Streitgegenstand aufweisen und sich in dessen Grenzen halten. Sie müssen darauf gerichtet sein, dem Ziel des Prozesses zu dienen.

Die Wirkung der Prozessvollmacht beschreibt § 85 Abs. 1 ZPO. Die von dem Prozessbevollmächtigten vorgenommenen Handlungen sind für die Partei in gleicher Wiese verpflichtend, als wenn sie von der Partei selbst vorgenommen wären. Sie stellt das prozessrechtliche Korrelat zu § 164 Abs. 1 BGB dar. Für materiell-rechtlich bedeutsame Erklärungen, die im Prozess abgegeben werden, wird § 164 Abs. 1 BGB durch § 85 Abs. 1 ZPO überlagert.

Den Wegfall der Prozessvollmacht behandeln die §§ 86 f. ZPO. Dort geht es allerdings weniger um die Gründe als um die Frage, welches Schicksal die Vollmacht im Falle von Veränderungen in der Person des Vollmachtgebers erleidet.

3. Kapitel – Prozessuale Teilhabe außerhalb der Parteistellung – Die Beteiligung Dritter am Zivilprozess

A. Drittbeteiligung

Der bisher geschilderte Normalfall geht von der Betrachtung des zivilprozessualen Systems von zwei Parteien aus. Darüber hinaus wurde auf die Möglichkeit der Mehrung der Beteiligten auf Seiten der Parteien hingewiesen, ohne hierin einen Widerspruch zum Zweiparteienprinzip zu erblicken. Schließlich findet eine erste personelle Erweiterung im Hinblick auf die Stellvertretung im Prozess im oben beschriebenen Sinn statt. Allen diesen Spielarten des Parteienprozesses ist gemein, dass sie streng parteibezogen eine enge Ausrichtung am Parteibegriff darstellen und ausschließlich eine Aussage darüber treffen, wie die Teilnahme der Parteien am Zivilprozess möglich ist, entweder in einer erweiterten Form (dann streitgenössische Beteiligung) oder einer Repräsentation (dann unterschiedliche Formen der Vertretung).

In einem nächsten Schritt ist unter Zugrundelegung der soeben geschilderten Grundsätze darzustellen, wie weitere Möglichkeiten der Beteiligung am Prozess bestehen ohne zugleich Partei zu sein. Entscheidend in Abgrenzung zur Partei ist das Maß an Selbständigkeit.

I. Hauptintervention, §§ 64, 65 ZPO

1. Begriff

Die Hauptintervention[123] ist ein in der gerichtlichen Praxis äußerst selten vorkommendes Prozessrechtsinstitut.[124] Ihre Bedeutung liegt damit ohne Zweifel auf dogmatischer Ebene. Bedeutung erlangt sie dort, wo ein bereits zwischen anderen Personen anhängiger Rechtsstreit vorliegt. Wenn ein Dritter das Recht, über das die Parteien streiten, zur Gänze oder zum Teil für sich beansprucht, kann er als Hauptintervenient seinen vermeintlichen Anspruch im Klagewege gegen die Parteien des schwebenden Prozesses geltend machen.[125] Der zwischen

123 Ebenso gebräuchlich sind die Bezeichnungen Interventionsklage sowie Einmischungs- und Einwirkungsklage.

124 Darauf weisen Schönke/Kuchinke, § 26 S. 121 hin; Oberheim, § 16 Rdnr. 55.

125 Schönke/Kuchinke, § 26 S. 121.

anderen anhängige Prozess wird in Abgrenzung zur Interventionsklage als Hauptprozess[126] oder Erstprozess[127] bezeichnet. Die andere Möglichkeit wäre das Zuwarten, bis der schwebende Rechtsstreit entschieden ist, um dann gegen die obsiegende Prozesspartei vorzugehen. Diese zweite Möglichkeit erscheint nicht immer optimal. Das Gericht des Hauptprozesses hat sich bereits mit dem Sach- und Streitstand, auf den sich der Hauptintervenient mit seiner Intervention stützt, befasst. Die Bündelung der Verfahren vor einem einzigen Gericht statt die Erhebung eines Rechtsstreits vor einem anderen Gericht bietet die Chance, sich wiedersprechende Entscheidungen zu vermeiden.[128]

Die eigentliche Rechtsnatur der Hauptintervention wird nicht einheitlich beurteilt. Die wohl überwiegende Meinung versteht sie als besonders geregelte Form der subjektiven Klagenhäufung, die zusätzlich für den Interventionsprozess eine besondere Gerichtszuständigkeit eröffnet.[129] Folglich zeichne sie sich vorrangig durch ihre Prozessverbindungsfunktion aus, mit der sie dem Postulat der Prozesswirtschaftlichkeit Rechnung trage. Eine andere Ansicht weist der Hauptintervention eine über ihre prozessuale Verbindungswirkung hinausgehende Bedeutung zu und grenzt sie in dieser Funktion von den bloßen Streitgenossenschaften ab. Nach dieser Lesart greift die Interventionsklage weit in das materielle Recht ein, indem sie der Durchsetzung der materiellen Rechte des Dritten dient, über die durch die Parteien des Hauptprozesses kraft deren Prozessierung eine Rechtsanmaßung stattfindet.[130]

Aus gesetzessystematischer Sicht eröffnet die Hauptintervention den Titel 3 des 2. Abschnitts im 1. Buch der ZPO unter der Überschrift „Beteiligung Dritter am Rechtsstreit". Diese Einordnung wird nach allgemeinem Verständnis ihrem Wesen nicht gerecht.[131] Die Verortung im Bereich der Parteien und deren Mehrheit hätte ihrer Bedeutung eher entsprochen.[132] Diesem Modell folgt die österreichische Zivilprozessordnung. § 16 ZPO-Österreich behandelt die

---

126 So bspw. Rosenberg/Schwab/Gottwald, § 52 Rdnr. 1 ff.

127 So bspw. Wieczorek/Schütze/Mansel, § 64 Rdnr. 1 ff.

128 Koussoulis, ZZP 100 (1987), 211, 225 f.

129 Wieczorek/Schütze/Mansel, § 64 Rdnr. 4.

130 Statt vieler MünchKomm-ZPO/Schultes, § 64 Rdnr. 2; Koussoulis ZZP 100 (1987), 211, 217 ff.

131 Stein/Jonas/Bork, § 64 Rdnr. 1; Schönke/Kuchinke, § 26, S. 121; MünchKomm-ZPO/Schultes, § 64 Rdnr. 1 spricht von Drittbeteiligung „allenfalls im weitesten Sinne"; Wieczorek/Schütze/Mansel, § 64 Rdnr. 4; Rosenberg/Schwab/Gottwald, § 52 Rdnr. 2; W. Lüke, S. 28.

132 Koussoulis, ZZP 100 (1987), 211, 225.

Hauptintervention neben der Streitgenossenschaft im 1. Teil, erster Abschnitt, Zweiter Titel. In der Zivilprozessordnung der Schweiz findet sich im Vergleich zwischen Deutschland und Österreich eine Zwischenlösung. Dort steht die Hauptintervention in einem eigenständigen Abschnitt des 4. Kapitels in Art. 74 zwischen den Vorschriften betreffend die Parteien und der Nebenintervention sowie Streitverkündung.

2. Voraussetzungen

Als Voraussetzung einer zulässigen Hauptintervention muss ein zwischen anderen Personen anhängiger Rechtsstreit schweben.[133] Rechtshängigkeit ist nicht erforderlich. Auch der spätere Wegfall des Rechtsstreits hat auf die wirksame Hauptintervention keinen Einfluss. Zwischen anderen Personen muss der Rechtsstreit anhängig sein; Parteistellung im Hauptprozess und Stellung als Hauptintervenient im Rahmen der Interventionsklage schließen sich aus. Des Weiteren muss ein Dritter eine Klage gegen beide Parteien des Hauptprozesses erheben, mit der er seinen Hauptinterventionsgrund geltend macht. Als Interventionsgrund muss der Hauptintervenient eine Sache oder ein Recht[134] ganz oder teilweise für sich in Anspruch nehmen, über dessen Berechtigung ebenso die Parteien der Hauptklage streiten.[135] Der als Interventionsgrund in Frage kommende Anspruch steht im Verhältnis Haupt- und Interventionsklage in einer Ausschließlichkeitsbeziehung – er steht entweder (ganz oder teilweise) einer Partei des Hauptprozesses oder dem Hauptintervenient zu. Ihre prozessuale Umsetzung findet die Hauptintervention, indem der Intervenient gegen den Kläger des Erstprozesses eine Klage auf Feststellung und gegen den Beklagten eine solche auf Leistung erhebt. Als Folge der Hauptintervention existieren zwei selbständige Verfahren: Zum einen die Hauptklage und zum anderen die Interventionsklage. Dies hat gleichzeitig das Entstehen einer Streitgenossenschaft zwischen den Parteien des Hauptprozesses zur Folge.[136]

Der Hauptprozess und Interventionsprozess stehen selbständig nebeneinander. Die Hauptintervention bewirkt keine automatische Verbindung oder

133 MünchKomm-ZPO/Schultes, § 64 Rdnr. 5.

134 Heim, S. 44 f. weist zutreffend darauf hin, dass zwischen beiden Varianten nicht zu unterscheiden ist. Dem Streit über eine Sache liegt nämlich immer auch der Streit über ein Recht an ihr oder auf sie zugrunde.

135 Umstritten ist, wie sich im Detail das Merkmal der Inanspruchnahme bestimmen lässt.

136 MünchKomm-ZPO/Schultes, § 64 Rdnr. 12.

sonstige Einflussnahme des einen Prozesses auf den anderen.[137] Ob sie zu erfolgen hat, hängt vom Einzelfall ab. Ebenso verhält es sich um die Aussetzung des Hauptprozesses nach § 65 ZPO i.V.m. § 148 ZPO.

II. Nebenintervention (Streithilfe)

1. Begriff

Die Nebenintervention ist die von außen kommende Einwirkung eines Dritten auf einen zwischen anderen anhängigen Rechtsstreit durch Unterstützung einer Partei zur Abwendung ihn treffender, nachteiliger Rechtswirkungen durch die Entscheidung des Erstprozesses. Sie zeichnet sich durch Fremdheit des Rechtsstreits einerseits und das eigene Interesse an der Unterstützung andererseits aus. Die Bedeutung der Nebenintervention schlägt sich in der praktischen Umsetzung nicht angemessen nieder – von ihr wird nur unzureichend Gebrauch gemacht.[138] Kommt sie vor, dann eher reaktiv als Folge einer Streitverkündung nach §§ 72 Abs. 1, 74 Abs. 1 ZPO.[139]

Von der Hauptintervention unterscheidet sich die Nebenintervention in ihrem Anwendungsbereich nach dem Grad der Selbständigkeit. Die Hauptintervention bewirkt ein selbständiges Urteilsverfahren neben dem Hauptprozess, die Nebenintervention führt hingegen zum Beitritt des Dritten als Gehilfe der unterstützten Prozesspartei. Nicht umsonst wird sie gebräuchlicherweise als Streithilfe bezeichnet. Diese Terminologie bringt ihre Bedeutung plastisch zum Ausdruck.

2. Anwendungsvoraussetzungen

a. Rechtsstreit

Wie schon im Rahmen der Hauptintervention setzt auch die statthafte Nebenintervention einen Rechtsstreit zwischen anderen Parteien voraus, § 66 Abs. 1 ZPO. Der Begriff ist in einem gleichen Sinn wie bei § 64 ZPO zu verstehen und entsprechend weit auszulegen. Rechtshängigkeit ist auch hier nicht erforderlich. In zweifacher Hinsicht weichen beide Prozessinstitute jedoch voneinander ab: Zum einen meint der Rechtsstreitbegriff in § 66 Abs. 1 ZPO sämtliche zivilprozessuale Verfahren, nicht ausschließlich Klageverfahren. Zweifelhaft ist zwar, ob man von einem anhängigen Rechtsstreit (§ 66 ZPO) ausgehen kann, wenn

---

137 Eine Verbindung dürfte allerdings in vielen Fällen zweckmäßig sein.

138 Musielak/Weth, § 66 Rdnr. 1.

139 MünchKomm-ZPO/Schultes, § 66 Rdnr. 2.

die Partei gegen eine einstweilige Verfügung im Verfahren des Eilrechtsschutzes nichts unternommen hat.[140] Da aber der Widerspruch nicht befristet ist, kann ihn die Partei noch jederzeit einlegen.[141] Entscheidend ist allein, ob durch das Verfahren die rechtliche Stellung des Nebenintervenienten beeinflusst wird.[142] Folglich kann sie auch im selbständigen Beweisverfahren[143] vorkommen. Und zweitens darf der Rechtsstreit nicht beendet sein. Hat er nämlich sein Ende gefunden, besteht kein Grund, eine von ihm sich unabhängig entwickelnde Nebenintervention anzuerkennen. Die Nebenintervention ist in jeder Lage akzessorisch zum Rechtsstreit. Die näheren zeitlichen Voraussetzungen ergeben sich aus § 66 Abs. 2 ZPO. Von seiner Anhängigkeit bis hin zur rechtskräftigen Entscheidung des Rechtsstreits kann sie erklärt werden, auch in Verbindung mit der Einlegung eines Rechtsmittels.[144]

b. Interventionsgrund

Als Interventionsgrund nennt das Gesetz das rechtliche Interesse an der Nebenintervention. Das rechtliche Interesse des Dritten, mit welchem er seinen Beitritt auf Seiten einer der Parteien rechtfertigt, muss in der berechtigten Erwartung des Obsiegens im Rechtsstreit gerade dieser Partei liegen. Die berechtigte Erwartung besteht nach einer Ansicht nicht erst beim Eintritt einer nachteiligen Rechtsstellung des Nebenintervenienten durch den Verlust der Hauptpartei, sondern bereits dann, wenn deren Unterliegen ihm bloße Vorteile bereiten würde.[145] Ob diese Annahme berechtigt ist kann dahingestellt bleiben, weil jedenfalls nach einhelliger Meinung die Voraussetzungen großzügig zu handhaben sind.[146]

Was genau dieses Interesse sein soll bzw. wie es auszufüllen ist, lässt der Wortlaut der Norm offen. Den Begriff des rechtlichen Interesses verwendet § 66 Abs. 1 ZPO nicht exklusiv. Auch § 256 Abs. 1 ZPO nennt ihn, im Zusammenhang mit der Klage auf Feststellung. Dort hat es die Funktion eines qualifizierten Rechtsschutzbedürfnisses zur Vermeidung nicht gebotener Klagen und ist damit

---

140 OLG Düsseldorf NJW 1958, 794, 795.

141 OLG Düsseldorf NJW 1958, 794, 795.

142 Musielak/Weth, § 66 Rdnr. 3.

143 BGH BeckRS 2012, 16892; Beschl. v. 12.7.2012 VII ZB 9/12; BGHZ 134, 190, 192; BGHZ 182, 150, 152 f.; BGH NZBau 2006, 648.

144 BGH NJW 1997, 2385.

145 Entgegen vieler Rosenberg/Schwab/Gottwald, § 50 Rdnr. 13 („Das rechtliche Interesse fehlt in der Regel, wenn das Unterliegen der Hauptpartei dem Nebenintervenienten keinen Nachteil, der Sieg aber einen Vorteil bringt.").

146 Baumbach/Lauterbach/Albers/Hartmann, § 66 Rdnr. 6.

Prozessvoraussetzung. Mit der auf dem Interesse im Rechtssinn liegenden Betonung scheiden hier wie dort rein tatsächliche, ideelle oder auch wirtschaftliche Interessen aus.[147] Des Weiteren muss das Interesse ein eigenes und gegenwärtiges sein. Es ist zu bejahen, wenn die inhaltliche Entscheidung des Rechtsstreits oder die Vollstreckung, sei es mittelbar oder unmittelbar, auf die Verhältnisse des Nebenintervenienten rechtlich einzuwirken in der Lage ist.[148]

Zur Schärfung der Konturen haben sich im Laufe der Zeit bestimmte Fallgruppen herausgebildet, über deren inhaltliche Voraussetzungen im Wesentlichen Einigkeit besteht, wenn auch in Einzelheiten die Meinungen auseinandergehen.[149]

c. Formen von Bindungswirkungen

(1) Rechtskrafterstreckung

Das rechtliche Interesse an einer Nebenintervention besteht regelmäßig dann, wenn die Entscheidung des Rechtsstreits Rechtskraft für bzw. gegen den Dritten bewirkt. Fälle der Rechtskrafterstreckung finden sich verteilt über das materielle und prozessuale Zivilrecht (Beispiele: §§ 407 Abs. 2, 408 BGB; § 129 HGB; §§ 325 ff. ZPO).

(2) Gestaltungswirkung

Ebenso begründet die Gestaltungswirkung von Urteilen einen Interventionsgrund. Gestaltungswirkung kommt insbesondere Urteilen im Rahmen von Gestaltungsklagen im Gesellschafts- und Familienrecht zu. Bezüglich letzterem ging es in der Vergangenheit häufig um Vaterschaftsanfechtungsprozesse. Sie zeichnen sich durch Konstellationen aus, in denen ein Dritter – der mögliche biologische Vater – mit einer Nebenintervention seine Rechte durch Beitritt zu wahren versucht.[150]

(3) Vollstreckbarkeit

Darüber hinaus kann die bloße Vollstreckbarkeit des Urteils (ohne Rechtskraftwirkung) in das Vermögen des Dritten zur Zulässigkeit der Nebenintervention

---

147 BGHZ 166, 18, 20; BGH GRUR 2006, 438; BeckOK-ZPO/Dressler, § 66 Rdnr. 7; Musielak/Weth, § 66 Rdnr. 6.

148 S. BeckOK-ZPO/Dressler, § 66 Rdnr. 7.

149 Vgl. MünchKomm-ZPO/Schultes, § 66 Rdnr. 5 f. mit dem Hinweis auf die Mühen einer abstrakt tatbestandlich definierten Herangehensweise.

150 Zum alten Kindschaftsrecht s. BGHZ 76, 299, 302 ff.; 83, 391, 395; zum neuen Recht BGH NJW 2007, 3062, 3064.

führen. Eine Vollstreckung in diesem Sinn kann den Nebenintervenienten etwa aus §§ 740, 741 ZPO treffen.[151]

(4) Präjudizialität

Die Fallgruppe der präjudiziellen Rechtsverhältnisse meint Sachverhalte, in denen der Streitgegenstand des Hauptprozesses für das Verhältnis des Nebenintervenienten zu einer Partei vorgreiflich ist.[152] So zielführend diese Definition auf den ersten Blick auch klingen mag, so schwierig lässt sie sich in das Verhältnis zur Rechtskraft setzen.[153] In Fällen der Rechtskrafterstreckung wäre die Fallgruppe überflüssig. Zur Konkretisierung und in Abgrenzung zur Rechtskraftproblematik sind die präjudiziellen Fallgestaltungen nicht als rechtliche, sondern tatsächliche Bindungen im Sinne einer „Vorentscheidung"[154], die sich aus dem Hauptprozess ergeben, zu verstehen.

(5) Rückgriffsansprüche sowie akzessorische Schuld und Haftung

Die Regressfälle sind als Grund für die Nebenintervention ebenso anerkannt wie die Fälle der Schuld und Haftung. Überwiegend werden sie als eigenständige Fälle im Rahmen der interventionsrechtlichen Beispielsgruppen verstanden.[155] Von der Fallgruppe der Vorgreiflichkeit lassen sie sich wie folgt abgrenzen: Präjudizialität meint die tatsächliche Bindungswirkung für einen zwischen denselben Parteien stattfindenden Folgeprozess über einen anderen als dem Vorprozess zugrunde liegenden Streitgegenstand. Die hier genannten beiden Fallgruppen treffen hingegen zu, wenn im sich anschließenden Prozess gerade keine Parteiidentität vorliegt.

Einen Regressanspruch kann der Nebenintervenient entweder gegen eine Partei behaupten oder sich eines solchen ausgesetzt sehen. Rückgriffsansprüche

---

151 Zur Vollstreckbarkeit im Zusammenhang mit der Gütergemeinschaft in das Gesamtgut s. bereits RGZ 44, 345.

152 Zöller/Vollkommer, § 66 Rdnr. 1. Den Begriff der Vorgreiflichkeit bzw. Präjudizialität vermeiden gänzlich Stein/Jonas/Bork, § 66 Rdnr. 23, die stattdessen auf das „bedingende Rechtsverhältnis" abstellen. Wieczorek/Schütze/Mansel, § 66 Rdnr. 59 ff. sprechen hingegen zusätzlich von „mittelbarer Drittwirkung" im Gegensatz zur unmittelbaren Drittwirkung der Rechtskraft.

153 Vgl. auch MünchKomm-ZPO/Schultes, § 66 Rdnr. 15.

154 MünchKomm-ZPO/Schultes, § 66 Rdnr. 15.

155 Beispielhaft für viele MünchKomm-ZPO/Schultes, § 66 Rdnr. 17; a.A. nur Zöller/Vollkommer, § 66 Rdnr. 13.

kommen namentlich in schuldrechtlichen Sonderverbindungen vor, so etwa in kaufrechtlichen Lieferketten zwischen Verkäufer, Käufer und Zweitkäufer[156].

Wenn die dem Rechtsstreit zugrundeliegende Forderung eine akzessorische Haftung oder Schuld für den Nebenintervenienten bedeuten würde, kann auch daraus ein Interventionsinteresse folgen. Im Gesellschaftsrecht begründet regelmäßig § 128 HGB ein Beitrittsinteresse für die Gesellschafter gegenüber der Gesellschaft um ihrer Seite beizutreten.[157]

(6) Prozessstandschaft

Der Dritte kann seinem den Rechtsstreit führenden Prozessstandschafter beitreten. Dies setzt zumindest seine Mitberechtigung an dem Anspruch voraus, über den im Prozess gestritten wird.

3. *Die prozessuale Stellung des Nebenintervenienten*

Prägend für das Verständnis der Rolle des Streithelfers im Prozess ist der Umstand des bloßen Hinzutretens in einen fremden Prozess. Weder entsteht unter seiner Beteiligung ein neues, zusätzliches Prozessrechtsverhältnis, noch kann er sich auf sonstige Weise den Prozess als solchen zu eigen machen. Seine Funktion lässt sich – natürlich unter Wahrnehmung eigener prozessualer Rechte – in einer der beitretenden Partei unterstützenden Tätigkeit erblicken. Trotz dieser unterstützenden Stellung handelt er in jeder Lage des Verfahrens im eigenen Namen. Er ist kein Stellvertreter der unterstützten Partei.[158] Er handelt nicht in fremdem, sondern eigenem Namen. Selbst die vollständige Überlassung der Prozessführung durch die Partei ändert nichts an diesem Umstand.[159] Wenngleich seine Gehilfenstellung aus eigenen, ihm zuerkannten Rechten folgt, sind diese immer akzessorisch zum Prozess und derivativ im Verhältnis zur Partei auszuüben.

a. Befugnisse

Dem Streitgehilfen steht neben der Geltendmachung von Angriffs- und Verteidigungsmitteln das Recht zu, wirksam Prozesshandlungen vorzunehmen, vgl. § 67 ZPO. Ganz allgemein gesprochen kann er diese Befugnisse in dem Umfang ausüben, wie es auch die Partei könnte, und mit der Wirkung, als hätte sie die Partei

156 OLG Saarbrücken OLGR 2000, 197.

157 MünchKomm-HGB/K. Schmidt, § 128 Rdnr. 21.

158 Umfassend Windel, ZZP 104 (1991), 321, 322, dort auch mit Nachweisen zur früheren Gegenansicht; Kittner, JuS 1985, 703, 704.

159 Rosenberg/Schwab/Gottwald, § 50 Rdnr. 31.

in Person vorgenommen – weder qualitativ noch quantitativ ergeben sich Wirksamkeitsunterschiede.[160] Dieses originäre Recht des Nebenintervenienten als Streithelfer der Partei ordnet § 67 ZPO an. Im Speziellen davon umfasst werden die Geltendmachung materiell-rechtlicher Einreden und Gestaltungsrechte der Hauptpartei, im Zusammenhang mit dem Beweisrecht relevante Anträge zum Antritt eines Beweises oder dessen Ablehnung. Wenn auch die Angriffs- und Verteidigungsmittel den bedeutenden Teil der Prozesshandlungen darstellen, ist der Streithelfer nicht gehindert, sonstige Prozesshandlungen vorzunehmen. Er kann am Prozess bisher Unbeteiligten den Streit verkünden sowie Rechtsmittel einlegen und begründen.[161]

b. Grenzen

Grenzen hinsichtlich der Ausübung der Befugnisse des Nebenintervenienten ergeben sich zum Teil ausdrücklich aus dem Gesetz oder folgen allgemein aus dem Sinn und Zweck der Nebenintervention und den für alle Prozesshandlungen geltenden Schranken. Die Schranken können sich auf das „ob" und das „wie" der Handlungen beziehen.

Die erste sich aus § 67 ZPO ergebende Einschränkung betrifft die zeitliche Lage des Rechtsstreits. Der Nebenintervenient kann seine Befugnisse nur mit Wirkung für den Prozess ausüben, in der er sich zur Zeit seines Beitritts befindet. An die so vorgefundene und bis dahin geschaffene Prozesslage ist er gebunden. Die bis zu diesem Zeitpunkt von der unterstützten Partei vorgenommenen oder unterlassenen Prozesshandlungen bewirkten Ergebnisse gelten auch für ihn. Sämtliche Folgen von Prozesshandlungen sind streng parteibezogen. Daher kommt es bei der Frage der Präklusion von Angriffs- und Verteidigungsmitteln auf ein Verschulden oder die Säumnis der Partei an. Alle mit Rechtsbehelfen und Rechtsmitteln zusammenhängenden Sachvoraussetzungen müssen in der Person der Partei vorliegen.

Eine zweite Beschränkung stellt das Widerspruchsverbot (§ 67 ZPO a.E.) dar. Die Erklärungen und Handlungen des Nebenintervenienten dürfen nicht in Widerspruch zu den Erklärungen und Handlungen der Hauptpartei stehen. Hieraus folgt zunächst ihre grundsätzliche Wirksamkeit für den Prozess.[162] Der Sachvortrag der Partei hat stets Vorrang und setzt sich im Verhältnis zu vor- und nachträglichen Handlungen und Erklärungen des Streithelfers durch.[163] Dieses

---

160 Thomas/Putzo/Hüßtege, § 67 Rdnr. 6.

161 BGH NJW 1985, 2480; BeckOK-ZPO/Dressler, § 67 Rdnr. 11.

162 RGZ 147, 125, 127.

163 BGH NJW 1982, 281, 282; Bischof, MDR 1999, 787, 789.

Kongruenzgebot folgt aus seiner Stellung als Streithelfer, der die Hauptpartei lediglich unterstützt. Als Streithelfer ist er kein Streitgenosse. Der Widerspruch der Handlungen des Streithelfers zu jenen der Hauptpartei zieht ihre Unwirksamkeit nach sich. Um festzustellen, ob ein Widerspruch besteht, wird danach gefragt, ob ein entgegenstehender Wille der Hauptpartei vorliegt. Die Partei kann einer Erklärung oder Handlung ausdrücklich widersprechen oder zumindest im Wege des eigenen, schlüssigen Verhaltens ihre Ablehnung zum Ausdruck bringen. Zweifel hierüber gehen zulasten der Partei.[164]

Nicht unmittelbar aus § 67 ZPO, wohl aber aus dem allgemeinen Verständnis der Streitverkündung folgend, ergibt sich eine weitere Einschränkung: Der Nebenintervenient darf weder über den Prozess noch den ihm zugrunde liegenden Streitgegenstand verfügen. Die Handlungen des Streithelfers dürfen nur der Unterstützung der Partei im Rahmen des von ihr initiierten Prozesses dienen. Mit sämtlichen Handlungen und Erklärungen, die die Gestalt des von ihm vorgefundenen Prozesses verändern, ist er ausgeschlossen. Dies gilt für Prozesshandlungen, die den Umfang des Streitstoffs erweitern oder beschränken oder sonst eine Klageänderung darstellen. Dies gilt auch für Handlungen, mit denen der Prozess sein Ende findet. Ebenso ist eine Widerklage ausgeschlossen. Sie verändert zwar nicht den bestehenden Streitgegenstand, schafft aber einen weiteren.

Materiell-rechtliche Gestaltungsrechte wie die Aufrechnung mit einer Gegenforderung der Partei, Anfechtung und Rücktritt sind ihm ebenfalls nicht zugänglich. Mit ihnen wird eine Disposition über den Streitgegenstand getroffen. Zwar setzen sie zu ihrer Ausübung eine Prozesshandlung voraus, zu derer der Streithelfer ohne weiteres kraft § 67 ZPO ermächtigt ist. Doch treffen die genannten Institute eine Verfügung über den Streitgegenstand. Dies steht der unterstützenden Funktion des Streithelfers entgegen. Auch zum Abschluss eines Vergleichs mit Wirkung für die Partei ist er nicht befugt.

4. *Wirkung der Nebenintervention*

Die Wirkung der Nebenintervention ist die Interventionswirkung. Die Interventionswirkung bezieht sich nicht auf das Verhältnis der Prozessparteien zueinander, sondern trifft eine besondere prozessuale Bindungswirkung zwischen der Hauptpartei und dem Nebenintervenienten. Den Gegner des Rechtsstreits trifft in Abgrenzung dazu die Rechtskraft. Rechtskraft und Interventionswirkung scheinen sich auf den ersten Blick zu ähneln. Bei genauerer Betrachtung weisen sie allerdings große Unterschiede auf.

---

164 RGZ 147, 125, 127.

Geregelt ist die Wirkung der Nebenintervention in § 68 ZPO. Die Wirkung der Nebenintervention hat zur Folge, dass der Nebenintervenient im Verhältnis zur Hauptpartei mit der Behauptung nicht gehört wird, der Rechtsstreit, wie er dem Richter vorgelegen habe, sei unrichtig entschieden worden, vgl. § 68 Hs. 1 ZPO.

Eine weitere Besonderheit der Interventionswirkung liegt darin begründet, dass sie nicht bereits im Erstprozess relevant wird. Dort werden lediglich ihre späteren Voraussetzungen geschaffen. Ihre eigentliche Bedeutung erlangt sie erst im Folgeprozess, dort wo sich Hauptpartei und Nebenintervenient des Erstprozesses nun als Kläger und Beklagter gegenüberstehen.

III. Streitverkündung

„Der Streitverkündungsgegner soll ohne erneute Erörterung des Streitstoffes in Anspruch genommen werden können, *soweit* der Gegner des Vorprozesses nicht haftet."[165]

Streitverkündung und Nebenintervention weisen große Gemeinsamkeiten auf.[166] Verfahrensrechtliches Ziel beider ist, durch prozessuales Verhalten bereits in einem aktuellen Prozess für einen Folgeprozess die Weichen zu stellen.[167] Diese Weichenstellung ist auf die Interventionswirkung gerichtet. Beide Rechtsinstitute nehmen somit auf das prozessuale Verhältnis der Partei und dem Dritten Einfluss.[168] Der wesentliche Unterschied liegt in der Person des Veranlassers. Während bei der Nebenintervention die Initiative zum Beitritt in den bestehenden Prozess gewissermaßen freiwillig – wenn auch aus Gründen zur Vermeidung von Rechtsnachteilen veranlasst – vom Dritten ausgeht und auf die Wirkung der Intervention gerichtet ist, erfolgt dies bei der Streitverkündung durch eine der Parteien des Vorprozesses.[169] Dem Dritten wird somit die Interventionswirkung aufgezwungen. Lediglich hinsichtlich der Frage, ob er im Falle der Streitverkündung dem Rechtsstreit beitritt oder nicht, kann er Einfluss nehmen, wenngleich diese Entscheidung nur geringe Auswirkungen hat. Für den Vorprozess ist es ohnehin unerheblich. Für den Folgeprozess muss die Wirksamkeit der Streitverkündung ausdrücklich geprüft werden. Der Nachteil des Nichtbeitritts

---

165 BGH NJW 1978, 643, 644.

166 Näher Häsemeyer, ZZP 84 (1971), 179, 183; differenzierend Freund, NZBau 2010, 83, 84.

167 S. MünchKomm-ZPO/Schultes, § 72 Rdnr. 1.

168 Wieczorek/Schütze/Mansel, § 72 Rdnr. 17.

169 Vgl. Hahn, S. 179.

des Dritten bei der Streitverkündung liegt darin, dass er sich dadurch sämtliche Einflussnahmen auf den Prozessverlauf des Vorprozesses abschneidet. Weder wird er zum Termin geladen noch erfolgt die Zustellung von Schriftsätzen. Auch im Urteilsrubrum wird er nicht geführt.[170]

IV. Prozessübernahme – Prätendentenstreit, § 75 ZPO

Bei dem Gläubigerstreit des § 75 ZPO wird ein Schuldner von zwei Personen[171] hinsichtlich einer Forderung in Anspruch genommen.[172] Die Verpflichtung in der Person des Schuldners steht dabei fest, während sich die beiden vermeintlichen Forderungsberechtigten der Gläubigerstellung berühmen, von denen nur einer sicher der Gläubiger ist. Der Schuldner ist in diesem Fall im Unklaren über die Person des Gläubigers, nicht aber über den Grund des Anspruchs.

Damit die Rechtsfolgen des § 75 ZPO eintreten können, bedarf es des Vorliegens eines Rechtsstreits zwischen vermeintlichem Gläubiger und Schuldner, die Geltendmachung einer Forderung (die auf eine hinterlegungsfähige Leistung gerichtet ist[173]), das Interesse eines Dritten an der Forderung sowie eine Streitverkündung des Schuldners gegen den Dritten und der Eintritt des Dritten in den Prozess verbunden mit dem Ausscheiden des Schuldners, der schließlich die Hinterlegung[174] auch tatsächlich bewirken muss.

Die eigentliche Besonderheit des Prätendentenstreits liegt in der Kombination aus Streitverkündung[175] und besonderer Form des Parteiwechsels begründet. Die Streitverkündung des Beklagten an den Dritten bei seinem Eintritt in den Rechtsstreit bewirkt nicht lediglich die Erlangung der prozessualen Rolle eines Streithelfers, sondern führt zu einer echten Parteistellung.[176] Er tritt nicht neben den Streitverkünder, sondern an dessen Stelle, indem er in den Prozess eintritt und der ursprüngliche Beklagte aus dem Rechtsstreit ausscheidet. Die förmliche

170 Schellhammer, Rdnr. 1624.

171 Die Gläubiger werden als Prätendenten bezeichnet.

172 Zwei weitere Formen der Prozessübernahme existieren mit der Urheberbenennung in §§ 76 f. ZPO (bei Besitz- und Eigentumsbeeinträchtigung). Mangels Relevanz im Rahmen der vorliegenden Darstellung wird auf diese Rechtsinstitute nicht vertieft eingegangen.

173 Zöller/Vollkommer, § 75 Rdnr. 2; MünchKomm-ZPO/Schultes, § 64 Rdnr. 2.

174 Str. ist, ob das Recht zur Hinterlegung § 75 ZPO oder § 372 ff. BGB zu entnehmen ist.

175 Voraussetzungen und Form der Streitverkündung sind nicht gesondert in § 75 ZPO geregelt, sondern folgen den §§ 72 f. ZPO.

176 W. Lüke, S. 39.

Entlassung des Beklagten setzt einen darauf gerichteten Antrag voraus. Wird ihm stattgegeben, erlässt das Gericht ein Endurteil, das auf Entlassung des Beklagten aus dem Rechtsstreit lautet.[177]

Das Rechtsinstitut des Prätendentenstreits tritt in der gerichtlichen Praxis kaum in Erscheinung.[178] Der Grund liegt in der relativ ungewöhnlichen prozessualen Umsetzung. Schuldner wie Gläubiger stehen materielle und prozessuale Mittel zur Verfügung, anhand derer sie ihre Rechte vorrangig durchzusetzen beabsichtigen. Für den Schuldner besteht schon im Zeitraum vor dem streitigen Verfahren die Möglichkeit der Leistungsbefreiung durch materiell-rechtliche Hinterlegung nach den §§ 372 ff. BGB. Er hat es mit diesem Erfüllungssurrogat in der Hand, es nicht zu einer Klage gegen sich kommen zu lassen. Auf Gläubigerseite wird es bereits – bevor der Schuldner verklagt wird – zwischen den vermeintlichen Gläubigern um streitige Klärung ihrer Gläubigerstellung gehen. Prozessual kann zwischen den Forderungsprätendenten durch Feststellungsklage geklärt werden, wer Gläubiger des Schuldners ist.[179]

B. Verwandte Begriffe – Die Beiladung

I. Zum prozessualen Erfordernis

Die Beteiligung Dritter am Rechtsstreit, mit der man den hier gegenständlichen gesamten Rechtskomplex in seinen groben Zügen umreißen kann, ist kein enumeratives, in sich abgeschlossenes System einer bestimmten Rechtsschutzmöglichkeit. Die Grenzen der Schaffung solcher Rechtsinstitute gibt entweder der äußere gesetzliche Kreis der Normierung vor. Doch selbst dann muss sich der Gesetzgeber nicht dazu aufgefordert fühlen, von allen denkbaren Regelungsmöglichkeiten auch Gebrauch zu machen. Soweit nicht zwingende, insbesondere dem Verfassungsrecht zu entnehmende, Gründe des Allgemeinwohls oder der Schutz Einzelner die Schaffung eines ganz bestimmten Anspruchs auf Teilhabe erfordern, steht der Legislative unter Zugrundelegung rechtspolitischer Erwägungen und/oder rechtspraktischer Erfahrungen eine weite Einschätzungsprärogative zu.

Außerhalb der gesetzlichen zivilprozessualen Drittbeteiligungsmöglichkeiten, die allesamt eine unselbständige Beteiligung in Abhängigkeit zur Partei darstellen, gibt es grundsätzlich keine Möglichkeiten eines Dritten zur selbständigen

177 Zöller/Vollkommer, § 75 Rdnr. 4.

178 BGH NJW-RR 1987, 1439, 1440; Stein/Jonas/Bork, § 75 Rdnr. 1a; MünchKomm-ZPO/Schultes, § 75 Rdnr. 1; Wieczorek/Schütze/Mansel, § 75 Rdnr. 9.

179 RGZ 98, 143, 145; BGH-NJW-RR 1987, 1439, 1440; BGH NJW 1993, 2539, 2540.

Teilnahme als Nichtpartei an einem Rechtsstreit.[180] Als Ausfluss dieser Erkenntnis haben sich die nachfolgend zu schildernden Grundsätze herausgebildet.

II. Erscheinungsformen

1. Beiladung im Zivilverfahren?

Die Beiladung ist ein prozessuales Rechtsinstitut, welches für die ZPO keine wesentliche Bedeutung erlangt hat – gänzlich unbekannt ist bzw. war sie ihr aber auch nicht.[181] Es gibt sie zumindest nicht als ein für alle Verfahrensarten existierendes Prozessinstitut. Dies ist soweit die Folge des auf dem Grundprinzip des Zweiparteiensystems basierenden Aufbaus des Prozesses. Für bestimmte Bereiche gab und gibt es allerdings Vorschriften, die sich durchaus einem beiladungsrechtlichen Systembegriff zuordnen lassen.

So fand sich in § 640e Abs. 1 S. 1 ZPO a.F. für Kindschaftssachen eine besondere Regelung. Mit dem FGG-Reformgesetz[182] wurde dieser Komplex aus der ZPO in ein eigenständiges FamFG[183] übergeleitet. Vielfach wurden Versuche von Analogien angestrengt, um den Spezialfall des § 640e Abs. 1 S. 1 ZPO a.F. auf weitere Bereiche zur Anwendung zu erstrecken.[184] Unter dem Regime des FamFG werden nun die Hinzuziehungsmöglichkeiten Dritter zum Verfahren durch die „Kann"- und „Ist"-Beteiligung gelöst (§ 7 FamFG). In §§ 44 Abs. 2, 48 WEG findet sich eine Vorschrift zur Beiladung bei Rechtsstreiten zwischen Wohnungseigentümern. Ein weiteres Beispiel wird im Zusammenhang mit dem Zwangsvollstreckungsrecht gesehen: Ob unter den Begriff der Beiladung auch die Ladung der Gläubiger durch den Drittschuldner im Rahmen der Zwangsvollstreckung nach § 856 Abs. 3 ZPO zu fassen ist, wird unterschiedlich beurteilt.[185] Wertet man den Begriff Beiladung nach einem strengen Maßstab, so

---

180 Rosenberg/Schwab/Gottwald, § 51 Rdnr. 34.

181 Eine umfassende Untersuchung der zivilprozessualen Beiladung findet sich bei Rossmann, Die Beiladung im Zivilprozeß, 1967.

182 Gesetz zur Reform des Verfahrens in Familiensachen und in den Angelegenheiten der freiwilligen Gerichtsbarkeit v. 17.12.2008, BGBl. I, S. 2586.

183 Gesetz über das Verfahren in Familiensachen und in den Angelegenheiten der freiwilligen Gerichtsbarkeit.

184 Zur alten Rechtslage s. MünchKomm-ZPO/Coester-Waltjen, 2. Aufl., § 640 Rdnr. 2; gegen jedwede Form der Analogie unter der neuen Rechtslage Zöller/Vollkommer, Vor § 64 Rdnr. 2.

185 Dafür Rossmann, S. 32.

sollte dies verneint werden. Als eine Unterart eines beiladungsrechtlichen Oberbegriffs kann sie hingegen durchaus gelten.[186]

2. *Verwaltungsrecht*

Aus dieser relativ schwach ausgeprägten Erscheinung im Zivilprozessrecht lässt sich nicht ohne weiteres auf die übrigen Prozessrechte schließen. Die Prozessordnungen anderer Gerichtsbarkeiten des nationalen Rechts kennen die Beiladung in deutlich größerem Umfang und unterschiedlicher Ausgestaltung sehr wohl. Hierbei erlangen die Gerichtsordnungen öffentlich-rechtlicher Bereiche eine große Rolle.

Die allgemeine, für öffentlich-rechtliche Streitigkeiten nicht verfassungsrechtlicher Art geltende, prozessuale Beiladungsnorm ist § 65 VwGO. Im Rahmen der Finanzgerichtsbarkeit enthält § 60 FGO die maßgebliche beiladungsrechtliche Norm. Schließlich findet sich im Prozessrecht für das Sozialrecht mit § 75 SGG eine weitere Sonderregelung. Nach der Grundnorm des § 65 VwGO kann das Gericht von Amts wegen oder auf Antrag andere, deren rechtliche Interessen durch die Entscheidung berührt werden, beiladen, kann die Entscheidung ihnen gegenüber nur einheitlich erfolgen, muss das Gericht sie beiladen. Darin kommt die Unterscheidung zwischen einfacher („kann") und notwendiger („muss") Beiladung zum Ausdruck.

III. Gerichtliche Beiladungspflicht für den Zivilprozess?

Ob bestimmte Situationen auch im Zivilprozess trotz Ermangelung einer ausdrücklichen Rechtsgrundlage eine gerichtliche Beiladung erfordern, wird im Schrifttum kontrovers diskutiert.[187] Trotz allem fehlt es bislang an höchstrichterlichen Entscheidungen, die zu einer einheitlichen Linie ihren Beitrag leisten könnten.[188] Einen wichtigen Anstoß zu dieser Diskussion lieferte das BVerfG mit einer Entscheidung vom 9.2.1982.[189] Darin ging es um die Auflösungsklage des allein vertretungsberechtigten Gesellschafters einer GmbH gegen diese Gesellschaft. Die Klage wurde in Unkenntnis des anderen Gesellschafters erhoben.

---

186 Zurückhaltend, jedoch missverständlich Wieczorek/Schütze/Mansel, § Vor § 64 Rdnr. 8 (einerseits den Begriff als „einfache Art Beiladung" verwendend, andererseits der Hinweis in Fn. 5).

187 Marotzke, ZZP 100 (1987), 164 ff.; Jauernig, ZZP 101 (1988), 361 ff.; Vollkommer, FG BGH III, 127, 141 f. m.w.N.

188 S. die ersten Begründungsansätze bei BGHZ 83, 391, 393 f; 97, 28, 32.

189 BVerfGE 60, 7, 9 ff. = NJW 1982, 1635 f.

Erst nachdem das Gestaltungsurteil in Rechtskraft erwuchs, wurde der Gesellschafter in Kenntnis gesetzt, woraufhin er Verfassungsbeschwerde mit der Behauptung erhob, in seinen Rechten aus Art. 103 Abs. 1 GG verletzt worden zu sein. Das BVerfG gab der Beschwerde statt und hob das Urteil auf. Der Anspruch auf rechtliches Gehör, so das BVerfG, sei nicht lediglich auf die Parteien oder die sonst im Wege der förmlichen Drittbeteiligung am Prozess teilnehmenden Subjekte beschränkt, sondern stehe grundsätzlich jedem zu, der durch die Entscheidung unmittelbar in seinen Rechten beeinträchtigt werde. Damit sind alle angesprochen, denen gegenüber „die richterliche Entscheidung materiell-rechtlich wirke“[190]. Das BVerfG sah eine rechtliche Verpflichtung des Ausgangsgerichts, den Mitgesellschafter über die Klageerhebung in Kenntnis zu setzen, aus Art. 103 Abs. 1 GG begründet. Weil Art. 103 Abs. 1 GG als direkte Anspruchsgrundlage nicht in Betracht gezogen werden kann, hat das BVerfG seine Entscheidung aus einer Verallgemeinerung der in den speziellen Vorschriften der VwGO, SGG und FGO enthaltenen Aussage hergeleitet.[191]

Der Unterschied zu den von der ZPO vorausgesetzten Formen der Drittbeteiligung liegt in dem Umstand begründet, dass dort die Veranlassung auf Initiative einer Partei oder eines außenstehenden Dritten erfolgt, hingegen die Beiladung sich von Amts wegen durch das Gericht vollzieht. Eine generelle Einkehr der Beiladung in den Zivilprozess ist mit dieser Entscheidung nicht verbunden. Soweit von den Wirkungen eines Rechtsstreits ein Dritter materiell-rechtlich betroffen ist, muss er zur Wahrung seiner Rechte vom Verfahren benachrichtigt werden.[192] Ein solches Vorgehen ist auch der ZPO trotz fehlender Positivregelung immanent und steht nicht in Widerspruch zu den Grundsätzen der Parteiautonomie und der Beibringung, sofern es seine Beschränkung auf solche Fälle findet, in denen es dem Betroffenen nicht möglich und nicht zumutbar war, sich in eigene Kenntnis vom Prozess zu versetzen. Es begrenzt diese Prinzipien, die keine verfassungsrechtlich verbürgten Rechte darstellen, in zulässiger Weise.

---

190 BVerfGE 60, 7, 13.

191 Marotzke, ZZP 100 (1987), 164, 170.

192 Rosenberg/Schwab/Gottwald, § 51 Rdnr. 38.

4. Kapitel – Begriff des Dritten

Ging es bisher um das Grundgefüge des Zivilprozesses mit den Parteien als Zentralfiguren des Verfahrens und im Anschluss an die hinzutretenden Formen der Drittbeteiligung, geht es in diesem und dem folgenden Kapitel um den Begriff des Dritten im Rahmen der Streitverkündung. Fragt man nach der Anwendbarkeit eines Rechtsinstituts, so kann man diese Frage hinsichtlich der sachlichen Voraussetzungen sowie der personellen Anwendbarkeit stellen. Für die Anforderungen an den streitverkündungsrechtlichen Begriff des Dritten wird im Folgenden der Frage nachgegangen, welche Schlüsse an diese Person aus den von der Streitverkündung aufgestellten sachlichen und persönlichen Voraussetzungen zu ziehen sind.

A. Sachliche Anforderungen

Die Voraussetzungen der sachlichen Anforderung der Streitverkündung fragen danach, ob sich die inhaltlichen Vorgaben des Streitverkündungskomplexes, die die Zivilprozessordnung vorgibt, auch tatsächlich auf die eine oder andere Sachverhaltsvariante erstrecken. Dazu ist es notwendig, den prozessualen Begriff der Streitverkündung näher zu beleuchten. Auch die Nebenintervention gehört hier dazu, weil sie ebenso wie die Streitverkündung einen Dritten voraussetzt. Beide Prozessvorgänge gehen von derselben Bedeutung des Begriffs des Dritten aus.

I. Begriffsdeutung

Streitverkündung meint die förmliche Benachrichtigung eines außerhalb des Prozesses befindlichen Dritten von einem zwischen anderen anhängigen Rechtsstreit durch eine oder auch beide Partei(en).[193] Die den Streit verkündende Partei wird gemäß ihrer aktiven Rolle als Streitverkünder bezeichnet. Der Dritte als Gegner bzw. Empfänger dieser Erklärung wird in Rechtsprechung und Literatur nicht einheitlich benannt. Neben Streitverkündungsempfänger und Streitverkündungsgegner ist auch die Bezeichnung als Streitverkündeter[194] gebräuchlich.

---

193 Musielak/Weth, § 72 Rdnr. 1.

194 Gegen diese Formulierung äußerte bereits das RG Bedenken, s. RGZ 34, 389, 390: Das Gericht stellt nicht auf den formalen Akt der Verkündung ab, sondern maßgeblich auf die mit der Streitverkündung verfolgte Wirkung, wonach der Dritte als Nebenintervenient dem Prozess beitritt. Freilich überzeugt dieses Argument nur dort, wo der Dritte auch tatsächlich der Aufforderung folgt. Dann ist es für seine

Die teils unterschiedlichen Begrifflichkeiten haben auf den materiellen Gehalt der Streitverkündung keinen Einfluss.

II. Normzweck

Die Streitverkündung erfüllt das Streben nach einer prozessökonomischen, sparsamen Streitbehandlung. Durch sie sollen überflüssige und sich widersprechende Entscheidungen infolge abweichender rechtlicher Beurteilung durch verschiedene Richter vermieden werden. Vornehmlich dient die Streitverkündung den Interessen der streitverkündenden Partei. Mit dem Instrument der Interventionswirkung soll sie vor den Nachteilen von ein und demselben Lebenssachverhalt in unterschiedlicher Weise rechtlich beurteilenden gerichtlichen Entscheidungen bewahrt werden. Das Risiko aus Sicht des Streitverkünders, im Vorprozess und im Folgeprozess prozessual zu unterliegen, obgleich die materielle Rechtslage das Obsiegen in einem dieser Prozesse erfordert, wird durch die Streitverkündung aufgefangen. Folgerichtig besteht für ihre Inanspruchnahme lediglich die Berechtigung, nicht hingegen die Verpflichtung (beachte die Ausnahme in § 841 ZPO).[195] Um nicht die Interessen des Streitverkünders zulasten derer des Streitverkündungsempfängers voranzustellen, kommt die Streitverkündung dem Informationsbedürfnis des Dritten entgegen und bietet ihm darüber hinaus die Möglichkeit, nach den Grundsätzen der Nebenintervention dem Rechtsstreit des Vorprozesses beizutreten.

III. Die Voraussetzungen der Streitverkündung

1. Anhängigkeit eines interventionsfähigen Rechtsstreits

In welcher prozessualen Lage der Vorprozess sich befinden muss, damit eine Streitverkündung zulässig ist, darüber sagt § 72 ZPO nur wenig. Die Streitverkündung ist nach § 72 Abs. 1 ZPO jedenfalls bis zur rechtskräftigen Entscheidung des Rechtsstreits zulässig. Die Rechtskraft bildet die aus zeitlicher Sicht obere Grenze der Streitverkündung.

Neben den der Rechtskraft zugänglichen Entscheidungen kommen auch weitere Formen der Beendigung des Rechtsstreits in Betracht, etwa im Wege der

---

prozessuale Rolle als Nebenintervenient in der Tat gleichgültig, durch welchen formalen Akt er diese erlangt hat. Wenn es allerdings nicht zu einem Beitritt kommt, spricht nichts gegen die Verwendung dieser Formulierung.

195 Beispielhaft Musielak/Weth, § 72 Rdnr. 1.

Klagerücknahme oder des Vergleichs. Dies schließt die Streitverkündung auch in der Berufungs- und Revisionsinstanz[196] mit ein.

Die aus zeitlicher Sicht unterste Grenze stellt nach verbreiteter Ansicht die Anhängigkeit des Hauptprozesses dar.[197] Rechtshängigkeit (§ 261 Abs. 1 ZPO) soll nicht Voraussetzung sein. Sollte die Streitverkündungsschrift zeitlich vor der Klage zugestellt werden, kann dieser Umstand weitgehend dem Zufall geschuldet sein, weil beide Zustellungswege unterschiedlich Zeit beanspruchen können.[198] Wenn dann die Klage mangels Zustellung infolge Rücknahme nicht in das Stadium der Rechtshängigkeit gelangt, kann die Streitverkündung keine Wirksamkeit entfalten. Durch die Anerkennung der Wirksamkeit der Streitverkündung auch schon im Zeitraum der Anhängigkeit der Klage erlangt der Streitverkünder weder unberechtigte Vorteile noch treffen den Streitverkündungsempfänger dadurch Nachteile.

2. *Grund der Streitverkündung*

Der Grund für die Streitverkündung muss in einem Anspruch auf Gewährleistung oder Schadloshaltung bestehen. Ähnlich der Nebenintervention muss der Streitverkündende ein rechtliches Interesse an der Einbeziehung eines Dritten in den Rechtsstreit haben. Zu diesem Anspruch kann der Streitverkündende entweder in aktiver oder passiver Beziehung stehen. Aktiv dann, wenn er als Inhaber dieses Anspruchs gegenüber dem Dritten die Gläubigerrolle hat und passiv, wenn seinerseits der Dritte einen Anspruch gegen den Streitverkünder geltend macht oder zumindest geltend machen wird, sich also die Partei als Schuldner eines solchen Anspruchs ausgesetzt sieht.

§ 72 Abs. 1 ZPO sei, so wird nahezu einhellig betont[199], weit auszulegen, mag dieses weite Verständnis nicht zuletzt dem kaum mit Aussagekraft behafteten Gesetzeswortlaut geschuldet sein, der Rechtsprechung und Lehre zu umfangreicher Kasuistik zwingt. Dies zieht wiederum zum Teil Schwächen bei der Schärfung und Abgrenzung der Begriffe nach sich.

---

196 Zu deren praktischer Bedeutungslosigkeit Stein/Jonas/Bork, § 72 Rdnr. 10a; Rosenberg/Schwab/Gottwald, § 51 Rdnr. 7.

197 BGHZ 92, 251, 257 = NJW 1985, 328 (329); Zöller/Vollkommer, § 72 Rdnr. 3; Musielak/Weth, § 72 Rdnr. 2; Thomas/Putzo/Hüßtege, § 72 Rdnr. 5; Rosenberg/Schwab/Gottwald, § 51 Rdnr. 7; a.A. Baumbach/Lauterbach/Albers/Hartmann, § 72 Rdnr. 3; Stein/Jonas/Bork, § 72 Rdnr. 10a, der hingegen eine Heilung durch Klagezustellung für Fälle der Streitverkündung vor Klageerhebung befürwortet.

198 BGHZ 92, 251, 257 = NJW 1985, 328, 329.

199 Siehe Knöringer, JuS 2007, 335, 336 m.w.N.

a. Gewährleistung

Gewährleistungsansprüche werden in § 72 Abs. 1 Hs. 1 Var. 1 ZPO als erste Fallgruppe genannt. Fälle der Gewährleistung finden sich verteilt über das BGB. Gewährleistungsansprüche können vertraglichen oder gesetzlichen Ursprungs sein. Zu den relevanten vertraglichen lassen sich kaufvertragliche Gewährleistungsansprüche des § 437 BGB, der Lieferantenregress nach § 478 Abs. 5 BGB, mietrechtliche Gewährleistungsrechte nach § 536 ff. BGB, und Bauverträge als Spezialform des Werkvertrags nach §§ 633 ff., 651 BGB rechnen. Aus dem Handelsrecht sind die §§ 377 ff. HGB zu erwähnen. Fälle gesetzlicher Gewährleistungsrechte sind im Erbrecht im Rahmen des Vermächtnisses (§ 2182 BGB) oder des Erbschaftskaufs (§ 2376 BGB) angesiedelt.

Zur Fallgruppe der Gewährleistung zählt auch die Anwaltshaftung. Unter den allgemein gefassten Oberbegriff der Anwaltshaftung lassen sich alle Fälle fassen, in denen sich der Rechtsanwalt eines Schadensersatzanspruchs seiner Partei ausgesetzt sieht, der seinen Grund im dem Mandatsverhältnis zugrunde liegenden Anwaltsvertrag hat. Der Anwaltsvertrag ist hierbei regelmäßig ein Geschäftsbesorgungsvertrag. Die Partei wird in solchen Fällen als Kläger des Rechtsstreits auftreten, indem sie von ihrem Prozessbevollmächtigten gerichtlich – und bereits im Vorfeld außergerichtlich – vertreten wird. Wenn sie als Folge einer behaupteten Falschberatung bzw. fehlerhaften Prozessführung den Verlust des Rechtsstreits befürchtet, kann sie womöglich ein Interesse daran haben, ihrem Prozessbevollmächtigten den Streit zu verkünden. Im Folgeprozess würde dann kraft der Interventionswirkung das Ergebnis des Vorprozesses für die Beteiligten bindend sein. Wenn oben zwischen den sachlichen und personellen Voraussetzungen der Streitverkündung getrennt wurde, ist daraus zu folgern, dass es sich bei der hier aufgeworfenen Fragestellung zunächst um ein der sachlichen Ebene zuzuweisendes Problem handelt. Jedenfalls aus materiell-rechtlicher Sicht sind keine Bedenken ersichtlich, warum die skizzierte Fallgruppe hierzu gerechnet werden kann. Der Anwaltsvertrag ist eine Unterform des Dienstvertrages. Bei dessen Schlechterfüllung ist die Streitverkündung ohne weiteres zulässig.

b. Schadloshaltung

Die Schadloshaltung nach § 72 Abs. 1 Hs. 1 Var. 2 ZPO umfasst typische Formen von Rückgriffs- bzw. Regressansprüchen. Der bei einer Person eingetretene Nachteil verbleibt dort nicht endgültig, sondern kann auf einen Dritten abgewälzt werden. Hier geht es um zu erfüllende oder nicht zu realisierende Ansprüche als Folge des Verlustes des Vorprozesses der streitverkündenden Partei, die für sie eine unfreiwillige Einbuße an Gütern bedeuten. Fälle der Schadloshaltung können ebenso wie jene der Gewährleistung gesetzlichen oder vertraglichen

Ursprungs sein. Auch der Begriff der Schadloshaltung ist in einem weiten Verständnis zu begreifen.

Aus dem Verhältnis des Rechtsanwalts zu seinem Mandanten lässt sich ein Anspruch auf Schadloshaltung wegen nicht rechtzeitiger Unterbrechung der Verjährung begründen.[200] Die zuletzt genannte Fallgruppe ist unproblematisch, wenn der Rechtsanwalt zwischenzeitlich nicht mehr die Partei (außer-)gerichtlich vertritt, sondern sie sich im streitigen Verfahren eines nun anderen („neuen") Prozessbevollmächtigten bedient, der das Mandat weiterführt. Dann bestehen zum ursprünglichen Prozessvertreter keine prozessualen Bindungen mehr, die den im Rahmen dieser Darstellung zu untersuchenden Interessenwiderstreit hervorrufen könnten. Das Mandatsverhältnis ist ein ehemaliges und wirkt sich nach seiner Beendigung nicht mehr aus. Etwaige nachvertragliche Rücksichts- und Sorgfaltspflichten, wie sie allen vertraglichen Schuldverhältnissen zugrunde liegen können (vgl. § 241 Abs. 2 BGB), sind keine besondere Ausprägung des Anwaltsvertrages. Sie wirken sich hier nicht stärker aus als sonst im Rechtsverkehr.

c. Besorgnis eines Anspruchs

Ein Streitverkündungsgrund kann gemäß § 72 Abs. 1 Hs. 2 ZPO auch dann bestehen, wenn sich die Partei durch den ungünstigen Ausgang des Vorprozesses in eine spätere Schuldnerrolle gegenüber einem Dritten, der gegen sie einen Anspruch erhebt, versetzt sieht.[201] Der Streitverkündende muss „eine eigene Ersatzpflicht befürchten"[202]. Dies ist gegeben, wenn die Partei den Rechtsstreit über ein fremdes Recht führt.[203] Wesentliche Bedeutung kommt hier den Fällen der Prozessstandschaft zu. Wenn ein Dritter kraft gesetzlicher Anordnung oder privatautonomer Vereinbarung ein fremdes Recht im Prozess im eigenen Namen geltend macht, kann der Prozessstandschafter dem Träger des Rechts den Streit verkünden.[204] Dies kann entweder im eigenen Interesse (Pfandgläubiger) oder im fremden Interesse (Fälle der Drittschadensliquidation) erfolgen.[205] Schließlich gehören zu § 72 Abs. 1 Hs. 2 ZPO auch die Situationen des Prätendentenstreits (§ 75 ZPO) und der Urheberbenennung (§ 76 f. ZPO).[206]

---

200 Zöller/Vollkommer, § 72 Rdnr. 7; Musielak/Weth, § 72 Rdnr. 6.

201 BGHZ 116, 95, 100.

202 BGHZ 116, 95, 100.

203 Hier sei nochmals § 841 ZPO erwähnt – als ein Anwendungsfall des § 72 Abs. 1 Hs. 2 ZPO gibt er nicht nur das Recht, sondern gar die Pflicht zur Streitverkündung.

204 BGHZ 116, 95, 100.

205 BGHZ 116, 95, 102; hingegen ablehnend OLG Karlsruhe OLGZ 84, 230, 232 f.

206 Musielak/Weth, § 72 Rdnr. 1.

d. Erweiterung des Anwendungsbereichs

Es besteht Einigkeit, dass der Wortlaut von § 72 Abs. 1 ZPO Lücken aufweist, soweit die Zulässigkeit der Streitverkündung auf Gewährleistung und Schadloshaltung beschränkt ist.[207] Folgerichtig wird die Vorschrift großzügig ausgelegt.[208] Zu dieser weiten Auslegung gehört es, Ansprüche aus Alternativverhältnissen hinzuzurechnen.[209] Zu anspruchsrechtlichen Alternativverhältnissen kann es in sämtlichen schuldrechtlichen Beziehungen kommen. Im Rahmen von Alternativverhältnissen steht der Anspruch des Vorprozesses mit dem erwarteten oder befürchteten Anspruch in einem Verhältnis der wechselseitigen Ausschließlichkeit – anstelle des vom Streitverkünder zuerst verklagten Schuldners kommt auch ein Anspruch gegen einen Dritten, der dann zum Streitverkündungsempfänger wird, in Betracht. Bildhaft kann hier von einer „entweder oder"-Situation gesprochen werden. Kein Fall von Alternativität sind die subsidiären und kumulativen Haftungsformen.

Eine noch weiter reichende Ansicht will die Streitverkündung zur Sicherung sämtlicher Ansprüche gegen Dritte oder zur Abwehr solcher zulassen. Hier verwischen die Konturen vollends und lassen kaum eine verlässliche Rechtsanwendung zu.

IV. Folgen der Streitverkündung

1. *Die prozessualen Wirkungen*

Die (prozessuale) Wirkung der Streitverkündung bezeichnet § 74 ZPO.[210] Nach erfolgter Streitverkündung bieten sich dem Streitverkündungsempfänger verschiedene Möglichkeiten der Reaktion[211]:

Sofern – sei es durch den Kläger oder Beklagten des Vorprozesses – die Streitverkündung erfolgt ist, kann der Dritte bereits im laufenden Rechtsstreit dem

207 Diese Erwägungen waren bereits Gegenstand eines Reformentwurfs zum Zivilprozessrecht aus dem Jahre 1969, konnten sich jedoch nicht in einer gesetzlichen Änderung wiederfinden.

208 Bereits RGZ 77, 360, 364 f.

209 BGHZ 8, 72, 80; BGH NJW 1982. 281, 282. Allerdings fällt die Begründung unterschiedlich aus. Während teilweise die Fälle der Alternativhaftung unter den Begriff der Schadloshaltung gefasst werden, wird überwiegend eine eigenständige unbenannte Fallgruppe angenommen, s. die weiteren Nachweise bei Wieczorek/Schütze/Mansel, § 72 Rdnr. 54.

210 Die materiellen Folgen werden hiervon nicht erfasst. Sie richten sich nach den dafür maßgeblichen zivilrechtlichen Bestimmungen, siehe S. 63.

211 Kittner, JuS 1985, 703, 704.

Streitverkünder beitreten. Davon geht § 74 Abs. 1 ZPO wie selbstverständlich aus. Weil die Streitverkündung auch noch bis hin in die Rechtsmittelinstanz zulässig ist (§ 72 Abs. 1 ZPO), kann er auch das erstinstanzliche Urteil des Vorprozesses abwarten und erst in der Berufungsinstanz eine Entscheidung über seinen Beitritt fällen. Dem Vorprozess beizutreten hat für den Streitverkündungsempfänger schadenabwendende Funktion. Für die Wirkungen der (wirksamen) Streitverkündung spielt es zwar keine Rolle, ob ein Beitritt oder Nichtbeitritt erfolgt ist. In beiden Fällen treffen den Dritten die (nachteiligen) Wirkungen des § 74 Abs. 3 ZPO i.V.m. § 68 ZPO über die Nebenintervention. Mit seinem Beitritt kann er jedoch durch aktive Teilhabe am Prozess auf dessen Ergebnis Einfluss nehmen. Damit kann er bereits für den künftigen Hauptprozess die Weichen stellen. Nach dem Beitritt regelt sich das Verhältnis des Dritten zu den Parteien nach den Vorschriften über die Nebenintervention (§ 66 ZPO). Ob der Beitritt wirksam ist, wird im Regelfall nur auf Antrag nach § 71 ZPO hin.

Ferner steht es dem Dritten frei, überhaupt nicht auf die Streitverkündung zu reagieren. Auf den Vorprozess hat auch dieser Umstand keine Auswirkungen. Das Verfahren wird ohne Beteiligung des Dritten fortgesetzt (§ 74 Abs. 2 ZPO). Er hat dann keine Teilhabe- oder Mitwirkungsrechte.[212] Es treten im Folgeprozess bei Vorliegen der Voraussetzungen ebenfalls die Wirkungen der Intervention nach § 74 Abs. 3 ZPO i.V.m. § 68 ZPO ein. Seine verfahrensrechtliche Stellung im Prozess beurteilt sich dann nach §§ 66–71 ZPO. Erst in diesem Folgeprozess zwischen Streitverkünder und Streitverkündungsempfänger wird geprüft, ob die formellen und materiellen Voraussetzungen der Streitverkündung vorliegen.[213] Dies ist nachvollziehbar, kann doch die Streitverkündung ihren materiellen und prozessualen Wirkungen nur dann entfalten, wenn sie in zulässiger Weise erhoben wurde. Im Vorprozess findet lediglich die Verlautbarung in der Form des § 73 ZPO statt – gemäß § 73 S. 3 ZPO wird die Streitverkündung nämlich erst mit Zustellung an den Dritten wirksam. Eine Ausnahme hiervon gilt hinsichtlich des gerichtlich bestellten Sachverständigen. Ob dies auch für den Prozessbevollmächtigten zu gelten hat, wird unterschiedlich beurteilt und steht und fällt mit Beantwortung der Frage, ob die Streitverkündung gegen ihn zulässig ist oder nicht.[214]

Schließlich zwingt das Gesetz den Dritten nicht dazu, auf Seiten des Verkündenden beizutreten. Ebenso kann er die Streitverkündung einer Partei zum

212 MünchKomm-ZPO/Schultes, § 74 Rdnr. 5.
213 St. Rspr., BGH NJW 2011, 1078; BGHZ 116, 95, 98; 65, 127, 130 f.
214 Siehe ausführlich unten, 5. Kapitel, S. 101 ff.

Anlass nehmen, deren Gegenpartei als Nebenintervenient zu unterstützen.[215] Bei einem Beitritt des Streitgehilfen auf Seiten des Prozessgegners des Streitverkündenden treten dann allerdings nicht die Wirkungen des § 74 Abs. 1 ZPO ein. Auch § 74 Abs. 2 ZPO gilt nicht im Falle des Beitritts auf der gegnerischen Seite.[216] Vielmehr wird diese Form des Beitritts wie ein unterlassener Beitritt behandelt.[217] Auch hier ergibt sich die verfahrensrechtliche Stellung aus §§ 66–71 ZPO.

2. *Die materiellen Wirkungen*

Die wichtigste materiell-rechtliche Wirkung der Streitverkündung ordnet § 204 Abs. 1 Nr. 6, Abs. 2 BGB an. Die sich daraus ergebende Hemmung der Verjährung gilt für den Fall des ungünstigen Ausgangs des Rechtsstreits.

V. Die Interventionswirkung

Die Interventionswirkung hat ihren originären Standort in § 68 ZPO. Dort bezieht sie sich auf die Wirkungen der Nebenintervention. Für die Streitverkündung verweist § 74 Abs. 3 ZPO auf § 68 ZPO zurück. Die Wirkung, nicht notwendig der tatsächliche Eintritt, der Intervention ergibt sich aus dem Umstand, dass der Streitverkündungsempfänger im Folgeprozess nicht mit der Behauptung gehört wird, der Vorprozess sei unrichtig entschieden. Hingegen wird er mit dem Einwand der mangelhaften Prozessführung teilweise gehört. Von dieser Wirkung umfasst ist nicht nur der Inhalt der Entscheidung in Form der Rechtsfolge bzw. des festgestellten Rechtsverhältnisses (so aber bei der Rechtskraft, § 322 Abs. 1 ZPO), sondern darüber hinaus alle tragenden tatsächlichen und rechtlichen Feststellungen des Vorprozesses.[218] Davon nicht umfasst sind „unmaßgebliche Hilfserwägungen" oder obiter dicta.[219] § 74 Abs. 3 ZPO bezieht sich auf § 74 Abs. 1 und Abs. 2 ZPO.

Mit dem Institut der (materiellen) Rechtskraft hat die Interventionswirkung eine Form der prozessualen Bindungswirkung gemein. Die materielle Rechtskraft (auch innere genannt), ist Ausfluss der formellen bzw. äußeren Rechtskraft (§ 705 ZPO). Eine gerichtliche Entscheidung wird formell rechtskräftig, wenn die Frist zur Einlegung eines gegen sie vorgesehenen Rechtsmittels verstrichen

215 BGHZ 85, 252, 255; 103, 275, 278.

216 Str., Wieczorek/Schütze/Mansel, § 74 Rdnr. 4.

217 BGHZ 85, 252, 255.

218 St. Rspr., BGHZ 36, 212, 215; 85, 252, 255; 96, 50, 53; 100, 257, 262; 103, 275, 278; 116, 95, 102; stellvertretend für die Literatur: Martens, ZZP 85 (1972), 77, 83 f.

219 Martens, ZZP 85 (1972), 77, 83 f.

ist und sie damit eine Unanfechtbarkeit erlangt. Sie ist der materiellen Rechtskraft vorgelagert. Die materielle Rechtskraft hingegen, wie sie in § 322 Abs. 1 ZPO niedergeschrieben ist, trägt Gewähr für die fortdauernde inhaltliche Beständigkeit des sich im Urteil manifestierenden Richterspruchs.[220] Nicht bereits aus sich selbst heraus verbietet sich eine erneute Entscheidung über denselben Streitgegenstand – eine weitere Befassung wäre ohne weiteres denkbar und möglich. Vielmehr versteht sich die materielle Rechtskraft auf der Grundlage einer prozessrechtlich angeordneten, in die Zukunft wirkenden Befassungssperre.[221] Es stellt ein ne bis in idem-Gebot dar und soll so dem Ansehen der Gerichte dienen, die Rechtssicherheit fördern und dem Rechtsfrieden der Parteien zur Geltung verhelfen.[222] Ansonsten überwiegen die Unterschiede. Die Rechtskraft gilt im Verhältnis der Parteien und deren Rechtsnachfolger zueinander (§ 325 Abs. 1 ZPO).[223] Wirkungen für und gegen Dritte sind der Rechtskraft grundsätzlich fremd. Ausnahmsweise bei Rechtsverhältnissen betreffend die Regelung von Statusangelegenheiten (§ 640h ZPO a.F.) kann von einer Erstreckung der Rechtskraft auf Dritte gesprochen werden.[224]

Auch die Interventionswirkung ist ein im öffentlichen Interesse bestehendes Rechtsinstitut.[225] Dieser Zweck tritt jedoch im Verhältnis zu dem ihr vornehmlich zukommenden materiell-rechtlichen Sicherungszweck im Sinne eines Individualrechtsschutzes zurück.[226] Die Streitverkündung dient hauptsächlich den Interessen des Streitverkünders. Sie soll ihn durch die Bindungswirkung der Intervention davor zu bewahren, wegen der materiell-rechtlichen Verknüpfung der im Vor- und Folgeprozess geltend gemachten Ansprüche mehrere Prozesse zu führen, wobei er Gefahr läuft, alle zu verlieren, obwohl er zumindest einen

220 Musielak/Musielak, § 322 Rdnr. 1, 4.

221 Damit wird an dieser Stelle der als herrschend geltenden prozessrechtlich ausgerichteten Begründung der materiellen Rechtskraft gefolgt. Gleichzeitig soll hier auf die mannigfaltig geführten Diskussionen über das Wesen der Rechtskraft nicht näher eingegangen werden. Hier stehen sich maßgeblich die materiellen und prozessrechtlichen Theorien gegenüber; dazu auch Blomeyer, ZZP 75 (1962), 3 ff.

222 BGHZ 93, 287, 289; 123, 30, 34.

223 BGHZ 52, 150, 151.

224 Häsemeyer, ZZP 84 (1971), 179.

225 Anders Martens, Grenzprobleme der Interventionswirkung, ZZP 85 (1972), 77, 79 („… ausschließlich dem Individualinteresse dient").

226 Wieczorek/Schütze/Mansel, § 68 Rdnr. 3.

gewinnen müsste.[227] Damit entfernt sie sich weit von objektiv geprägten, dem Schutz der Rechtspflege dienenden Zwecken.[228]

In dieser so beschriebenen Funktion lässt sie sich kaum in vorhandene Kategorien von prozessualen Bindungswirkungen[229] einordnen. Negativ abgrenzen von der Rechtskraft lässt sie sich insoweit, als sie deren bloße Erweiterung über die Parteien hinaus auf Dritte bedeutet. Diese als weitgehend herrschend begriffene Erklärung kann allerdings noch keine positiven Erkenntnisse liefern. Folglich muss sie als Bindungswirkung sui generis begriffen werden.[230] Sie und die Rechtskraft können als Unterkategorien eines prozessual übergeordneten Bindungswirkungsbegriffes gelten.[231]

B. Personale Anforderungen – Subjektbezogene Voraussetzungen der Dritteigenschaft

I. Der Begriff des Dritten

Ganz gleich, ob der Partei ein Anspruch zusteht oder sie einen solchen Anspruch besorgt, in beiden Fällen des § 72 Abs. 1 ZPO ist personaler Bezugspunkt des Anspruchs neben der Partei ein Dritter – (nur) diesem kann die Partei den Streit verkünden. Damit zusammen hängt die Voraussetzung, dass der Rechtsstreit, im Gefüge der Streitverkündung Vorprozess genannt, zwischen anderen anhängig sein muss. Der Dritte kann denknotwendig nicht Partei sein. Nicht nur die Anhängigkeit eines Rechtsstreits, sondern auch die Voraussetzung, dass dieser zwischen anderen anhängig ist. Der Dritte wird selbst nicht Partei, auch nicht in irgendeiner Form ein Vertreter der Hauptpartei. Ebenso bleiben die prozessualen Rollen des Dritten und der Partei voneinander unabhängig.[232]

227 BGH NJW 1989, 521, 522; BGHZ 116, 95, 100.

228 Wieczorek/Schütze/Mansel, § 68 Rdnr. 8.

229 Häsemeyer, ZZP 84 (1971), 179, nennt neben der Rechtskraft und der Intervention als weitere Beispiele von Bindungswirkungen die dem materiellen Recht zugehörenden Tatbestands- und Gestaltungswirkungen.

230 Zöller/Vollkommer, § 72 Rdnr. 1 sprechen von einer „rechtskraftähnlichen Bindungswirkung". Auch diese Formulierung sollte keinen Bedenken begegnen, wenngleich die Gefahr besteht, eine so nicht vorhandene Nähe zur Rechtskraft zu suggerieren.

231 So Wieczorek/Schütze/Mansel, § 68 Rdnr. 9; i.E. auch Häsemeyer, ZZP 84 (1971), 179, 191 („wesensgleich").

232 Missverständlich Offermann-Burckart, AnwBl. 2011, 809, 820, dort zur Streitverkündung durch einen Rechtsanwalt an einen Bauunternehmer und der Frage, ob der Rechtsanwalt gleichzeitig dessen Prozessbevollmächtigter sein kann.

II. Parallele Drittbegriffe

Die bereits im 3. Teil dargestellten prozessualen Teilhabeformen außerhalb der Stellung als Partei haben neben der Streitverkündung eine Reihe von Drittbeteiligungsmöglichkeiten der Zivilprozessordnung ergeben. Auch bei ihnen wird der Begriff des Dritten gebraucht, um einen Prozessteilnehmer von den Parteien abzugrenzen. Hier muss allerdings auseinandergehalten werden, ob der Gesetzeswortlaut vom Dritten spricht oder ob auf die Terminologie rein untechnisch zur Erleichterung der bloßen Abgrenzung von den Parteien zurückgegriffen wird. Nur der erstgenannte Fall ist für einen die Parallelität auswertenden Vergleich von Bedeutung.

Im Rahmen der Hauptintervention darf der Dritte, der auch als Hauptintervenient bezeichnet wird, keine Partei des Haupt- bzw. Erstprozesses sein. Der Rechtsstreit des Erstprozesses muss nämlich – insoweit unterscheidet sich die Formulierung nicht von der Streitverkündung und Nebenintervention – zwischen anderen Personen anhängig sein. Wer als Hauptintervenient einen Interventionsstreit anstrebt, wird Partei dieses Verfahrens. Als Partei des Erstprozesses könnte er nicht gleichzeitig die Hauptintervention betreiben. Auch die Rolle eines Streitgenossen im Erstprozess würde einen Interventionsstreit ausschließen. Nicht hinderlich wäre es, wenn der Hauptintervenient Nebenintervenient oder Streitverkündungsempfänger im Erstprozess war.

Auch ein Vergleich zur Nebenintervention lässt keine Erkenntnisse zu, die einer Lösung nahe stehen. Denn, Nebenintervention und Streitverkündung gebrauchen den Begriff des Dritten, von Nuancierungen abgesehen[233], in identischer Weise.

III. Ausschluss kraft gesetzlicher Anordnung

1. Gericht

Gegen das Gericht darf keine Streitverkündung erfolgen. Diesen Ausschluss von der Seite möglicher Streitverkündungsempfänger ordnet § 72 Abs. 2 S. 1 Var. 1 ZPO ausdrücklich an.[234] In der Gesetzesbegründung heißt es zu dieser Regelung: „Wegen Parallelität der Interessenlage und zur Vermeidung von

233 Siehe oben, S. 50.

234 Das „Gericht" im institutionellen Sinne kann im Rahmen des § 72 Abs. 2 S. 1 Var. 1 ZPO nicht gemeint sein, weil nur prozessfähige Subjekte, nicht hingegen Institutionen als taugliche Streitverkündungsempfänger in Betracht kommen. Hier sind die im Gegensatz zum Einzelrichter bestehenden Gruppenrichter der Kammern

Umkehrschlüssen wird in die Klarstellung auch das Gericht einbezogen."[235] Damit sind zwei bedeutende Aussagen getroffen: Zum einen wird mit Parallelität der Interessenlagen auf die Situation des gerichtlich ernannten Sachverständigen[236] Bezug genommen. Daran anknüpfend, weil in einem engen Zusammenhang stehend, steht der präventive Gedanke der Vermeidung von Umkehrschlüssen. Zum anderen wird die ausdrückliche Aufnahme dieses Ausschlusses in das Gesetz als bloße Klarstellung bezeichnet. Die Unzulässigkeit der Streitverkündung gegenüber dem Gericht ist also nicht Folge der Gesetzeseinfügung, sondern muss seinen Ursprung bereits im bestehenden Gefüge des Rechts haben. Hier ist die Begründung in der Rolle des Richters, die ihm für den Zivilprozess zukommt, zu suchen.

a. Die Stellung des Richters im Zivilprozess und das Verhältnis zu den Prozessbeteiligten

(1) Die rechtsprechende Gewalt

Das Gericht und der Richter bilden in ihrer Summe die rechtsprechende Gewalt. Weder im Grundgesetz noch im einfachen Recht lassen sich Definitionen dazu finden, was Rechtsprechung im Detail ist. Art. 92 GG setzt den Begriff lediglich voraus.[237] Während das Gericht die umfassende Institution bestehend aus sachlichen und personellen Mitteln und den Spruchkörper als richterliches Kollegialorgan meint, handelt es sich bei Richtern um die im konkreten Fall rechtsprechenden Personen, „denen rechtswirksam die Wahrnehmung der Aufgaben eines funktionell-konkreten Richteramtes übertragen worden ist"[238]. Hierbei kann es sich sowohl um Berufs- als auch Laienrichter handeln.[239] Berufsrichter sind all jene, deren Statusregeln das Deutsche Richtergesetz enthält.[240]

Die Stellung des Richters nicht nur im Zivilprozess, sondern im Gesamtgefüge der rechtsprechenden Gewalt[241] ist geprägt durch die Unabhängigkeit. Dieses

---

und Senate angesprochen; zur Begriffstrennung von Gericht und Richter s. Kissel/Mayer, § 1 Rdnr. 27 f.

235 BT-Drucks. 16/3038, S. 24 – Auf diese Gesetzesreform wird im Zusammenhang mit der Darstellung des gerichtlich ernannten Sachverständigen näher eingegangen.

236 S. ausführlich unten S. 78 ff.

237 MünchKomm-ZPO/Zimmermann, § 1 GVG Rdnr. 2; Schaffer, BayVBl. 1991, 641, 642.

238 v. Münch/Kunig/Meyer, Art. 97 Rdnr. 11.

239 Schaffer, BayVBl. 1991, 641, 643.

240 Schaffer, BayVBl. 1991, 641, 643.

241 Zum Begriff und den damit verbundenen Definitionsversuchen s. v. Mangold/Klein/Starck/Classen, Art. 92 Rdnr. 5 ff.

Prinzip ist weder neu, noch ist es in irgendeiner Weise zweifelhaft. Gerade an seiner rechtlichen Selbstverständlichkeit zeigt sich, welch tragende Bedeutung ihr im Gefüge einer rechtsstaatlichen Grundordnung zukommt.

(2) Gewaltenteilung und die Unabhängigkeit der Rechtsprechung
Eine geordnete und den Vorgaben des Rechtsstaates entsprechende Rechtspflege wird durch unabhängige Gerichte ausgeübt, die wiederum mit unabhängigen Richtern besetzt sein müssen. Das Postulat der Unabhängigkeit entstammt dem Verfassungsrecht, es wird durch Art. 97 Abs. 1 GG garantiert. In § 1 GVG (Gerichte) und § 25 DRiG (Richter) wird sie einfachgesetzlich wiederholt.[242] Ihren staatsorganisations- und verfassungsrechtlichen Ursprung hat die richterliche Unabhängigkeit im Gewaltenteilungsprinzip des Art. 20 Abs. 2 S. 2 GG und der Bindung der Rechtsprechung an Gesetz und Recht.[243] Das Gewaltenteilungsprinzip ist der Fundamentalgrundsatz einer freiheitlich-demokratischen Grundordnung. Die Gerichte müssen die rechtsprechende Gewalt ohne sachfremde Einflussnahme der Gesetzgebung, der Verwaltung und ihrer Untergliederungen und ebenso ohne Einflussnahme der Rechtsprechung[244] selbst wahrnehmen.[245]

Der Unterschied zwischen Gewaltenteilung und richterlicher Unabhängigkeit liegt allein in der Betrachtungsweise begründet. Während die Gewaltenteilung ein übergelagerter Grundsatz zur Trennung der Rechtsprechung von der Verwaltung und Gesetzgebung ist, befasst sich die Unabhängigkeit der Richter im Detail mit der „Dritten Gewalt". Die Unabhängigkeit ist nicht nur ein Recht, sondern auch eine Pflicht. Das gesamte vor- und innerprozessuale Verhalten hat sich im Rahmen der Unvoreingenommenheit zu bewegen, um damit schon den Anschein einer von abhängigen Einflüssen geprägten Rechtsfindung zu vermeiden.[246]

Unabhängigkeit gewährleistet das Gesetz dem Richter in sachlicher und persönlicher Hinsicht.[247] Diese Unterscheidung findet ihre Umsetzung einerseits in

---

242 Zum Verhältnis beider Vorschriftren s. Schmidt-Räntsch, § 25 Rdnr. 1 f.; Schilken, JZ 2006, 860.

243 Papier, NJW 2001, 1089; Seitz/Büchel/Scholz, G III Rdnr. 116.

244 BVerfGE 17, 252, 259 f.; anders noch BVerfGE 12, 67, 71.

245 v. Münch/Kunig/Meyer, Art. 97 Rdnr. 15; Schaffer, BayVBl. 1991, 641, 642.

246 v. Mangold/Klein/Starck/Classen, Art. 97 Rdnr. 32.

247 In neuerer Zeit wird neben der sachlichen und persönlichen Unabhängigkeit, die zusammen die äußere Unabhängigkeit des Richters bilden sollen, auch eine innere Unabhängigkeit angenommen, dazu weiterführend Mahrenholz, DRiZ 1991, 432, 433 ff.; Papier, NJW 2001, 1089, 1091.

Art. 97 Abs. 1 Var. 1 GG, andererseits in Art. 97 Abs. 2 GG sowie in der der Verfassungsnorm nachgebildeten Vorschrift des einfachen Gesetzesrechts in § 25 Var. 1 DRiG. Daher wird von einem umfassenden Begriff der Unabhängigkeit ausgegangen, der nur dann vollends Geltung erlangen kann, wenn beide Dimensionen – die sachliche und persönliche – gleichermaßen gewährleistet werden.[248] Die sachliche Seite der Unabhängigkeit meint die Freiheit von fachlich-dienstlich geprägten Weisungen durch Gesetzgebung und Verwaltung. Unter persönlicher Unabhängigkeit wird die Freiheit ohne Absetzbarkeit und Versetzbarkeit verstanden.[249] Beide Freiheiten greifen ineinander, wobei erst die persönliche Unabhängigkeit die sachliche garantieren solle.[250]

(3) Die sachliche Unabhängigkeit

Die sachliche Unabhängigkeit verdient ein näheres Eingehen, weil sie im Gegensatz zur persönlichen Unabhängigkeit im Gefüge der Streitverkündung berührt ist. Die sachliche Unabhängigkeit des Richters ist ihm im Zusammenhang mit seiner richterlichen Tätigkeit gewährleistet. Dies mag zunächst selbstverständlich klingen, doch muss im Rahmen der dem Richter weitreichend übertragenen Tätigkeiten genau unterschieden werden, ob er in seiner spruchrichterlichen Funktion tätig wird oder Aufgaben im Bereich der Gerichtsverwaltung übernimmt.[251] Die Streitverkündung erfolgt im Rahmen eines Zivilprozesses – dabei handelt es sich klassischerweise um Rechtsprechung im Rahmen der Spruchtätigkeit.[252]

Das Gericht bzw. der Richter ist Teil des Zivilprozesses. Sie als Prozessbeteiligte oder Verfahrenssubjekte zu bezeichnen, wäre indes verfehlt. Sie sind Bestandteil des den förmlichen Ablauf des Verfahrens regelnden äußeren Rahmens, zu dessen inneren Kreis die Prozesssubjekte im engeren Sinne zählen. Das Gericht

248 Schmidt-Räntsch, § 25 Rdnr. 4; einschränkend Schilken, JZ 2006, 860, 861.

249 Niebler, DRiZ 1981, 281, 283.

250 BVerfGE 14, 56, 69 f.; freilich gilt dieser Grundsatz nicht durchgängig, sondern findet beispielsweise bei den Richtern auf Probe (§ 12 DRiG) keine Anwendung, da sie nicht dem Schutz des Art. 97 Abs. 2 GG unterstehen, vgl. HdBStR/Sodan, § 113 Rdnr. 73.

251 Dies darf nicht zu der Annahme verleiten, den Begriff der „richterlichen Tätigkeit" zu eng zu fassen. Die Unabhängigkeit bezieht sich ebenso auf die Organisation der Geschäftsverteilung, Papier, NJW 2001, 1089, 1090.

252 HdBStR/Sodan, § 113 Rdnr. 22, dort auch zu den nicht von der Unabhängigkeit umfassten richterlichen Aufgaben.

ist notwendiger Teil des Verfahrens.[253] dies aber auf einer anderen Ebene als es die Parteien sind.

Die Unabhängigkeit der Richter gilt auch und gerade im Verhältnis zu den Parteien des Zivilprozesses.[254] Hier kommt die Unabhängigkeit im Wege der Neutralitätspflicht zum Zuge. Der Richter muss unparteiisch sein.[255] Seiner prozessualen Aufgabe ist immanent, von einem nichtbeteiligten Dritten ausgeübt zu werden.[256] Das Neutralitätsgebot ist neben verschiedenen Ausstrahlungen[257] eine Spielart der Unabhängigkeit. Zur Neutralität ist der Richter gegenüber sämtlichen Beteiligten des Prozesses verpflichtet.

Der verfassungsrechtliche Auftrag der Unabhängigkeit nach Art. 97 Abs. 1 GG zielt auf alle drei Staatsgewalten ab, beschränkt sich also nicht auf die Legislative und Exekutive als Normadressaten, wenngleich im Verhältnis zu ihnen der Schutzauftrag vorrangig ist.[258] Eine Streitverkündung kann nur durch die Parteien des Rechtsstreits erfolgen. Sie sind jedoch nicht einer der Staatsgewalten zuzuordnen. Daher ist klärungsbedürftig, ob die richterliche Unabhängigkeit über die Staatsgewalten hinaus auch im Verhältnis zu (privaten) Dritten gilt.[259] Unzweifelhaft sind die Grundrechte in ihrer klassischen Funktion Abwehrrechte des Bürgers gegen staatliche Einflussnahme. Art. 97 GG lässt sich nicht den Grundrechten bzw. grundrechtsgleichen Rechten zuordnen.[260] Hier würde es aber um den Versuch der Erstreckung eines den Staat bindenden Prinzips im Verhältnis zum Bürger gehen.[261] Auf das Ergebnis bewirkt es keinen Unterschied, ob die Funktionsfähigkeit der Rechtsprechung durch die Staatsgewalt oder aus dem gesellschaftlichen Bereich heraus gestört wird. Ihre Effektivität und Beständigkeit wäre in beiden Fällen erschüttert. Auch und gerade die Einflussnahme Dritter in Form von Verfahrensbeteiligten[262] ist es, die heutzutage

253 BT-Drucks. 16/3038, S. 37.

254 v. Mangold/Klein/Starck/Classen, GG, Art. 97 Rdnr. 31.

255 BVerfGE 14, 54, 69.

256 BVerfGE 3, 377, 381; 14, 54, 69.

257 Die Unabhängigkeit beschränkt sich nicht lediglich auf das Verhältnis zu den Parteien, sondern hat über den einzelnen Prozess hinaus ebensolche Bedeutung für den gesellschaftlichen Umgang mit der Rechtsprechung (Außenwirkung). Darüber hinaus ergeben sich immer wieder Spannungen bei der Aufgabenzuweisung und -abgrenzung, besonders im Verhältnis zur Exekutive, dazu BGHZ 42, 163, 169.

258 Dreier/Schulze-Fielitz, Art. 97 Rdnr. 21 ff.

259 Zu den Möglichkeiten der Kritik an der Rechtspflege s. A. Wagner, S. 177 ff.

260 BVerfGE 27, 211, 217; v. Mangold/Klein/Starck/Classen, Art. 97 Rdnr. 2.

261 Schilken, JZ 2006, 860, 862.

262 Angedeutet auch von Schilken, GVR, § 24 Rdnr. 464.

sicher ein weit größeres Beeinträchtigungspotential enthält, als es die gesetzgebende und ausführende Gewalt bewirken. Daher muss von einer drittwirkenden Funktion der richterlichen Unabhängigkeit ausgegangen werden. Dieses Ergebnis steht auch im Einklang mit Art. 20 Abs. 2 GG.[263] Da der Schutz der Judikative auch außerhalb der genannten Gewalten nicht in Zweifel gezogen wird, variieren die Rechtfertigungsansätze zur Begründung dieser Schutzrichtung. Neben der hier gefolgten drittwirkenden Funktion von Art. 97 Abs. 1 GG wird ein weiterer Ansatz in der inneren Unabhängigkeit erblickt[264] und zum Teil auch, allerdings nur sektoral ausgeprägt, in einfachgesetzlichen Regelungen[265]. Zu ihnen lassen sich die im GVG verorteten Vorschriften über den Ausschluss der Öffentlichkeit und die Ablehnungsvorschriften des § 42 ZPO zählen.[266] Sie sind Ausdruck einer staatlichen Pflicht zum Schutze der Rechtsprechung vor nicht nur staatlicher Einflussnahme.

Die Streitverkündung durch eine Partei des Rechtsstreits würde die verfassungsmäßig garantierten Rechte des Richters verletzen und eine Gefahr für die Funktionsfähigkeit der Rechtspflege bedeuten. Ihm ist nicht nur gegenüber der Legislative und Exekutive die aus Art. 97 Abs. 1 GG folgende Unabhängigkeit garantiert, sondern auch über den Wortlaut hinaus gegenüber privater Einflussnahme.

(4) Gesetzlicher Richter

Gemäß Art. 101 Abs. 1 S. 2 GG darf niemand seinem gesetzlichen Richter entzogen werden. Das Recht auf den gesetzlichen Richter beinhaltet die staatliche Garantie, die richterliche Zuständigkeit im Voraus nach abstrakten Merkmalen durch allgemeine Regelung losgelöst vom einzelnen Rechtsuchenden eindeutig zu bestimmen.[267] Art. 101 GG vermittelt neben seinem Charakter als objektives Verfassungsrecht auch subjektive Rechtspositionen.[268] Art. 101 Abs. 1 S. 2 GG bezieht sich erkennbar („niemand") auf Individualrechtsschutz.[269] Wegen der gesonderten Nennung neben den Grundrechten in Art. 93 Abs. 1 Nr. 4a GG wird die Vorschrift nicht als solches verstanden, zumindest aber als

---

263 Schaffer, BayVBl. 1991, 641, 646.

264 Dem folgt Schilken, JZ 2006, 860, 862 mit Verweis auf Papier, NJW 2001, 1089, 1091 m.w.N. und BGHZ 46, 66, 72.

265 Schilken, JZ 2006, 860, 862.

266 Schilken, GVR, § 24 Rdnr. 465 a.E.

267 Schilken, GVR, § 16 Rdnr. 279.

268 Maunz/Dürig/Maunz, Art. 101 Rdnr. 5.

269 v. Mangoldt/Klein/Starck/Classen, Art. 101 Rdnr. 5.

„grundrechtsähnliches Recht“[270]. Die Garantie des gesetzlichen Richters gewährleistet neben den Art. 92 und 97 GG die Neutralität und Unabhängigkeit der Rechtsprechung.[271]

„Jedermann“ im Sinne der Verfassungsnorm ist jeder am Prozess formal Beteiligte. Die formale Beteiligung ergibt sich aus den einschlägigen Gerichts- und Prozessordnungen.[272] Dort muss dem Betroffenen eine prozessuale Subjektsqualität eingeräumt werden.[273] Für den Zivilprozess sind dies die Parteien[274] des Rechtsstreits und alle Drittbeteiligten[275], denen eine ähnliche Rechtsstellung zufällt.[276] Sie und nur sie unterstehen dem persönlichen Schutzbereich. Umgekehrt können sich Richter, Zeugen und Sachverständige nicht auf die Garantie des gesetzlichen Richters berufen – ihnen allen fehlt es an der Parteifähigkeit oder zumindest vergleichbaren Stellung.[277] Würde eine Partei dem Richter ihres Rechtsstreits den Streit verkünden, bedeutete dies eine Beeinträchtigung der subjektiven Verfahrensrechte der gegnerischen Partei. Zwar würde für sich gesehen nicht die Parteihandlung selbst einen Verstoß gegen Art. 101 Abs. 1 S. 2 GG begründen, weil sich das Verbot des Entzugs nur an die drei Staatsgewalten richtet. Zum einen würde die Existenz zulässiger Streitverkündung gegen den Richter ein Eingriff des Gesetzgebers in die Garantie des gesetzlichen Richters bedeuten, weil schon dann – unabhängig von dessen Beitritt oder Nichtbeitritt – eine Verletzung von Art. 101 Abs. 1 S. 2 GG, der dem Schutze der Unabhängigkeit und Neutralität der Gerichte dient, vorläge.

Zum anderen könnte auch der Richter selbst gegen Art. 101 Abs.1 S. 2 GG verstoßen, indem er der Aufforderung des Streitverkünders folgt und dem Rechtsstreit beitritt. In einem solchen Fall wäre gegen die gerichtsinterne Geschäftsverteilung des Gerichts infolge „Selbstentzugs“ verstoßen.[278] Wie *Böckermann* in diesem Zusammenhang pointiert bemerkt, kann niemand „Helfer einer Partei und gleichzeitig Richter sein“[279] – gerade um eine solche Situation würde

270 BVerfGE 12, 6, 8; 18, 441, 447; 21, 362, 373.
271 Schilken, GVR, § 16 Rdnr. 286.
272 BVerfGE 3, 359, 363; v. Mangoldt/Klein/Starck/Classen, Art. 101 Rdnr. 9.
273 Vgl. BVerfGE 82, 286, 295.
274 Vgl. oben S. 19 ff.
275 Vgl. oben S. 40 ff.
276 BVerfGE 15, 298, 301; 96, 231, 238.
277 v. Münch/Kunig/Kunig, Art. 101 Rdnr. 11; v. Mangoldt/Klein/Starck/Classen, Art. 101 Rdnr. 9.
278 Böckermann, MDR 2002, 1348, 1349.
279 Böckermann, MDR 2002, 1348, 1349.

es sich aber im genannten Fall handeln. Die Garantie des gesetzlichen Richters wäre dann nicht mehr gewährleistet.

(5) Anspruch auf rechtliches Gehör

Ein weiterer, die Rolle des Gerichts/Richters als Streitverkündungsempfänger ausschließender Grundsatz ist der Anspruch auf rechtliches Gehör. Dieses Verfahrensgrundrecht nach Art. 103 Abs. 1 GG gewährleistet den Prozessparteien die Teilnahme und Teilhabe am Gerichtsverfahren. Im Detail muss die Teilnahme eine Teilhabe gewährleisten, die sich durch die Information durch das Gericht gegenüber dem Betroffenen und seines Rechts auf Stellungnahme konkretisiert. Die Stellungnahme darf seitens des Gerichts nicht nur formalistisch gewährt werden, sondern muss vor Erlass der Entscheidung erfolgen, womit gewährleistet wird, dass sie im Rahmen der Rechtsfindung auch Beachtung findet.[280]

Der persönliche Schutzbereich umfasst ebenso wie die Garantie des gesetzlichen Richters die Beteiligten des Prozesses, im Gegensatz zu Art. 97 Abs. 1 GG, auf dessen Schutz sich nur der Richter als Teil der rechtsprechenden Gewalt berufen kann. Anspruch auf rechtliches Gehör haben die Parteien, die in vergleichbarer Stellung Beteiligten und die sonst unmittelbar von dem Verfahren Betroffenen.[281] Bezogen auf die Streitverkündung gegenüber dem Richter ist in solchen Fällen der Prozessgegner der streitverkündenden Partei in seinem Anspruch auf rechtliches Gehör betroffen.[282]

Auf den ersten Blick nicht offensichtlich, trägt auch diese Verfahrensgarantie der Objektivität und Unvoreingenommenheit der Rechtsprechung Rechnung.[283] Die Parteien sind im Zivilprozess rechtlich gleichgestellt. In Folge dessen obliegt dem Richter eine objektive Verhandlungsführung, die unvoreingenommene Bereitschaft zur Verwertung und Bewertung des gegenseitigen Vorbringens sowie die unparteiische Rechtsanwendung.[284] In dieser Funktion steht es einer Streitverkündung gegen den Richter bzw. das Gericht entgegen.

---

280 BVerfGE 9, 79, 89; Schilken, GVR, § 11 Rdnr. 147.

281 BVerfGE 101, 397, 404.

282 Die Möglichkeit der Verletzung durch diese Handlung wird bis auf Böckermann, MDR 2002, 1348, 1349, der dies zumindest ansatzweise erwähnt, kaum thematisiert. Zu den gängigen Fallkonstellationen zählen die Aufnahmebereitschaft des Gerichts, Beweisanträge und Beweismittel, die Fristen im Zusammenhang mit der Wiedereinsetzung in den vorigen Stand und Präklusion.

283 S. BVerfGE 52, 131, 156.

284 S. BVerfGE 52, 131, 156; 9, 124, 130 f.; 26, 66, 71.

b. Materielle Hindernisse der Streitverkündung

(1) Die Rollenzuweisung im Prozess

Der Richter ist zwar zahlenmäßig neben den Parteien des Rechtsstreits „Dritter", da Kläger „Erster" und Beklagter „Zweiter" sind. Doch kann es die Parteien überhaupt nur dann geben, wenn für sie ein Gericht vorgesehen ist.[285] Der Richter steht zu den Prozesssubjekten nicht in einem Verhältnis der Gleichordnung, sondern der Über- und Unterordnung. Schon daraus verbietet sich die Annahme, ihn als geeigneten Dritten anzusehen, dem gegenüber der Streit verkündet werden könnte. Die dem Richter vom Gesetz zugewiesene Verfahrensrolle ist unvereinbar mit der Verkündung des Streits. Diese These gilt unbeschadet des im deutschen Recht geltenden Verhandlungsgrundsatzes, der die Parteien des Rechtsstreits zu einer großzügigen Autonomie berechtigt, aber auch verpflichtet.[286] Die Notwendigkeit der amtswegigen Existenz des Richters zieht sich vom Beginn des Vorverfahrens bis zur Beendigung des Hauptverfahrens.[287] Der Zivilprozess ist auf die starke Sachleitungskompetenz des Vorsitzenden angewiesen. Diese hoheitliche Form der justiziellen Tätigkeit betrifft die Leitungskompetenz über den Prozess. Dies beginnt nach Klageerhebung mit der Ingangsetzung des Verfahrens durch Zustellungen, Ladungen, Terminierungen. (§§ 270, 214, 274, 216 ZPO) und der weiteren Vorbereitung des Termins (§ 273 ZPO). Im Rahmen des Verfahrensabschnitts des Hauptverfahrens tritt die Prozessleitung[288] hinzu. Hier trägt der Richter Verantwortung für den sachgerechten und ordnungsgemäßen Ablauf der Verhandlung (§ 136 ZPO, §§ 176 ff. GVG), insbesondere auch der Beweisaufnahme.[289]

Selbst der Verhandlungsgrundsatz tritt für bestimmte Bereiche infolge vorrangiger Geltung öffentlicher Interessen zurück. Dies äußert sich in einer stärkeren Einflussnahme des Richters auch auf die Art und Weise der Beibringung des Tatsachenstoffes und Herstellen der Entscheidungsgrundlage (so etwa bei §§ 26, 29 FamFG), deren Heranschaffen an sich Aufgabe der Parteien ist. Dazwischen stehen §§ 139 Abs. 1, 278 Abs. 3 ZPO, denen aber gleichsam eine fürsorgerische Funktion zukommt.

---

285 Böckermann, MDR 2002, 1348, 1349 („notwendiger Dritter").

286 Schilken, Die Rolle des Richters im Zivilprozess, S. 43.

287 Schilken, Die Rolle des Richters im Zivilprozess, S. 43.

288 Hier wird zum Teil nochmals unterschieden zwischen der formellen (betrifft Verfahrensfragen) und materiellen Prozessleitung (betrifft Sachfragen), s. Prütting/Gehrlein/Prütting, § 136 Rdnrn. 2 und 5.

289 BGH NJW 1984, 1823.

Ein Dritter im Sinne der zivilprozessualen Drittbeteiligung wird immer ein eigenes rechtliches Interesse an einem bestimmten Ausgang des Rechtsstreits haben. Dieses Interesse ergibt sich aus den ihm gegenüber möglicherweise zukommenden Wirkungen des Urteils im Rahmen des Folgeprozesses. Ein Richter jedoch muss immer „(...) in gleicher Nähe und Ferne zu allen Beteiligten (...)“[290] stehen. Dadurch entfernt er sich vom Drittbegriff, wie ihn § 72 Abs. 1 ZPO ansetzt. Die Streitverkündung gegen einen Richter ist folglich keine Streitverkündung im Rechtssinn.[291]

Insoweit kann auch kein Zweifel daran bestehen, die Streitverkündung, ebenso wie die Nebenintervention, im Verhältnis der Parteien zum Richter des Rechtsstreits als kein statthaftes Prozessrechtsinstitut anzusehen.

(2) Spruchrichterprivileg

Gegen die Möglichkeit der Streitverkündung gegen den Richter spricht ein weiterer, tragender Grund: Durch das Spruchrichterprivileg des § 839 Abs. 2 S. 1 BGB ist selbst die theoretische Annahme eines Streitverkündungsgrundes deutlich begrenzt. § 839 Abs. 2 S. 1 BGB geht nur von einer sehr eingeschränkten Justiziabilität des Richterunrechts aus, lehnt sie jedoch nicht gänzlich ab. Zum einen enthält § 839 Abs. 2 S. 2 BGB zwei Ausnahmen, bei denen die Grundregel des § 839 Abs. 2 S. 1 BGB keine Anwendung findet. Diese sind die pflichtwidrige Verweigerung oder Verzögerung der Ausübung des Amtes. Zum anderen findet die Privilegierung ausschließlich dort Beachtung, wo es um eine Verletzung der richterlichen Amtspflicht („bei dem Urteil in einer Rechtssache“) geht. Hierbei muss es sich um eine richterliche Entscheidung handeln, die der Rechtskraft zugänglich ist. Darunter fallen neben „echten“ Urteilen auch alle „urteilsvertretenden Erkenntnisse“[292] Die Verletzung der Amtspflicht muss nicht im Urteil selbst erfolgen, sondern („bei“) kann im gesamten Verfahrensgang eintreten.[293] Hingegen sind solche Pflichtverletzungen vom Haftungsprivileg ausgenommen, bei denen es an der Kausalität zwischen Verstoß gegen die Amtspflicht und Unrichtigkeit der Sachentscheidung fehlt.[294]

Ob dieses haftungsrechtliche Privileg Ausfluss der verfassungsrechtlich garantierten Unabhängigkeit der Richter ist, oder ob es – ganz pragmatisch – dem

290 BGHZ 50, 14, 19.

291 BGH NJW 2011, 1078, 1079; Zöller/Vollkommer, § 72 Rdnr. 1.

292 Vgl. BGHZ 10, 55, 60 f.

293 H.M., Staudinger/Wurm, § 839 Rdnr. 329 m.w.N.

294 S. Staudinger/Wurm, § 839 Rdnr. 329.

Schutz der Rechtskraft dient, wird unterschiedlich gesehen.[295] Zweifelsohne kann in ihm auch ein Schutz zur Absicherung der richterlichen Unabhängigkeit erblickt werden, sofern es um die richterliche Unabhängigkeit im Zusammenhang mit der rechtsprechenden „Kernaufgabe“ geht. Als vorrangiger Gesetzeszweck dient jedoch die Vermeidung der erneuten richterlichen Prüfung einer bereits rechtskräftig entschiedenen Streitsache mit der Behauptung, der Richter habe bei der Rechtsfindung nicht amtspflichtmäßig gehandelt.[296]

Abgesehen von den Fällen des § 839 Abs. 2 S. 2 BGB sowie der nicht urteilsvertretenden Erkenntnisse bleibt kein Raum für einen anerkannten Grund zur Streitverkündung. Aber auch die verbleibenden Varianten werden zusätzlich durch die neueren Tendenzen in der Rechtsprechung eingeengt, die einen Schuldvorwurf nur bei besonders groben Verstößen gegen die richterlichen Amtspflichten annehmen.[297] Solche besonders groben Verstöße lägen bei Vorsatz und grober Fahrlässigkeit vor.[298]

c. Ausschließung von der Ausübung des Richteramtes und Ablehnung eines Richters

Die Neutralität und Unparteilichkeit des Richters gegenüber den Parteien des Rechtsstreits ist nicht nur ein Recht. Sie in jeder Phase des Verfahrens auszuüben ist gleichzeitig seine Pflicht. Das Vertrauen der Rechtsordnung in unabhängige, keinen Zwängen unterworfene Rechtsprechungsorgane bedarf der Kontrolle und des Schutzes. Sie trägt entscheidend zur gesellschaftlichen Akzeptanz der Rechtsprechung bei und schafft somit einen Beitrag zu einer gesellschaftlichen Legitimation, die neben die verfassungsrechtliche Legitimation des Art. 20 Abs. 2 S. 2, Abs. 3 Var. 3 GG tritt.[299]

In Abweichung vom gesetzlichen Leitbild des Richters als neutrale und mit der Sache unbefangene Institution sind zahlreiche Situationen vorstellbar, in denen diese Attribute nicht (vollends) gewährleistet werden können. Aber auch

---

295 S. bereits Mugdan, S. 460, 1270 und 1389 f.; BGHZ 50, 14, 19 f.; ablehnend Leipold, JZ 1967, 737, 739 m.w.N.; MünchKomm-BGB/Papier, § 839 Rdnr. 322; offengelassen hingegen von NK-BGB/Muthers, § 839 Rdnr. 221 m.w.N.

296 S. BGHZ 51, 326, 327; MünchKomm-BGB/Papier, § 839 Rdnr. 323. Aus diesem Grund wird vielfach auch vom „Richterspruchprivileg“ statt „Spruchrichterprivileg“ gesprochen, vgl. ebenso NK-BGB/Muthers, § 839 Rdnr. 221.

297 S. BGH NJW 2003, 3052, 3053; kritisch gegenüber dieser Rechtsprechung NK-BGB/Muthers, § 839 Rdnr. 238.

298 BGH NJW 2003, 3052, 3053 mit Verweis auf OLG Frankfurt a.M. NJW 2001, 3270.

299 Zu letzterer s. auch die Darstellung bei Wolf, § 15 IV.

dann kommt dem Staat kraft des Justizgewähranspruchs des Rechtsschutzsuchenden die Verpflichtung zu, die Entscheidung des Rechtsstreits unter Beachtung der verfassungsrechtlichen Vorgaben zu gewährleisten. Der Gesetzgeber hat die Einhaltung der Neutralität nicht in die Hände der Rechtsprechung gelegt. Auch ging er nicht so weit, auf eine Sanktion gänzlich zu verzichten. Deshalb enthalten die Gerichts- und Prozessordnungen sämtlich Vorschriften für den Fall der Befangenheit.[300] Die ZPO kennt mit den §§ 41 ff. einen eigenen Titel über die Ausschließung und Ablehnung von Gerichtspersonen. Hier existiert ein zweigleisig angelegtes gesetzliches Schutzmodell: Zum einen der kraft gesetzlicher Anordnung bestehende Ausschluss von der Ausübung des Richteramtes (§ 41 ZPO) und zum anderen die im Interesse der Parteien des Rechtsstreits liegende Ablehnung eines Richters (§ 42 ZPO). Während § 41 ZPO als objektives Recht der Gerichtsverfassung fungiert, handelt es sich bei § 42 ZPO um ein Exklusivrecht der Parteien, mit denen sie aktiv das Gericht um Ablehnung des Richters ersuchen können.

Als Ausschließungsgrund kraft gesetzlicher Anordnung kommt § 41 Nr. 1 ZPO in Betracht. In Sachen, in denen der Richter selbst Partei ist oder bei denen er zu einer Partei in dem Verhältnis eines Mitberechtigten, Mitverpflichteten oder Regresspflichtigen steht, ist er von der Ausübung des Richteramtes ausgeschlossen. Die Parteistellung ist in der Lesart des Gesetzes in einem weiten Sinn zu verstehen. Gemeint ist nicht nur die Partei nach dem formellen Parteibegriff, sondern es sind auch jene gemeint, die von der Rechtskraftwirkung der Entscheidung betroffen sind.[301] Folglich sind auch an einem Rechtsstreit beteiligte Dritte nach §§ 66, 74 Abs. 1, 75 ff. ZPO Partei.[302]

Hingegen ist die Streitverkündung gegenüber dem Richter de lege lata kein ausreichender Grund, um einen Ausschluss von der Ausübung des Richteramtes zu begründen.[303] Dies galt bereits vor Änderung des § 72 ZPO durch Einfügung des Absatzes 2 durch Art. 10 Nr. 2 lit. a des Zweiten Gesetzes zur Modernisierung

300 Für den Strafprozess gelten die §§ 22 StPO ff.

301 Zöller/Vollkommer, § 41 Rdnr. 6, der in diesem Zusammenhang auch von den sog. „Nebenparteien" spricht. Zum Begriff s. auch Rosenberg/Schwab/Gottwald, § 50 Rdnr. 2.

302 Prütting/Gehrlein/Mannebeck, § 41 Rdnr. 22.

303 H.M. bereits vor Geltung des § 72 Abs. 2 S. 1 ZPO, s. Wieczorek/Schütze/Niemann, § 41 Rdnr. 3; Stein/Jonas/Bork, § 41 Rdnr. 7; Zöller/Vollkommer, § 41 Rdnr. 6; MünchKomm-ZPO/Gehrlein, § 41 Rdnr. 15; Musielak/Heinrich, § 41 Rdnr. 8; Böckermann, MDR 2002, 1348, 1349.

der Justiz vom 22.12.2006[304] (2. JuMoG) zumindest solange, wie der Richter dem Rechtsstreit infolge der Verkündung des Rechtsstreits nicht beigetreten war.[305]

Heute folgt dies bereits aus § 72 Abs. 2 S. 1 Var. 1 ZPO.[306] Was gesetzlich versagt ist, darf nicht über Umwege als mittelbares Instrument zur unzulässigen Verfahrenssteuerung verwendet werden. Andererseits ist nicht ersichtlich, wie sich das Verhalten des Richters infolge der aus rein rechtlicher Sicht folgenlosen Streitverkündung beeinträchtigend auf das Verhältnis zu den Parteien des Streitverkünders auswirken soll. Der Richter wird in Anbetracht des klaren Wortlauts von § 72 Abs. 2 Var. 1 ZPO couragiert genug sein, sich nicht des Verdachts eines den Streitverkünder im Vergleich zur Gegenpartei benachteiligenden bzw. bevorteilenden Verhaltens auszusetzen.

Verbleibt, wenn man die Ausschließung des Richters für solche Fälle grundsätzlich verneint, die Möglichkeit der Ablehnung. Aus einem Parteiverhalten wie dem zuvor geschilderten lässt sich ebenso kein Ablehnungsgrund nach § 42 Abs. 2 ZPO wegen Besorgnis der Befangenheit begründen. Ein geeigneter Grund, Misstrauen gegen die Unparteilichkeit des Richters zu rechtfertigen, wie es die Vorschrift verlangt, kann nicht durch eigenes Verhalten der um die Ablehnung ersuchenden Partei erfolgen.[307] Ein solches rechtsmissbräuchliches, auf Manipulation der Rechtspflege gerichtetes Gebaren ist dem Schutze der Rechtsordnung entzogen.[308] Es stünde nämlich weitgehend im Belieben einer Partei, einen aus ihrer Sicht den Rechtsstreit nachteilig führenden Richter aus dem Verfahren zu drängen. Verfahrensfremde Zwecke führen zum Ausschluss des Rechtsschutzbedürfnisses der Richterablehnung.[309] Bemessungsgrundlage der Befangenheitsbesorgnis ist nach Auffassung des BVerfG die Sicht eines

---

304 BGBl. I, S. 3416.

305 Zur alten Rechtslage s. Böckermann, MDR 2002, 1348, 1349.

306 Zutreffend daher Zöller/Vollkommer, § 41 Rdnr. 6; wohl auch W. Zimmermann, § 72 Rdnr. 2; unklar insoweit Prütting/Gehrlein/Mannebeck, § 41 Rdnr. 22 und Saenger/Bendtsen, § 41 Rdnr. 8 a.E., die de lege lata immer noch zwischen Beitritt/Nichtbeitritt unterscheiden. Fälle, in denen ein Richter entgegen § 72 Abs. 2 S. 1 Var. 1 ZPO „faktisch" beitritt, dürften wohl rein theoretischer Natur sein.

307 Zöller/Vollkommer, § 42 Rdnr. 29 nennen ausdrücklich die Streitverkündung als „Angriff auf den Richter".

308 S. auch Günther, ZZP 105 (1992), 20, 33 f. und 39 ff., der ausführlich das Verhältnis des Richters zur Partei infolge parteiveranlasster Provokationen untersucht; aus der jüngeren Literatur s. Kroppenberg, ZZP 119 (2006), 177, 187 f.

309 Allg. A., Musielak/Heinrich, § 42 Rdnr. 8 m.w.N.

vernünftigen Prozessbeteiligten.[310] Das Gesetz bietet den Parteien des Rechtsstreits über die Möglichkeiten des § 42 Abs. 1 ZPO und insbesondere des § 42 Abs. 2 ZPO hinaus keine Befugnis zu einer derartigen Einflussnahme auf die institutionelle Einrichtung des Prozesses, über deren notwendigen personalen Bestand nicht weitergehend disponiert werden kann.

2. *Der gerichtliche Sachverständige*

a. Allgemeine Rechtsstellung des gerichtlichen Sachverständigen

Soweit im Folgenden die Ausführungen zum Sachverständigen ergehen, wird die Sachverständigentätigkeit im Zusammenhang mit dem gerichtlichen Verfahren gemeint sein. Die Sachverständigentätigkeit im privaten Bereich und behördlichen Verfahren ist hiervon nicht erfasst und folglich abzugrenzen.

Zur Definition des Sachverständigen findet sich im Gesetz keine ausdrückliche Aussage. Das materielle wie formelle Recht schweigt sich dazu aus. Wenn die ZPO in den §§ 402 ff. ZPO den Sachverständigenbeweis normiert, ist damit keine eigenständige Kodifikation des Sachverständigenrechts erfolgt. Dieses wird vielmehr als gegeben vorausgesetzt.[311] Die Begriffsbildung muss sich vorrangig anhand allgemeiner Bedeutungsinhalte orientieren:

Sachverständige sind jene Personen, die dem Gericht das nötige – weil fehlende – Fachwissen vermitteln, um damit diesem zur Entscheidung eines gerichtlichen Verfahrens die Beurteilung von Tatsachen zu ermöglichen.[312] Über die Vermittlung von Fachwissen hinaus kommt die Hinzuziehung eines Sachverständigen auch dann in Frage, wenn es um die fehlende Kenntnis des Richters von Rechtsnormen (§ 293 ZPO) geht, aufgrund der Erfahrungssätze Schlussfolgerungen gezogen werden sollen oder gar aufgrund seiner besonderen Sachkunde die Feststellung von Tatsachen (§ 404a ZPO) im Raum steht.[313] Als Sachverständiger ist jede Person tauglich, die aus Sicht des Gerichts die nötige Sachkunde zur Erstattung des Gutachtens aufweist. Zwischen dem „ob" der Hinzuziehung (1. Stufe) und der Auswahl der Person (2. Stufe) ist zu trennen. Bedeutung kommt ihm im Zivilprozess dort zu, wo Haftungs- und Schadensprozesse, Bewertungsfragen

310 BVerfGE 98, 134, 137; BVerfG NJW 2000, 2808; s. weiterführend zum Maßstab für die Besorgnis der Befangenheit die Darstellung bei Gerdes, S. 33 ff.

311 Bayerlein/Böttger, § 1 Rdnr. 6.

312 BGH NJW 1993, 1796.

313 Rosenberg/Schwab/Gottwald, § 121 Rdnr. 1.

und technische Feststellungen sowie die Feststellung von Mängeln und deren Beseitigungskosten im Raum stehen.[314]

Zum gerichtlichen Sachverständigen wird er, soweit ein gerichtlicher Auftrag vorliegt.[315] Der Sachverständige ist in dieser Funktion eines der fünf Strengbeweismittel, neben Zeugen, Urkunden, Inaugenscheinnahme sowie Parteivernehmung. Der Sachverständigenbeweis im Zivilprozess ist in den §§ 402 ff. ZPO geregelt („Beweis durch Sachverständige").[316] Seine auf den Beweis gerichtete Tätigkeit erfüllt er dadurch, dass er im Auftrag des Gerichts mündlich oder schriftlich das Gutachten erstattet. Der Sachverständige soll unvoreingenommen und kritisch sein, Erfahrung besitzen und jegliches Eigeninteresse an der Begutachtung oder deren Ergebnis vermissen lassen, was zur Folge hat, dass ihm als Beweismittel ein Höchstmaß an Beweiswert zukommt.[317] Die Gewähr einer solchen Sachverständigentätigkeit lässt sich mit Begriffen wie Neutralität, Unparteilichkeit, Unabhängigkeit oder Unbefangenheit vertiefen. Allen Begriffen ist gemein, dass sie die Objektivität des Handelns des Sachverständigen beschreiben. Gesetzlich ausdrücklich benannt und abgesichert wird dies durch die in § 410 Abs. 1 S. 2 ZPO vorgesehene Sachverständigenbeeidigung. Der Sachverständige hat darin zu beeiden, dass er das Gutachten unparteiisch und nach bestem Wissen und Gewissen erstatten werde oder erstattet habe. Geht man von der Gehilfenstellung des Sachverständigen im Verhältnis zum Richter aus, ist die Folgerung einer strikten Neutralität zwingend, da eine solche auch den Richter zu den Parteien des Rechtsstreits trifft. Der gerichtliche Sachverständige steht somit nicht im Lager einer Partei, sondern als sachlich neutrale Person dem Richter zur Seite.

b. Abgrenzungen

(1) Der Zeuge

Abzugrenzen ist der gerichtliche Sachverständige vom Zeugen. Dies ist aus mehrerlei Gründen notwendig: Zum einen ist der Sachverständige neben dem Zeugen ein eigenständiges Beweismittel, zum anderen weisen beide auch erhebliche Ähnlichkeiten auf, denen das Gesetz in § 402 ZPO und § 414 ZPO Rechnung trägt. Praktische Bedeutung gewinnt die Frage nach der Abgrenzung auch im

314 Zettel, NJ 2000, 67; Wellmann/Walterscheidt, S. 45 Rdnr. 72.

315 OVG Berlin JurBüro 2001, 485, („öffentlich-rechtliche Indienstnahme").

316 Der Sachverständigenbeweis im schiedsrichterlichen Verfahren ergibt sich aus § 1049 f. ZPO und im Kostenfestsetzungsverfahren aus § 104 ZPO.

317 Wellmann/Walterscheidt, S. 49 Rdnr. 81.

Rahmen der Vereidigung und Ablehnung.[318] Der Sachverständige kann im Gegensatz zum Zeugen, jedoch ähnlich einem Richter, in bestimmten Fällen abgelehnt werden, § 406 ZPO. Die Ablehnung eines Zeugen ist im Zivilprozess nicht möglich.[319]

Wer allein über die Wahrnehmung vergangener Tatsachen und Zustände zu berichten hat, ist Zeuge. Der Zeuge vermittelt dem Richter Tatsachen, der Sachverständige erhält sie für gewöhnlich bereits vom Richter. Einen Zeugen benötigt der Richter, wenn er nicht weiß, woraus er seine Schlüsse ziehen soll, einen Sachverständigen hingegen, wenn er nicht weiß, welche Schlüsse er ziehen soll. Das Auftreten des Zeugen nährt sich aus Vergangenem, das des Sachverständigen ist in die Zukunft gerichtet.[320] Eine Person kann nicht gleichzeitig Zeuge und Sachverständiger sein.[321] Dieser Grundsatz vom Verhältnis der Exklusivität gilt zumindest für ein und dasselbe Verfahrensstadium, nicht aber innerhalb eines gesamten Verfahrens. Die häufig anzutreffende Unterscheidungsformel, der Zeuge sei unersetzbar, der Sachverständige hingegen schon[322], ist allerdings ungenau und übergeht viele Fallgestaltungen.[323]

(2) Der sachverständige Zeuge

Zudem ist die Unterscheidung vom sog. sachverständigen Zeugen notwendig. Dieser Fall – die sachkundige Person – ist in § 414 ZPO geregelt und meint, dass zum Beweise vergangener Tatsachen oder Zustände, deren Wahrnehmung eine besondere Sachkunde erfordert, sachkundige Personen zu vernehmen sind. Eine sachkundige Personen kommt hier, meistens zufällig, mit Tatsachen in Berührung, anhand derer sie aufgrund der vorhandenen Sachkunde ein qualitatives Tatsachenurteil bilden kann, ohne gleichzeitig einen Zusammenhang mit einem

---

318 So schon Schmidthäuser, ZZP 72 (1959), 367; Zutreffend auch Olzen, ZZP 93 (1980), 71 der darauf hinweist, „dass es sich in Wirklichkeit um ein mehr formales Problem handelt und die Behandlung der nicht sehr häufigen Grenzfälle den Gerichten wenig Schwierigkeiten bereitet.

319 Der Zeuge kann sich jedoch unter den gegebenen Voraussetzungen der Aussageverweigerungsrechte punktuell „selbst ablehnen". Zudem können bestimmte Umstände, die aus der Nähe des Zeugen zu einer Partei darauf schließen lassen, er sei „befangen", im Rahmen der richterlichen Beweiswürdigung berücksichtigt werden.

320 Stamm, ZZP 124 (2011), 433, 438.

321 Ulrich, Rdnr. 19.

322 Rosenberg/Schwab/Gottwald, § 121 Rdnr. 12; Thomas/Putzo/Reichold, Vorbem. § 373 Rdnr. 1.

323 So aber LG Osnabrück JurBüro 1998, 483; Schilken, ZPR, § 11 Rdnr. 519, 530; richtig daher Ulrich, S. 11 f. m.w.N.

gerichtlichen Gutachtenauftrag herzustellen.[324] Auf den sachverständigen Zeugen sind die Vorschriften über den Zeugenbeweis anzuwenden (§ 373 ff. ZPO). Die Bezeichnung als sachverständiger Zeuge ist an sich irreführend. Entgegen der sprachlichen Fassung und des Standorts im Gesetz handelt es sich bei ihm nicht um einen Sachverständigen-, sondern Zeugenbeweis, dies stellt § 414 ZPO heraus.

Es erscheint aufgrund dieser Scharnierstellung fraglich, ob es einer erweiternden Anwendung von § 72 Abs. 2 ZPO auch auf den sachverständigen Zeugen bedarf. Für eine solche Lesart hat sich das OLG Frankfurt a.M.[325] ausgesprochen. Der entscheidende Senat ging davon aus, dass der sachverständige Zeuge nicht Dritter im Sinne von § 72 Abs. 1 ZPO sei. Dies bedeutete zugleich eine analoge Anwendung des § 72 Abs. 2 ZPO, der vom Wortlaut aus gesehen nur den gerichtlichen Sachverständigen betrifft. Der Senat habe sich damit den bereits vom BGH[326] herausgearbeiteten Grundsätzen angeschlossen. Dies überrascht insofern, als der BGH dort keineswegs Stellung zur Rolle des sachverständigen Zeugen bezogen hat, sondern mit seiner Grundsatzentscheidung den gerichtlichen Sachverständigen die Dritteigenschaft absprach. Wie *Stein/Jonas/Leipold* zutreffend feststellen, soll § 414 ZPO gerade Zweifel beseitigen betreffend der Annahme, sachverständige Zeugen seien „wahre Zeugen", nicht aber Sachverständige im Sinne der zivilprozessualen Beweismittel.[327] Dies gilt umso mehr, wenn man beachtet, dass auch hinsichtlich der sonstigen prozessualen Behandlung ausschließlich die Vorschriften über Zeugen auf den sachverständigen Zeugen Anwendung finden. In Fortführung dieser Grundsätze sollte dies auch für die Einordnung des sachverständigen Zeugen als Dritter gelten.

(3) Aufschwingen zum Sachverständigenbeweis

Probleme entstehen dann, wenn die Beweisperson zunächst als sachverständiger Zeuge auftritt, im Laufe der weiteren Vernehmung sich dann das Beweismittel hin zu einem Sachverständigenbeweis ändert. Der Übergang in eine Sachverständigenbefragung kann auf unterschiedliche Weise herbeigeführt werden. Einerseits können die Parteien oder das Gericht im Laufe des Vernehmungsverlaufs des sachverständigen Zeugen durch Einholung von Aussagen, die das abgesteckte Feld der „sachkundigen Person" übersteigen und im Kern die

324 BGH MDR 1974, 382; Stein/Jonas/Leipold, § 414 Rdnr. 1.

325 OLGR Frankfurt 2008, 244.

326 BGH NJW 2006, 3214.

327 Stein/Jonas/Leipold, § 414 Rdnr. 1; so i.E. auch Wieczorek/Schütze/Ahrens, § 414 Rdnr. 14.

vernommene Person in ihrer Rolle als Sachverständiger betreffen, eine Änderung bewirken.[328] Zum anderen kann auch die vernommene Person sich selbst in diese Situation bringen. Beide Fallgestaltungen sind davon geprägt, dass sie gezielt oder unbewusst herbeigeführt werden können und nur vorübergehend oder ab einem bestimmten Zeitpunkt im Rahmen der Vernehmung endgültig bestehen können.[329] In solchen Situationen bestehen keine Zweifel daran, dass ab Vorliegen der Sachverständigeneigenschaft keine Streitverkündung mehr möglich ist. Diese Abgrenzung mag dogmatisch einleuchten, kann aber in praktischer Hinsicht Probleme bereiten: Gilt die Unzulässigkeit der Streitverkündung auch hinsichtlich solcher Aussageteile, die als sachverständiger Zeuge getätigt wurden oder hat eine Teilbarkeit zu erfolgen? Was gilt bei einer nur vorübergehenden Sachverständigenrolle, wenn im Anschluss wieder der Abschwung zum sachverständigen Zeugen geschieht? Hier könnten die Parteien durch geschickte Vernehmungsgestaltung erheblichen Einfluss auf das prozessuale Instrument der Streitverkündung nehmen. Im Sinne einer anzustrebenden einheitlichen Behandlung und der Tatsache, dass eine vernünftige Teilbarkeit der einzelnen Aussageteile faktisch kaum zu bewerkstelligen ist, muss von der Unzulässigkeit der Streitverkündung in solchen Fällen – und in Ausnahme des oben beschriebenen Grundsatzes – auch gegenüber einem sachverständigen Zeugen ausgegangen werden.

(4) Der Privatgutachter

Endlich muss der gerichtliche Sachverständige auch von dem privaten abgegrenzt werden.[330] Die Einholung eines Privatgutachtens erfolgt durch die Partei und hat lediglich die Funktion eines „urkundlich belegten substantiierten Parteivortrags“[331].[332] Allein als solcher ist er auch zu würdigen.[333] Zu unterscheiden ist hier, ob die Partei die Einholung eines Gutachtens durch einen gerichtlich zu bestellenden Sachverständigen beantragt (dann ein Fall des § 403 ZPO), oder ob sie gleichsam in eigener Regie und privater Initiative einen Gutachter zu

328 OLG Hamburg JurBüro 1975, 82, 83; 1985, 1218, 1219; OLG Düsseldorf VersR 1983, 544, 545.

329 Wieczorek/Schütze/Ahrens, § 414 Rdnr. 14 weisen darauf hin, dass auch die niedrigen Entschädigungssätze für Zeugen Anreize schaffen könnten.

330 Sprachlich sollte hier nicht von einem privaten Sachverständigen, sondern Gutachter gesprochen werden, vgl. Schilken, ZPR, § 11 Rdnr. 530.

331 BGH NJW 2001, 77, 78; 1997, 3381, 3382; Thomas/Putzo/Reichold, § 402 Rdnr. 5.

332 BGH NJW 2009, 2894, 2895.

333 Rosenberg/Schwab/Gottwald, § 121 Rdnr. 14.

beauftragen beabsichtigt. Nur dann, wenn beide Parteien zustimmen, kann auch das Privatgutachten als Sachverständigenbeweis verwertet werden.[334]

c. Verhältnis zur Partei

Zwischen den Parteien des Rechtsstreits und dem Sachverständigen bestehen keine vertraglichen Beziehungen. Die Parteien als Prozessbeteiligte können auf die Auswahl der Person des gerichtlichen Sachverständigen Einfluss nehmen. Dies kann zunächst über § 404 Abs. 1 ZPO geschehen, wonach das Gericht die Parteien dazu auffordern kann, Personen zu bezeichnen, die aus ihrer Sicht geeignet sind, als Sachverständige ausgewählt zu werden. Das Gericht ist an eine solche Benennung nicht gebunden, kann sie im Gegenzug aber auch nicht erzwingen, sondern lediglich anregen[335]. Entscheidend ist nämlich, dass der Sachverständigenbeweis nicht personen-, sondern sachbezogen ist und durch das Beweisthema seine Prägung erhält.[336] Bei der Einigung der Parteien auf eine bestimmte Person des Sachverständigen ist das Gericht nach § 404 Abs. 4 ZPO allerdings an die Auswahl gebunden.

d. Verhältnis zum Gericht

Die Beschreibung des Verhältnisses des Sachverständigen zum Gericht ist seit jeher Ausdruck einer intensiven Begriffsjurisprudenz und zeugt von dem Dilemma einer eindeutigen Positionierung.[337] Seinen Ausgangspunkt findet die Diskussion darin, dass der Sachverständige zum einen Beweismittel eigener Art, zum anderen aber auch mit Aufgaben betraut ist, die in vielen Fällen denen des Richters gleichen.

Dass der Sachverständigenbeweis unter den Strengbeweismitteln eine herausgehobene Stellung[338] im Verhältnis zum Gericht einnimmt, zeigt sich unter anderem an § 406 ZPO – ein Sachverständiger kann aus denselben Gründen, die zur Ablehnung eines Richters berechtigen, abgelehnt werden. Insoweit wird die Rolle des Sachverständigen im Prozess der Richterperson angenähert. Im Gegensatz dazu steht § 402 ZPO, der die sachkundige Personen aus beweisrechtlicher Sicht den für Zeugen geltenden Regeln unterstellt. Ein Umstand, in dem das Sachverständigenrecht die Zeugennähe sucht. Frühe Stimmen gingen zunächst soweit, die damals noch als „Kunstverständige" (periti artis) bezeichneten

---

334 BGH NJW 1986, 3077, 3079.
335 Neuhaus/Krause, MDR 2006, 605, 606.
336 Ulrich, Rdnr. 158.
337 Jüngst auch Stamm, ZZP 124 (2011), 433, 435 ff.
338 Schmidt, JZ 1961, 585; Pieper, ZZP 84 (1971), 3 f.

Personen nicht in den Rang eines schlichten Beweismittels einzuordnen.[339] Eine Sichtweise, die der Konzeption der ZPO formal fremd erscheint. Auf den Punkt gebracht lässt sich spiegelbildlich ausdrücken, dass der Richter die juristische Fähigkeit und Kompetenz zur Entscheidung des Rechtsstreits hat, während umgekehrt der Sachverständige die Sach- und Fachkunde besitzt, nicht aber zur Entscheidung des Falles befähigt ist.[340] Beiden Subjekten geht es um die Feststellung des den Streit zugrundeliegenden Sachverhalts, dem Richter kraft seiner rechtsprechenden Funktion, dem Sachverständigen kraft seiner Beweisstellung.[341]

So sehr bisweilen die Stellung des Sachverständigen an jene des Richters erinnert, so deutlich ist zwischen beiden Prozesssubjekten zu unterscheiden. Der Sachverständige ist nicht Teil des Spruchkörpers und keine Gerichtsperson im Sinne von §§ 41–49 ZPO, worunter nur Richter und Urkundsbeamten der Geschäftsstelle zu verstehen sind.[342] Er ist Gehilfe des Gerichts[343] trotz des Umstands, dass die der ZPO zugrunde liegende Vorstellung von einer „beweismäßigen Konzeption“[344] ausgeht. Es ist also beizupflichten, wenn im Verhältnis von Richter und Sachverständiger von einer Personalunion ausgegangen wird.[345]

Eine weitere Abgrenzung ergibt sich mit Blick auf die eigentliche richterliche Kernaufgabe – die rechtliche Würdigung des Sachvortrags. Diese, die Einordnung des Tatsächlichen ins Rechtliche betreffende Aufgabe ist ausschließliche Aufgabe des Richters, während die gutachtlichen Inhalte allein Ausführungen zur Tatsachenfeststellung betreffen.[346]

Die bloße Gehilfenstellung relativiert sich dort, wo dem Sachverständigen notwendigerweise die Feststellung von Tatsachen übertragen wird (häufig bei medizinischen Gutachten, die von einer Handlung auf eine bestimmte Verletzung schließen sollen). Hier wird die Pflicht des Gerichts zur Tatsachenfeststellung als Ergebnis des Parteivortrags zum Teil auf den Sachverständigen

---

339 Wetzell, 378 ff.; dazu auch Kahlke, ZZP 94 (1991), 50, 53.

340 Zettel, NJ 2000, 67, der auch im Einzelnen ausführlich die Probleme darstellt, die sich aus dem Zusammenwirken von Sachverständigen und Gericht ergeben können.

341 Eine bereits anfängliche Pflicht zur Gutachtertätigkeit besteht nur in Fällen des § 407 Abs. 1 ZPO, ansonsten gilt allgemein § 407 Abs. 2 ZPO.

342 VGH München NJW 2004, 90.

343 Die unterstützende Funktion kommt durch vielerlei Begriffe zum Ausdruck: Helfer, Berater des Tatrichters, Hilfsorgan.

344 Pieper, ZZP 84 (1971), 1, 5.

345 Stamm, ZZP 124 (2011), 433, 439.

346 Stein/Jonas/Leipold, Vor § 402 Rdnr. 20.

übertragen. Dies ist – nicht zuletzt in Anbetracht der sich aus § 404a ZPO ergebenden Wertung – nur insoweit zulässig, als zur Tatsachenermittlung gerade eine besondere Sachkunde erforderlich ist, die über die allgemeine richterliche Sachkunde hinausgeht.[347]

e. Streitverkündung gegenüber dem Gerichtssachverständigen

Fallbeispiel[348]: Der Kläger verlangt von den Beklagten die Zahlung noch ausstehenden Werklohnes. Die Beklagten rügen die teilweise Mangelhaftigkeit der Werkleistungen. Der Sachverständige erstattet im Auftrag des Ausgangsgerichts ein Gutachten über die Frage der vertragsgerechten Ausführung der Werkleistung. Die Beklagten behaupten, der Sachverständige habe das Gutachten grob fahrlässig falsch erstellt. Sie verkünden dem Sachverständigen gegenüber den Streit. Als Grund der Streitverkündung führen sie § 839a BGB an, wonach ihnen für den Fall, dass das Gericht seiner Entscheidung zu ihrem Nachteil das fehlerhafte Gutachten zugrunde legt, Schadensersatzansprüche gegen den Sachverständigen zustünden. Das Ausgangsgericht hat die Zustellung des Streitverkündungsschriftsatzes an den Sachverständigen mit der Begründung abgelehnt, die Streitverkündung sei rechtsmissbräuchlich.

(1) Das Haftungsregime des Sachverständigenrechts vor dem 1.8.2002

Vor Inkrafttreten von § 839a BGB stellte sich die Haftung des Sachverständigen wie folgt dar:

Eine Haftung nach den allgemeinen Vorschriften über die unerlaubte Handlung nach §§ 823 ff. BGB war in weiten Teilen wenig sachgerecht. So haftet der Schädiger im Rahmen von § 823 Abs. 1 BGB nur für die dort ausdrücklich genannten absoluten Rechtspositionen oder infolge eines unbenannten, diesen Rechten in seiner Schutzwirkung gleichgestellten Rechts (sonstiges Recht). Solche Verletzungen stellen im Rahmen der Sachverständigenhaftung eher den Ausnahmefall dar. Des Weiteren billigt die Rechtsprechung dem Sachverständigen ein Haftungsprivileg bei einfacher Fahrlässigkeit zu.[349] Für die Haftung für Vermögensschäden ist in § 823 Abs. 1 BGB kein Raum. Letztere sind aber als Schadensfolge einer Gutachtertätigkeit weit häufiger als eine dadurch eintretende Schädigung des Lebens, der Gesundheit, der Freiheit oder des Eigentums.

Über § 823 Abs. 2 BGB leitete die Rechtsprechung aus den strafrechtlichen Aussagedelikten (§ 154 ff. StGB) die Eigenschaft als Schutzgesetz ab und konnte

347 Prütting/Gehrlein/Trautwein/Katzenmeier, vor §§ 402 ff. ZPO Rdnr. 2.

348 Angelehnt an BGH NJW 2006, 3214.

349 BVerfGE 49, 304, 316 ff.; BGHZ 62, 54, 56; Thole, AnwBl. 2006, 91.

darüber auch den Schutz der Vermögenssubstanz einbeziehen.[350] Dieses Ergebnis war von Willkür geprägt, da es die Haftung praktisch davon abhängig machte, ob der Sachverständige sein Gutachten beeidete (dann möglicherweise Haftung nach § 823 Abs. 2 BGB i.V.m. §§ 154, 163 StGB) oder nicht (keine Haftung nach § 823 Abs. 2 BGB, da § 410 ZPO nicht als Schutzgesetz in Betracht kommt[351]).[352] Hinsichtlich fahrlässiger uneidlicher Aussagen bestand mangels Strafbarkeit eine zivilrechtliche Haftungslücke. Wie das Bundesverfassungsgericht zurecht betonte, kann aber in einer ausschließlich das Verfahrensrecht betreffenden Fragestellung kein geeignetes Kriterium für die materiell-rechtliche Deliktshaftung liegen.[353] Da ohnehin die Vereidigung im Zivilprozess die Ausnahme darstellt, war die Haftung – abgesehen von § 826 BGB – in der weit überwiegenden Anzahl der Fälle schon deshalb ausgeschlossen.

Aufgrund der fehlenden vertraglichen Beziehung zwischen dem gerichtlichen Sachverständigen und den Parteien konnte auch unter der alten Rechtslage ein Haftungsanspruch infolge eines fehlerhaften Gutachtens nur aus Sicht des Zivilrechts in Betracht kommen.[354] Ersatzansprüche kraft öffentlichen Rechts waren ausgeschlossen. Zum einen besteht aus Sicht des Sachverständigen zu den Parteien des Rechtsstreits kein öffentlich-rechtliches Verhältnis. Ein solches wird nur zwischen Gericht und Sachverständigen begründet und kann mangels Qualifikationsschwierigkeit als ein Rechtsverhältnis eigener Art bezeichnet werden.[355] Dieses entsteht im Zuge des mit dem Beweisbeschluss erteilten Auftrags zur Abgabe des Gutachtens und richtet sich hinsichtlich seines näheren Inhalts nach den zivilprozessualen Vorschriften über den Sachverständigenbeweis. Wenn aber schon kein eigenes Rechtsverhältnis zu den Parteien besteht, könnten diese möglicherweise einen drittschützenden Anspruch aus dem Verhältnis Sachverständiger – Gericht herleiten. Dies wurde zum Teil in Bezug auf einen öffentlich-rechtlichen Vertrag mit Schutzwirkung Dritter vertreten.[356]

---

350 BGHZ 42, 313, 318; 62, 54, 57.

351 OLG Düsseldorf NJW 1986, 2891 f.

352 Zur Kritik Hendrix, BB 1961, 996, 997; Blomeyer, ZRP 1974, 214, 217; Schreiber, ZZP 105 (1992), 129, 134 ff.

353 BVerfGE 49, 304.

354 Schreiber, ZZP 105 (1992), 129, 132.

355 Ulrich, Rdnr. 742 m. Verweis auf die Gegenansicht.

356 Statt vieler Wasner, NJW 1986, 119, 120; a.A. Müller S. 431; differenzierend Weimar, VersR 1955, 263.

Auch staatshaftungsrechtliche Ansprüche der Partei aus Amtspflichtverletzung gemäß § 839 BGB, Art. 34 GG sind abzulehnen.[357] Der Sachverständige erbringt sein Gutachten nicht als Träger hoheitlicher Gewalt. Die sich aus den prozessualen Normen der ZPO ergebende Sachverständigentätigkeit beruht als Beweismittel auf einer allgemeinen Bürgerpflicht gegenüber dem Staat, nicht aber auf einem öffentlichen Amt im Rahmen der Gerichtsbarkeit.[358]

(2) Reform der Sachverständigenhaftung

Die gesetzliche Lage hinsichtlich der Streitverkündung gegenüber dem gerichtlichen Sachverständigen hat sich in den letzten Jahren grundlegend gewandelt. Ausgangspunkt ist § 839a BGB. Durch Art. 2 Nr. 5 des Zweiten Gesetzes zur Änderung schadensersatzrechtlicher Vorschriften vom 19.7.2002[359] war § 839a BGB über die Haftung des gerichtlichen Sachverständigen in das BGB eingefügt worden.[360]

§ 839a BGB ist geleitet von dem Bestreben, die widerstreitenden Interessen der Beteiligten in Einklang zu bringen.[361] Zunächst geht es darum, dem Sachverständigen den für seine Tätigkeit hinreichenden Freiraum einzuräumen. Er soll nicht ständig der latenten Sorge ausgesetzt sein, dass schon geringstes Fehlverhalten eine weitreichende Haftung nach sich ziehen kann.[362] Gleichzeitig bewirkt die Neuregelung einen effektiveren Schutz der Prozessparteien, indem ein Haftungsmaßstab angelegt wird, dessen Erfüllung nicht nur als theoretische Größe erscheint und damit der materiellen Gerechtigkeit hinsichtlich derjenigen Prozesspartei dient, die in einem Rechtsstreit aufgrund eines falschen Sachverständigengutachtens unterlegen ist.[363]

Ein gerichtlicher Sachverständiger hat nunmehr – gleichgültig, ob er beeidigt wurde oder nicht – stets für Vorsatz und grobe Fahrlässigkeit einzustehen, sofern einem Prozessbeteiligten durch eine gerichtliche Entscheidung, die auf dem unrichtigen Gutachten beruht, ein Schaden entsteht.[364] Die Vorschrift trat zum 1.8.2002 in Kraft und bildet im Rahmen des zivilrechtlichen Schadensrechts

357 Rosenberg/Schwab/Gottwald, § 121 Rdnr. 57; BGHZ 59, 310, 312 ff.

358 MünchKomm-BGB/Papier, § 839 Rdnr. 134.; Die Ausübung eines öffentlichen Amtes ablehnend auch OLG Düsseldorf NJW 1986, 2891 f.

359 BGBl. I, S. 2674.

360 BT-Drucks. 16/3038, S. 36.

361 Niemöller, FS Thode, 321 f.

362 BR-Drucks. 742/01, 65–67.

363 BR-Drucks. 742/01, 65–67.

364 BT-Drucks. 16/3038, S. 36.

einen selbständigen Tatbestand für die Haftung von Sachverständigen und Gutachtern.[365]

(3) Das prozessuale Dilemma um § 839a BGB

Bei vielen Zivilprozessen hängt der Ausgang maßgeblich vom Ergebnis eines Sachverständigenbeweises ab. Der Richter kann oft nur anhand dessen entscheiden, was der Sachverständige ihm mitteilt. Zwar besteht für den Richter keine Bindungswirkung hinsichtlich des Gutachtens.[366] Von besonders gelagerten Ausnahmen abgesehen, wird der Richter kaum den Inhalt des Gutachtens in Zweifel ziehen und uneingeschränkt den Schlüssen des Sachverständigen folgen.[367] Erhebungen gehen von 95% der Fälle aus, in denen Richter sich den Ausführungen des Sachverständigen anschließen.[368] Damit bleibt den Parteien zur Vermeidung des ihnen aufgrund des Gutachtens drohenden nachteiligen Ausgangs des Rechtsstreits als einzige Angriffsfläche die Person des Sachverständigen und das gutachtliche Ergebnis. Neben der inhaltlichen Auseinandersetzung mit den Ergebnissen des Gutachtens oder Befangenheitsanträgen wird seit Einführung des § 839a BGB die Streitverkündung vorgenommen, indem der Streitverkündungsgrund auf diese Vorschrift gestützt wird.[369]

Um diesen Anspruch schon frühzeitig prozessual zur Geltung zu verhelfen, gingen Kläger oder Beklagter in vielen Fällen dazu über, bereits im Vorprozess, in dessen Rahmen der Sachverständige sein Gutachten erbrachte, diesem zur Vorbereitung von Haftungsansprüchen den Streit zu verkünden. Neben berechtigten Fallgestaltungen geschah dies auch mit dem Ziel, einen der eigenen Prozesstaktik zuwider arbeitenden Sachverständigen als für den weiteren Prozessverlauf zulässiges Beweismittel auszuschalten.[370] Als Folge des durch die Streitverkündung provozierten Beitritts des Sachverständigen auf Seiten der gegnerischen Partei könnte die streitverkündende Partei den Sachverständigen wegen Besorgnis der Befangenheit ablehnen.[371] Neben dem prozessualen Ziel

365 Wagner, NJW 2002 2049 ff.; zum Gesetzgebungsverfahren: Bericht der Kommission für das Zivilprozessrecht, S. 142 f., 358.

366 BGHSt 8, 113.

367 Thole, AnwBl. 2006, 91, 91.

368 Zitiert nach R. Schwab, DS 2006, 20, 21 unter Berufung auf Lamprecht, DRiZ 1989, 4, 5; Sendler, NJW 1986, 2907, 2909.

369 Tischler, DS 2006, 165, 165 nennt als Beispiele Parteigegengutachten, Ergänzungsgutachten und Anhörungen.

370 Spitzer, MDR 2006, 908.

371 Spitzer, MDR 2006, 908.

der Ablehnung wegen Befangenheit kam als weiteres hinzu, dass die Streitverkündung den Sachverständigen zu einem „Sinneswandel“ bewegen sollte, indem er sein anfängliches Gutachten unter dem Eindruck einer möglichen Interventionswirkung im Folgeprozess nun im laufenden Verfahren zum Vorteil der streitverkündenden Partei überarbeitet.[372]

Soweit Streitverkündungen gegenüber gerichtlich bestellten Sachverständigen im Raum standen, erfolgten diese vielfach nach der rechtskräftigen Ablehnung eines zuvor gestellten Befangenheitsantrags der den Streit verkündenden Partei gegenüber dem Sachverständigen.[373] Dies legte die Vermutung nahe, die Partei verkünde in diesen Fällen den Streit nicht, um die Interventionswirkung zu erreichen (§§ 74, 68 ZPO), sondern um das Verhalten des Sachverständigen zu beeinflussen oder ihn aus dem Verfahren zu drängen.[374] Die im Zuge der Einführung des § 839a BGB gestiegene Zahl an Streitverkündungen gegenüber gerichtlichen Sachverständigen im laufenden Verfahren entfachte eine Diskussion über deren prozessuale Zulässigkeit. Im Jahre 2006 waren nach Schätzungen mehr als 100 anhängige Streitverkündungen gegenüber gerichtlich bestellten Sachverständigen anhängig.[375] An dieser Stelle kam die Frage auf, ob der Sachverständige „Dritter“ im Sinne des Streitverkündungsrechts sein kann.

f. Rechtsfolge der Streitverkündung gegenüber dem Sachverständigen

Der Streitverkündende kann durch die Streitverkündung im Ausgangsprozess zunächst keine unmittelbaren einseitigen, gegen den Willen des Streitverkündungsempfängers gerichtete Folgen auslösen. Die Streitverkündung hat auf den Prozessbetrieb keine Auswirkungen. Eine Möglichkeit für den Sachverständigen, auf die Streitverkündung einer Prozesspartei zu reagieren, besteht darin, dem Rechtsstreit auf ihrer Seite als Streithelfer beizutreten. Er kann aber auch der gegnerischen Prozesspartei beitreten. Dies gibt ihm die Möglichkeit, die Ergebnisse seines Gutachtens zu verteidigen.[376] Eine andere Wahl betrifft das Untätigbleiben auf die Streitverkündung.

Ein Sachverständiger ist von der Ausübung seiner Sachverständigentätigkeit ausgeschlossen, wenn er in Angelegenheiten, in denen er selbst Partei ist oder bei denen er zu einer Partei in dem Verhältnis eines Mitberechtigten, Mitverpflichteten oder Regresspflichtigen steht, § 406 ZPO. Die Vorschrift folgt dem

---

372 Spitzer, MDR 2006, 908.

373 BT-Drucks. 16/3038, S. 36.

374 BT-Drucks. 16/3038, S. 36.

375 Tischler, DS 2006, 165.

376 So Volze, DS 2005, 14.; kritisch dagegen Rouven, DS 2006, 20, 21 f.

Grundsatz der prozessualen Aufgaben- und Rollenverteilung, wonach niemand Sachverständiger in eigener Sache sein darf.[377] In der gesetzlich angeordneten Möglichkeit zur Ablehnung des gerichtlichen Sachverständigen wird in zweierlei Hinsicht seine Nähe zum Gericht deutlich. Zum einen kann er – wie dieses auch – abgelehnt werden, zum anderen erfolgt dies gemäß § 406 Abs. 1 S. 1 ZPO aus denselben Gründen, die zur Ablehnung eines Richters berechtigen. Dies ist für persönliche Beweismittel eine Besonderheit, da (sachverständiger) Zeugen- und Parteibeweis im Gegensatz dazu keiner solchen förmlichen Ablehnung zugänglich sind. Die damit angesprochene Rechtsgrundverweisung auf die richterlichen Ablehnungsgründe der §§ 41 f. ZPO verdeutlicht in zusätzlicher Weise die Zuordnung zum richterlichen Lager.[378] Die Anerkennung der Ablehnungsmöglichkeit zeigt die gesetzgeberische Intention von der grundsätzlichen Ersetzbarkeit des Sachverständigen. Wenn aber in tatsächlicher wie rechtlicher Hinsicht der Sachverständige Aufgaben wahrnimmt, die denen des Richters in weiten Teilen entsprechen, er tritt ja in den Grenzen des Gutachtenauftrags an dessen Stelle, so trifft ihn die gleiche Sorgfalts- und Wahrnehmungspflicht.[379] Eine herausgehobene Stellung nimmt auch hier die Pflicht zur Unabhängigkeit und Neutralität gegenüber den Parteien ein.

In der Rechtsprechung bestand teilweise Uneinigkeit darüber, ob der Sachverständige, nachdem er dem Rechtsstreit auf Seiten einer Partei nach der an ihn erfolgten Streitverkündung beigetreten war, wegen Besorgnis der Befangenheit nach § 41 ZPO auszuschließen ist. Das OLG Frankfurt a.M. hatte sich in zwei Entscheidungen mit dieser Frage zu befassen: Mit Beschluss vom 7.6.2000[380] hat der 4. Senat die Anwendbarkeit des § 41 ZPO inzidenter für solche Fälle verneint.[381] Der 1. Senat hat dies mit Urteil vom 15.7.2004[382] bejaht und ausgeführt, das Ausgangsgericht sei von Gesetzes wegen dazu verpflichtet gewesen, das Verfahren ohne den streithelfenden Sachverständigen durchzuführen, nachdem dieser dem Kläger als Streitgehilfe beigetreten war.

Mit Urteil vom 12.1.2006[383] hob der BGH die genannte Entscheidung des OLG Frankfurt a.M. auf. Der Beitritt eines Sachverständigen führe nicht dazu, dass

377 Für den aus richterlicher Sicht geltenden Grundsatz „nemo iudex in sua causa" s. Musielak/Heinrich, § 41 Rdnr. 8; MünchKomm-ZPO/Gehrlein, § 41 Rdnr. 15.

378 Stein/Jonas/Leipold, § 406 Rdnr. 1.

379 Bayerlein/Bayerlein, § 20 Rdnr. 1.

380 OLG Frankfurt a.M. DS 2005, 30 (linke Spalte).

381 Spitzer, MDR 2006, 908, 911.

382 OLG Frankfurt a.M. DS 2005, 30 (rechte Spalte).

383 BGH MDR 2006, 887.

er gemäß § 41 ZPO kraft Gesetzes ausgeschlossen sei. Diese Regelung betreffe nur den Ausschluss des Richters von der Ausübung des Richteramtes.[384] Eine vergleichbare Regelung für den Sachverständigen enthalte das Gesetz nicht.[385] Maßgeblich sei allein die Möglichkeit der Ablehnung über § 406 Abs. 1 ZPO.

Diese Ausführungen entsprechen ganz der gesetzlichen Systematik.[386] Das OLG Frankfurt a.M. nahm zu Unrecht eine – ohne dies ausdrücklich zu formulieren – analoge Anwendung des § 41 ZPO auf den gerichtlichen Sachverständigen an und verkannte die normsystematische Verweisung auf § 41 ZPO über § 406 Abs. 1 ZPO, der schon keine planwidrige Regelungslücke bedeutet. Der Unterschied zwischen Ablehnung und Ausschließung war hier von entscheidender Bedeutung. Die Ablehnungsmöglichkeit aus § 406 Abs. 1 ZPO ist streng antragsabhängig, § 406 Abs. 2 ZPO. Ein Ausschluss des Sachverständigen bereits kraft Gesetzes wäre eine Entscheidung contra legem.

Der Verweis in § 406 Abs. 1 S. 1 ZPO geht zunächst auf § 41 ZPO (mit Ausnahme der Nr. 5) mit seinen gesetzlichen Ausschließungsgründen sowie auf die Besorgnis der Befangenheit, wie sie in § 42 Abs. 2 ZPO normiert ist. § 41 ZPO enthält sämtlich absolute Gründe. Liegen die tatbestandlichen Voraussetzungen der Norm vor, gilt der Sachverständige als befangen, ohne dass es eines darauf gerichteten, positiven Nachweises bedarf.[387] Ein entscheidender Unterschied zur Ablehnung eines Richters besteht in Folgendem: Auch ein Richter kann aus den Gründen der §§ 41 f. ZPO abgelehnt werden. Im Falle des § 41 ZPO ist er aber bereits kraft Gesetzes von der Ausübung des Richteramtes ausgeschlossen. Eines darauf gerichteten Antrags bedarf es nicht mehr. Dem steht auch nicht der Wortlaut des § 42 Abs. 1 ZPO entgegen. Wenn dort die Rede ist von der Möglichkeit der Ablehnung für den Fall des Ausschlusses von der Ausübung kraft gesetzlicher Anordnung gilt dies (nur) quasi hilfsweise für jene Fälle, in denen der Ausschließungsgrund nicht schon kraft Gesetzes vom Richter selbst und dem Kollegium beachtet worden ist.[388] Für den Sachverständigen gilt hingegen § 406 Abs. 1 S. 1 ZPO i.V.m. § 41 ZPO mit der Maßgabe, dass es dort, ebenso wie im Fall des § 42 Abs. 2 ZPO, eines Antrags der die Ablehnung begehrenden Partei bedarf.[389] Die Ablehnung im Recht des Sachverständigenbeweises wird also in beiden Fällen dispositiv dem Antragserfordernis unterworfen. Damit kommt

384 BGH MDR 2006, 887.

385 BGH MDR 2006, 887.

386 Ulrich, BauR 2006, 724, 727 f.

387 MünchKomm-ZPO/Zimmermann, § 406 Rdnr. 2.

388 Rosenberg/Schwab/Gottwald, § 24 Rdnr. 8.

389 So schon RG JR Rspr. 1927, S. 766 Nr. 1265; Böckermann, MDR 2002, 1348, 1350.

ein weiteres Mal die Zwischenstellung des Gerichtssachverständigen zu Gericht und Zeugen zum Ausdruck.

Über 406 Abs. 1 S. 1 ZPO gelangt man im Zusammenhang mit dem Sachverständigen notwendig zu § 42 Abs. 2 ZPO: Wegen Besorgnis der Befangenheit findet die Ablehnung statt, wenn ein Grund vorliegt, der geeignet ist, Misstrauen gegen die Unparteilichkeit eines Sachverständigen zu rechtfertigen. Es müssen insoweit objektive Gründe vorliegen, die in den Augen einer vernünftigen Partei geeignet sind, Zweifel an seiner Unparteilichkeit zu wecken.[390] Genau diese Lage würde aber eintreten, wenn er infolge der Streitverkündung in die Rolle des Streitverkündungsempfängers versetzt wird. Dann hätte er gleichzeitig das Recht auf Beitritt zum Rechtsstreit. Der Beitritt müsste dann auf der Seite einer Partei erfolgen, was die Besorgnis der Befangenheit begründen würde.

g. Reform des Rechts der Streitverkündung

Die herrschende Ansicht in Rechtsprechung[391] und Schrifttum wandte sich bereits vor in Kraft treten des 2. JuMoG gegen die Zulässigkeit der Streitverkündung gegenüber dem gerichtlichen Sachverständigen zur Vorbereitung von auf § 839a BGB gestützten Schadensersatzansprüchen wegen der im selben Rechtsstreit erbrachten und als fehlerhaft erachteten Gutachterleistung.

Während eine Seite die Unzulässigkeit mithilfe der anspruchsbegründenden Voraussetzungen der Streitverkündung hervorhob[392], stellte eine andere Ansicht bereits die prozessuale Dritteigenschaft des Sachverständigen in Frage.[393] Der BGH hatte diese Frage lange Zeit unentschieden gelassen[394], griff die genannten Tendenzen in seiner Grundsatzentscheidung vom 27.7.2006 auf und bestätigte diese Ansicht.[395]

Der Gesetzgeber sah sich dennoch veranlasst, diese Judikatur in die Zivilprozessordnung aufzunehmen. Durch das 2. JuMoG wurde § 72 Abs. 2 ZPO dahin geändert, dass ausdrücklich die Streitverkündung gegenüber dem gerichtlichen Sachverständigen unzulässig ist. § 72 Abs. 2 S. 1 ZPO bestimmt, dass das Gericht

---

390 BGH NJW 1975, 1363 (Schulterpolsterfall).

391 OLG Celle, Beschl. v. 24.8.2005 – 7 W 86/05; BGH MDR 2006, 887; BGH NJW 2006, 3214.

392 Zöller/Vollkommer, § 26 Rdnr. 7; Ulrich, BauR 2006, 724, 729 f.; Kaiser, NJW 2007, 123; der Tendenz nach auch R. Schwab, DS 2006, 20 f.

393 OLG Koblenz, BauR 2006, 144; Böckermann, MDR 2002, 1348, 1350; Rickert/König, NJW 2005, 1829, 1831; wohl auch W. Jacobs, DS 2006, 22.

394 Bereits mit Hinweis auf „erhebliche Bedenken“, BGH NJW-RR 2006, 1221.

395 BGH NJW 2006, 3214.

und der gerichtlich ernannte Sachverständige nicht Dritter im Sinne von § 72 ZPO sind.

Der von der Bundesregierung eingebrachte Gesetzesentwurf nannte als Grund für den beabsichtigten Ausschluss der Streitverkündung gegenüber dem gerichtlichen Sachverständigen und die Einfügung des § 72 Abs. 2 ZPO, „(...) die missbräuchliche Anwendung dieses Instituts und eine Verzögerung des Verfahrens (...)" zu verhindern[396]. In der Begründung zu Art. 10 Nr. 2 heißt es:[397]

> „Nach Mitteilung des Bundesverbandes öffentlich bestellter und vereidigter sowie qualifizierter Sachverständiger e. V. (BVS) ist seit einiger Zeit zu beobachten, dass gerichtlich bestellten Sachverständigen auf der Grundlage des § 839a BGB in zunehmendem Maße von Prozessparteien der Streit verkündet wird. Eine von dem Bundesministerium der Justiz veranlasste Umfrage unter den Landesjustizverwaltungen hat zwar ergeben, dass an den meisten Gerichten Streitverkündungen gegen Sachverständige bislang nur selten oder gar nicht erfolgt sind. Jedoch wurde auch berichtet, dass derartige Fälle stark zugenommen hätten – in einer Stellungnahme wurde plakativ von einer „Seuche" gesprochen, die schnell um sich greife. Soweit derzeit noch keine Zunahme von Streitverkündungen gegen Sachverständige festgestellt worden ist, wurde teilweise die Befürchtung geäußert, dass zukünftig vermehrt mit derartigen Fällen zu rechnen sei, da die Frage der Zulässigkeit der Streitverkündung in letzter Zeit eine gesteigerte Aufmerksamkeit in der Fachliteratur erfahre. Soweit Streitverkündungen gegenüber gerichtlich bestellten Sachverständigen zu verzeichnen waren, erfolgten diese vielfach, nachdem zuvor ein Befangenheitsantrag der den Streit verkündenden Partei gegenüber dem Sachverständigen rechtskräftig abgelehnt worden war. Dies deutet darauf hin, dass die Partei in diesen Fällen den Streit nicht verkündete, um die Interventionswirkung zu erreichen (§§ 74, 68 ZPO), sondern um das Verhalten des Sachverständigen zu beeinflussen oder ihn aus dem Verfahren zu drängen.
>
> Diese Prozesstaktik hat zu einer Verunsicherung unter den Sachverständigen geführt. Neben dem hierdurch ausgeübten Druck, dem es standzuhalten gilt, hat ein gerichtlich bestellter Sachverständiger auch zu prüfen, wie er auf eine gegen ihn gerichtete Streitverkündung reagiert. Insbesondere hat er die Entscheidung zu treffen, ob er dem Streitverkünder nach § 74 Abs. 1 ZPO beitreten sollte, um einen eventuell nachfolgenden Schadensersatzprozess abzuwehren. Es sind auch Fälle bekannt geworden, in denen die Haftpflichtversicherer der Gutachter diese zu einem Beitritt aufgefordert haben. Ein Beitritt ist aber für den Sachverständigen nachteilig. Er würde hiermit seine Neutralitätspflicht verletzen und könnte wegen Besorgnis der Befangenheit abgelehnt werden (...). Nach einer erfolgreichen Ablehnung wäre sein Gutachten für das Urteil nicht mehr verwertbar und er liefe Gefahr, seinen Vergütungsanspruch zu verlieren."

---

396 BT-Drucks. 16/3038, S. 1.

397 BT-Drucks. 16/3038, S. 36.

h. Bewertung der Gesetzesanpassung

Die gesetzliche Anordnung der Unzulässigkeit der Streitverkündung gegenüber dem gerichtlichen Sachverständigen ist berechtigt, da er dem Gericht näher steht als dem Zeugen. Die Einfügung des § 72 Abs. 2 Var. 2 ZPO bedeutete damit zunächst nur eine Klar-, und Richtigstellung. Dennoch war es nicht lediglich deklaratorisch zu betrachten. Der Entscheidung des BGH zur Unzulässigkeit der Streitverkündung gegenüber dem gerichtlichen Sachverständigen kommt keine Gesetzeskraft zu, wenngleich sich ihre faktische Bindungswirkung in der Entscheidungspraxis der Instanzengerichte voraussichtlich als gewichtig dargestellt hätte. Die Einfügung war schon unter dem sich zeigenden Eindruck der bis dahin offenbar gewordenen prozessualen Praxis seit Schaffung des § 839a BGB mit dem Ziel deren Eindämmung geboten.

Neben der Frage, ob die Streitverkündung überhaupt für die Sicherung eines Anspruchs aus § 839a BGB fruchtbar gemacht werden kann, wurde auch schon vor Änderung des § 72 ZPO die grundlegendere Frage diskutiert, ob der Sachverständige „Dritter" ist. Im Vergleich zur erstgenannten Diskussion, die nicht grundsätzlich gegen die Möglichkeit der Streitverkündung gegenüber dem Sachverständigen diskutiert, sondern lediglich eine solche zur Sicherung des Anspruchs aus § 839a BGB ablehnt, hätte die Verneinung der Dritteigenschaft zur Folge, dass schon gar keine Streitverkündung vorläge.

Dass der Sachverständige nicht „Dritter" ist, war bereits in der Literatur herrschende Meinung.[398] Auch die als Folge der Einführung des § 839a BGB ergangene Rechtsprechung folgte diesem Standpunkt.[399] Dort war, wie bereits oben gezeigt, anerkannt, dass das Gericht zwar neben Kläger (Erster) und Beklagtem (Zweiter) rein rechnerisch durchaus als Dritter in Anbetracht zu ziehen ist. Seine mangelnde Drittstellung folgt aber aus dem Umstand der notwendigen Beteiligung am Zivilprozess als streitentscheidendes Organ der Rechtspflege. Indem das Gericht erst die Voraussetzung dafür schafft, den Parteien die Möglichkeit zur Führung des Rechtsstreits einzuräumen, kann es nicht im gleichen Zug als Dritter betrachtet werden. Dritter ist, wer zum einen nicht Kläger und Beklagter

---

398 Stein/Jonas/Bork, § 72 Rdnr. 3; Baumbach/Lauterbach/Albers/Hartmann, 64. Aufl., § 72 Rdnr. 5; Zöller/Vollkommer, 25. Aufl., § 72 Rdnr. 1; Musielak/Weth, 4. Aufl., § 72 Rdnr. 6a; Rosenberg/Schwab/Gottwald, 16. Aufl., § 51 Rdnr. 11; Böckermann, MDR 2002, 1348, 1350; Rickert/König, NJW 2005, 1829, 1831; Jacobs, DS 2006, 22, 22 f.; Kaiser, NJW 2007, 123; dagegen Tischler, DS 2006, 165, 169; Bockholdt, NJW 2006, 122, 123 f.

399 OLG Koblenz BauR 2006, 144; OLG Celle BauR 2006, 140; OLG München IBR 2006, 239 (Nachweise bei Fölsch, MDR 2007, Fn. 11).

ist, und zum anderen, wer als Außenstehender nicht am Verfahren beteiligt ist. Als rechtsprechende Institution und rahmengebendes Organ des Prozesses ist das Gericht Teil des Prozessbetriebs.

Eine vergleichbare Neutralitätspflicht zur unparteiischen Feststellung und Beurteilung der für den Prozess bedeutsamen Tatsachengrundlage trifft den gerichtlichen Sachverständigen. Die Bezeichnung als „gerichtlicher" Sachverständiger legt es nahe, seine verfahrensrechtliche Stellung derjenigen des Gerichts zuzuordnen. Neben die Neutralitätspflicht tritt ein weiterer, vergleichender Umstand hinzu. Wie hinsichtlich dieser ähneln sich Sachverständiger und Gericht auch in Bezug auf die Regeln zur Befangenheit und Ablehnung im Zivilprozess.

Gegen diesen Befund kann auch nicht sprechen, dass der Sachverständige als Beweismittel dem Zeugenbeweis angenähert ist. Aus beweisrechtlicher Sicht handelt es sich beim Gerichtssachverständigen um eine besondere, qualifizierte Form des Zeugenbeweises. Dies folgt aus der systematischen Auslegung der §§ 402 ff. ZPO. Seiner tatsächlichen verfahrensrechtlichen Stellung wird diese Gleichstellung aber nicht gerecht.

Eine andere Ansicht begründet die mangelnde Dritteigenschaft des Sachverständigen nicht vorprozessual vorliegenden Streitverkündungsgrundes.[400] Hinsichtlich des Sachverständigen entstehe ein solcher Streitverkündungsgrund erst im laufenden Prozess durch die Behauptung der Unrichtigkeit des Gutachtens. Ob dieses Argument zur Verneinung der Drittstellung herangezogen werden kann, muss bezweifelt werden. Streng genommen bedeutet es „nur" die Ablehnung eines Streitverkündungsgrundes, dagegen wirkt es sich nicht unmittelbar auf die Rollenzuweisung im Prozess aus.

IV. Faktischer Ausschluss

Die Prozessbevollmächtigung eines Rechtsanwalts ist nicht der einzige Umstand, der eine Streitverkündung gegen einen Prozessbeteiligten als fraglich erscheinen lässt. Auch in anderen Konstellationen kann sich diese Problematik stellen. Wie oben gezeigt, kann der Ausschluss der Streitverkündung kraft ausdrücklicher gesetzlicher Anordnung erfolgen, wenngleich die Situation zumindest für das Gericht keiner solchen normativen Entscheidung bedurft hätte. Über diese Konstellationen hinaus gibt es weitere Situationen, die eine Streitverkündung als unwirksam erscheinen lassen.

---

400 Ulrich, BauR 2006, 724, 729 f.; Kaiser, NJW 2007, 123; a.A. Tischer, DS 2006, 165, 169.

1. *Partei*

Aus der Subjektbezogenheit der Parteistellung folgt, dass sie im selben Rechtsstreit nicht zugleich Nebenintervenient oder dem Gegner beitreten sowie weder Streitverkünder oder Zeuge sein kann, vgl. §§ 66 Abs. 1, 72 Abs. 1 und 373 ZPO.[401] Als Regel lässt sich festhalten, dass sämtliche, mit der Prozessführung zusammenhängende Folgen exklusiv in der Person der Partei eintreten. Sofern sich Vorschriften nicht (ausschließlich) an die Parteien richten, gelten diese ihrem sachlichen Anwendungsbereich nach daneben oder ausschließlich für Drittbeteiligte. Ebenso sehen sich grundsätzlich dritte Prozessbeteiligte nicht der Anwendung der nur auf Parteien anzuwendenden Vorschriften ausgesetzt.

2. *Streitgenossenschaft*

Hinsichtlich der Streitverkündung, und auch Nebenintervention im Zusammenhang mit streitgenossenschaftlichen Prozessen, muss differenziert werden:

Die Streitverkündung gegenüber dem eigenen Streitgenossen wird einstimmig für zulässig angesehen.[402] Dies gilt überwiegend auch für die Streitverkündung an den gegnerischen Streitgenossen, sofern es sich um einen einfachen Streitgenossen handelt.[403] Wenn aber Streitgenossenschaft ein mehr oder weniger zusammengehöriger Parteiverbund ist, wie kann eine Streitverkündung zulässig sein, ohne gleichzeitig gegen das Parteiprinzip zu verstoßen? Diese Entscheidung ist Folge des lediglich losen Zusammenschlusses der Einzelprozesse zu gemeinsamer Verhandlung, Beweisaufnahme und Entscheidung. Auch andere Prozesshandlungen können von einem Streitgenossen in Widerspruch zum

---

401 Thomas/Putzo/Hüßtege, Vorbem. zu § 50 Rdnr. 2, Vorbem. zu § 373 Rdnr. 7; Rosenberg/Schwab/Gottwald, § 40 Rdnr. 2.

402 H.M. RG JW 1896, 176; RGZ 151, 210, 212; BGHZ 8, 72, 78; Rosenberg/Schwab/Gottwald, § 51 Rdnr. 11; Stein/Jonas/Bork, § 72 Rdnr. 3; Wieczorek/Schütze/Mansel, § 72 Rdnr. 29; Zöller/Vollkommer, § 72 Rdnr. 1; Thomas/Putzo/Hüßtege, § 66 Rdnr. 3; Baumbach/Lauterbach/Albers/Hartmann, § 72 Rdnr. 6; MünchKomm-ZPO/Schultes, § 66 Rdnr. 4; Beck-OK/Dressler, § 72 Rdnr. 5; Saenger/Saenger, § 66 Rdnr. 5; Prütting/Gehrlein/Gehrlein, § 72 Rdnr. 4.; einschränkend Schellhammer, Rdnr. 1626 (nur hinsichtlich des einfachen Streitgenossens).

403 Siehe die Nachweise der vorangehenden Fn.; ebenso OLG Neustadt MDR 1958, 342; ohne ausdrückliche Einschränkung auf den einfachen Streitgenossen der gegnerischen Partei hingegen Beck-OK/Dressler, § 72 Rdnr. 5; Saenger/Saenger, § 66 Rdnr. 5 und Prütting/Gehrlein/Gehrlein, § 72 Rdnr. 4.; Rosenberg/Schwab/Gottwald, § 51 Rdnr. 11; Zöller/Vollkommer, § 72 Rdnr. 1; a.A. RGZ 151, 210, 212 und wohl auch Stein/Jonas/Bork, § 72 Rdnr. 3.

anderen ausgeübt werden. Auch das ist konsequent. Im Gegensatz zur einfachen Streitgenossenschaft sind bei der notwendigen Streitgenossenschaft die Prozesse nicht mehr nur äußerlich, sondern auch innerlich verbunden. Hier ist eine klare Trennung zwischen eigenem und fremdem Prozess nicht widerspruchslos möglich. Die Streitverkündung in diesem Fall wäre mit der Streitverkündung gegenüber der Partei gleichzusetzen und somit unstatthaft.

3. *Gesetzliche Vertretung*

Das RG (RGZ 148, 321, 322) hatte die Frage zu beantworten, ob die Streitverkündung des minderjährigen, durch seinen Vater vertretenen Klägers Bedeutung für einen späteren Rechtsstreit, den der Vater im eigenen Namen gegen den Streitverkündeten führt, hat.[404] Zutreffend ging das Gericht davon aus, dass die Entscheidung aus dem Vorprozess im Verhältnis der jetzigen Prozessparteien ohne Bedeutung sei. In diesem Vorprozess stand dem Beklagten nicht der Kläger, sondern dessen Tochter gegenüber. Nur ihr gegenüber würde der Beklagte wegen der Streitverkündung den Bindungswirkungen der §§ 68, 74 Abs. 3 ZPO unterliegen. Aus diesem Urteil das Ergebnis schließen zu wollen, Partei und ihr gesetzlicher Vertreter seien als faktische Einheit zu betrachten, wäre verfehlt. Es ließe sich hier eher das Gegenteil vertreten. Zur Erklärung bedarf es eines anderen Ansatzpunktes. Die Wirkungen der Streitverkündung treten nur im Verhältnis von Streitverkünder und Streitverkündungsempfänger ein. In einem weiteren, eigenständigen Prozess des gesetzlichen Vertreters, der dort einen vom Vorprozess sich unterscheidenden Anspruch gelten macht, fehlt es an jeglicher prozessualer Verbindung zum Vorprozess. Hier tritt der gesetzliche Vertreter nicht in dieser Funktion auf, sondern im eigenen Namen zur Verfolgung eigener Ansprüche. Seine Stellung als gesetzlicher Vertreter wirkt sich in seinem Prozess, da er hier niemanden zu vertreten berechtigt und verpflichtet ist, nicht aus.

Dennoch ist in zutreffender Weise die Streitverkündung an den gesetzlichen Vertreter nicht zulässig, da rein faktisch nicht möglich. Zwischen Vertretenem und gesetzlichem Vertreter besteht ein untrennbarer funktionaler Zusammenhang. Der gesetzliche Vertreter übt in dieser Funktion Rechte für den Vertretenen aus. Er ist zwar nicht selbst Partei, hat aber nach außen deren Befugnisse und Pflichten.[405] Eine andere Sichtweise würde einen schweren Verstoß gegen das Verbot der Parteikongruenz darstellen.

---

404 So der Leitsatz des Gerichts im Wortlaut.
405 RGZ 66, 240, 242.

4. *Parteien kraft Amtes*

Parteien kraft Amtes leiten ihre Prozessführungsbefugnis aus ihrer Amtsstellung ab. Kraft dieser Amtsstellung erfolgen durch sie (auch) Klagen im fremden Interesse im eigenen Namen. Führt der Verwalter einen Rechtsstreit mit einem Dritten im Interesse der durch ihn repräsentierten Person, so handelt es sich um keine Identität der Prozesspersonen. Nur der Verwalter ist Partei. Folglich ist der Rechtsstreit zwischen „anderen Personen" anhängig. Der repräsentierten Person kann von Seiten der Partei kraft Amtes der Streit verkündet werden, was auch gleichzeitig einen Beitritt zulässt.

Anders entscheiden müsste die Vertretertheorie. Weil nach ihr die Verwalter gesetzliche Vertreter des Repräsentanten sind, verbleibt bei Letzteren die Parteistellung im Erstprozess. Eine Streitverkündung des Repräsentanten an seinen gesetzlichen Vertreter ist als eine Streitverkündung an sich selbst zu verstehen. Der gesetzliche Vertreter ist in dieser Eigenschaft funktionell im Lager der Partei stehend.

5. *Zeugen*

Im Gegensatz zu den Parteien kommt dem Zeugen nicht die Rolle eines zentralen Verfahrenssubjekts mit der damit einhergehenden zentralen Stellung im prozessualen Gefüge zu. Er kann weder Prozesshandlungen vornehmen, noch über den Streitgegenstand verfügen. Seine prozessuale Aufgabe erschöpft sich im Rahmen der Beweiserhebung. Rein begrifflich kann er Dritter sein.[406] Auch steht seine verfahrensrechtliche Stellung dieser Sichtweise nicht entgegen. Er ist personales Strengbeweismittel. Allein diese Stellung im Prozess lässt nicht den Schluss zu, ihn als notwendigen Akteur des Prozesses anzusehen, gegen den die Streitverkündung unstatthaft ist.[407] Seine Vernehmung erfolgt, nachdem er durch Beweisantrag einer Partei in den Prozess eingebracht wurde. Im Gegensatz zum Sachverständigen trifft ihn keine Neutralitätspflicht gegenüber den Parteien. Oft wird er im Lager der Partei stehen, die ihn als Beweis anbietet. Der Zeuge ist aber ebenso wie der Sachverständige gegenüber beiden Parteien und dem Gericht zur Wahrheit verpflichtet.

Folgerichtig stehen einer Streitverkündung gegenüber dem Zeugen keine gesetzlichen Einwände entgegen. Auch schon vor Erlass des 2. JuMoG wurde diese Sichtweise nicht in Frage gestellt. Der durch das 2. JuMoG eingeführte § 72

406 Dagegen Thole, AnwBl. 2006, 91 Fn. 9.

407 So aber Thole, AnwBl. 2006, 91 Fn. 9.

Abs. 2 ZPO hat hier keine Änderungen gebracht. Zwar hat der Gesetzgeber auch bezüglich des Zeugen nicht positiv formuliert, ob Dritter ist. Auch ein Umkehrschluss zu § 72 Abs. 2 S. 1 ZPO legt es nicht zwingend nahe, den dort genannten Kreis abschließend zu betrachten. Die Gesetzesbegründung zeigt aber, dass der Gesetzgeber das Problem gesehen und ausdrücklich Stellung bezogen hat.[408]

Damit ist noch nicht geklärt, welche prozessualen Folgen die Streitverkündung gegen einen Zeugen im laufenden Verfahren nach sich zieht. Eine Partei wird regelmäßig dann eine Streitverkündung gegenüber einem Zeugen zu erheben beabsichtigen, wenn sie sein Aussageverhalten für geeignet hält, daraus Schadensersatzansprüche abzuleiten, um deren Sicherung schon in diesem Rechtsstreit vorzubereiten.[409] Die Partei wird die Unwahrheit der Zeugenaussage behaupten. Damit bestünde Gefahr, dass die Aussage des Zeugens nicht verwertet werden könnte und im Rahmen der richterlichen Beweiswürdigung unberücksichtigt zu bleiben hätte. Auch hier hätte es eine Partei in der Hand, durch prozesstaktisches Handeln gezielt Einfluss auf den Verlauf des Verfahrens zu nehmen. Die Ausschaltung des aus Sicht der streitverkündenden Partei ungünstig aussagenden Zeugens würde dann unter Umständen zu einer ungerechtfertigten Verbesserung ihrer Erfolgsaussichten im Rechtsstreit führen.

Eine Streitverkündung kann grundsätzlich keinen Einfluss auf die Zeugnisfähigkeit ausüben. Auch ist unschädlich, wie der Zeuge auf die Streitverkündung reagiert. Für ihn bestehen keine Unterschiede zu sonstigen Streitverkündungsempfängern. Er hat die Möglichkeit, dem Rechtsstreit beizutreten oder auf die Streitverkündung nicht zu reagieren.

Einschränkungen gelten im Hinblick auf rechtsmissbräuchliche Fallgestaltungen. Hier ändert sich zwar nichts Grundsätzliches an der Dritteigenschaft. Erfolgt die Streitverkündung offensichtlich mit dem Ziel, das Aussageverhalten des Zeugen zu beeinflussen, ist sie als unzulässig zu bewerten.[410]

V. Prozessuale Folge von Streitverkündungen gegen Nicht-Dritte

Wie bereits festgestellt, erfolgt die Prüfung der Zulässigkeit der Streitverkündung nicht in dem Verfahren, in dem sie vorgenommen wurde.[411] Die Zulässigkeitsprüfung bleibt vielmehr dem Gericht des Folgeprozesses, im Rahmen

---

408 BT-Drucks. 16/3038, S. 37 („Auch Zeugen kann grundsätzlich der Streit verkündet werden").

409 Fölsch, MDR 2007, 121 f.

410 BT-Drucks. 16/3038, S. 37.

411 Vgl. oben S. 62.

dessen sich Streitverkünder und Streitverkündungsempfänger gegenüberstehen, überlassen.[412] Wenn allerdings eine Streitverkündung an Nicht-Dritte, insbesondere an die in § 72 Abs. 2 S. 1 ZPO genannten erfolgt, handelt es sich schon nicht um eine rechtlich relevante Streitverkündung. Folgerichtig unterbleibt nach § 72 Abs. 2 S. 2 ZPO i.V.m. § 73 S. 2 ZPO die Zustellung des auf die Streitverkündung gerichteten Schriftsatzes. Die „Streitverkündung" wird bereits im Erstprozess von Amts wegen als unzulässig zurückgewiesen. Selbst dann, wenn das Gericht § 73 S. 2 ZPO missachtet und den Schriftsatz dennoch zustellt, zeitigt die Streitverkündung weder für den Streitverkündenden noch für den Dritten formelle und/oder materielle Rechtswirkungen.[413] Für eine Heilung oder das Berufen des Verkünders auf Vertrauensschutz bleibt in Anbetracht des deutlichen Wortlauts von § 72 Abs. 2 S. 1 ZPO und des damit verbundenen Schutzes der Verfahrensintegrität kein Raum.

412 St. Rspr., BGH NJW 2011, 1078; BGHZ 65, 127, 130 f.; 70, 187, 189; 100, 257, 259; 160, 259, 263.

413 Zu den Wirkungen der Streitverkündung, S. 61 ff.

5. Kapitel – Die Einordnung des Prozessbevollmächtigten

A. Der Meinungsstand

Die ZPO gibt keinerlei positive Auskunft über den Problemkreis um den Prozessbevollmächtigten und die Streitverkündung. Die ohnehin bestehende Unvollständigkeit im Normgefüge der prozessualen Drittbeteiligung setzt sich bei den Streitverkündungsempfängern im Besonderen fort. Diese Lage hat sich auch mit dem 2. JuMoG nicht wesentlich geändert. Die Einfügung von § 72 Abs. 2 S. 1 ZPO hat hier neben klärender Wirkung anderweitige Unsicherheit gebracht.

I. Rechtsprechung

Die für die Thematik einschlägige Rechtsprechung war schon eingangs der Darstellung Gegenstand.[414] Der dort geschilderte Streitverlauf befasste sich in der Hauptsache mit der Zulässigkeit der Streitverkündung gegenüber dem Prozessbevollmächtigten und gab so den konkreten Anlass zu einer näheren Untersuchung. Über diesen dort geschilderten Rechtsstreit hinaus hat sich die höchstrichterliche Rechtsprechung des BGH und bereits vor ihm das Reichsgericht beschäftigt. Auf diese betreffenden Entscheidungen wird nachfolgend näher eingegangen.

1. Die Sichtweise des Reichsgerichts

Das Reichsgericht hatte zu beurteilen, ob der Prozessbevollmächtigte wegen eines Kostenerstattungsanspruchs ein rechtliches Interesse daran hat, seiner bisherigen Partei in einem weiteren Rechtsgang als Streitgehilfe beizutreten.[415] Zur Zulässigkeit der Nebenintervention aus dem Blick der Rollenzuweisung im Prozess hat sich das Reichsgericht nicht geäußert. Auch sonst ging es nicht die grundsätzliche Frage nach, ob der Prozessbevollmächtigte überhaupt Nebenintervenient sein kann. Es lehnte das rechtliche Interesse für den Beitritt ab, da dies nicht infolge des erst durch die Führung des Rechtsstreits selbst entstehenden verfahrensrechtlichen Kostenerstattungsanspruchs begründet werden könne.

---

414 Vgl. oben S. 13 ff., dort mit Schwerpunkt auf OLG München, Beschl. v. 14.5.2009 – 1 W 875/09 und BGH, Beschl. v. 8.2.2011 – VI ZB 31/09.

415 RGZ 169, 50, 51.

Wenn der BGH hierzu ausführt, das Reichsgericht habe die Zulässigkeit der Nebenintervention gegenüber dem Prozessbevollmächtigten nicht grundsätzlich verneint, so muss dem entgegnet werden, es hat sie ebenso wenig ausdrücklich bejaht. Weitere Erkenntnis für die hier geführte Diskussion kann der Entscheidung nicht entnommen werden.

2. BGH, Urteil vom 13.7.1982 – VI ZR 300/79

Die Streitverkündungsrechtliche Problematik wird vom BGH[416] hier nicht aufgegriffen. Nichtsdestotrotz wird diese Entscheidung von einigen Stimmen, und vom BGH selbst, als Beleg für die Zulässigkeit der Streitverkündung gegen den Prozessbevollmächtigten nach § 72 Abs. 1 ZPO angeführt.[417] Dem kann nicht gefolgt werden. Lediglich der Frage nach der Möglichkeit der Kündigung des Mandats als Folge der Streitverkündung wird nachgegangen. Diese Möglichkeit stehe sowohl dem Streitverkünder als auch dem Streitverkündungsempfänger zu. Eine Verpflichtung zur Kündigung bzw. gar ein Erlöschen des Mandats kraft Gesetzes lässt der BGH unerwähnt. Der BGH versäumt es zudem, auf die Ausführungen des Ausgangs- und Berufungsgerichts zur Streitverkündung einzugehen.

II. Schrifttum

Die Diskussion über die Zulässigkeit der Streitverkündung gegenüber dem Prozessbevollmächtigten wird bisher kaum ausführlich geführt. Wenn es im Zusammenhang mit dem Prozessbevollmächtigten um die Streitverkündung geht, wird sie im Rahmen seiner beratungsrechtlichen Pflichten gegenüber dem Mandanten behandelt, dem der Rechtsanwalt ggf. zu einer Streitverkündung gegen einen Dritten raten muss.[418] Ob mögliche Pflichtverletzungen des Rechtsanwalts auch eine Streitverkündung gegen ihn provozieren können, bleibt hingegen unerwähnt. Die vertretenen Meinungen sind als sehr uneinheitlich und teils unvollständig zu bewerten. Der Meinungsstand lässt sich in fünf Positionen unterteilen.

416 BGH VersR 1982, 975, 976 = BeckRS 1982, 30401257.

417 Kritisch ebenso OLG München, Beschl. v. 14.5.2009 – 1 W 875/09; Fischer, Anm. zu BGH LMK 2011 315512 spricht von einem zumindest „obiter dictum".

418 S. Zugehör u. a./Sieg, Rdnr. 661; Borgmann/Jungk/Grams, § 20 Rdnr. 89; Fahrendorf/Mennemeyer/Terbille/Fahrendorf, Rdnr. 1946.

1. Enthaltung

In weiten Teilen wird auf die Frage, welchen Personen gegenüber die Streitverkündung gemäß § 72 ZPO erfolgen kann bzw. welche in zulässigerweise als Nebenintervenienten nach § 66 ZPO dem Rechtsstreit beitreten können, gar nicht bis unzureichend eingegangen.[419] Für die Ausbildungsliteratur mag dieses Problem sehr speziell und wenig prüfungsrelevant sein – eine Vernachlässigung mit der inhaltlichen Auseinandersetzung kann somit Resultat einer bewussten Aussonderung dieses Themenkomplexes sein und unter diesem Blickwinkel durchaus als nachvollziehbare Entscheidung gelten.

Wie allerdings muss der Umstand bewertet werden, dass Teile der Erläuterungs- und Kommentarliteratur auf eine Erwähnung gänzlich verzichten? Mangels näherer Anhaltspunkte muss die Deutung unbefriedigend ausfallen. Allein aus dem Umstand des Schweigens kann nicht auf die Zustimmung mit der Zulässigkeit geschlossen werden. Ein solcher Umkehrschluss käme zu kurz und würde nicht der Tragweite des Problems gerecht werden. Es kann nicht gesagt werden, ob das Problem schlichtweg übersehen oder bewusst nicht näher erörtert wird.

2. Ablehnung

Wieder andere verneinen ausnahmslos die Möglichkeit der Streitverkündung gegenüber dem Prozessbevollmächtigten ohne danach zu unterscheiden, auf welcher Parteiseite er tätig wird.[420]

Differenzierend zu der letztgenannten Meinung unterscheiden andere zwischen dem aus Sicht des Streitverkünders eigenen und gegnerischen Prozessbevollmächtigten. Während die Streitverkündung an den eigenen Prozessbevollmächtigten unzulässig sein soll, sei jene an den gegnerischen gangbar.[421]

---

419 So bei Thomas/Putzo/Hüßtege, § 72 Rdnrn. 3, 3a i.V.m. § 66 Rdnr. 3; W. Zimmermann, § 66 Rdnr. 4 und § 72 Rdnr. 2; Saenger/Bendtsen, § 72 Rdnr. 5 (beachte aber gleichzeitig § 66 Rdnr. 4); Baumbach/Lauterbach/Albers/Hartmann, § 66 Rdnr. 4 und § 72 Rdnr. 2 ff. (beachte aber Rdnr. 6); Schellhammer, Rdnr. 1626; Rosenberg/Schwab/Gottwald, § 51 Rdnr. 11; Schilken, ZPR, § 11 Rdnr. 714; Jauernig/Hess, § 84 Rdnr. 1 ff.

420 Ausführlich Musielak/Weth, § 72 Rdnr. 6; Chab, Anm. zu OLG München BRAK-Mitt. 2009, 234; wohl auch Wieczorek/Schütze/Mansel, § 66 Rdnr. 24; bis zur 28. Aufl. auch Zöller/Vollkommer, § 72 Rdnr. 1.

421 Vgl. Prütting/Gehrlein/Gehrlein, § 72 Rdnr. 3; W. Lüke, ZPR, § 43 Rdnr. 456 a.E.; bis zur 28. Aufl. auch Zöller/Vollkommer, § 66 Rdnr. 7 und § 72 Rdnr. 1, die die Rspr. des BGH zwar erwähnen, eine Entscheidung aber i.E. offen lassen; Messerschmidt/Voit/Koenen, Kap. S Rdnr. 39; Klose, NJ 2011, 491; wohl auch Fahrendorf/

3. *Befürwortung*

Eine andere Ansicht befürwortet die Möglichkeit der Streitverkündung[422], wobei hier zum Teil ohne näheren Begründungsaufwand ein bloßer Anschluss an die Rechtsprechung des BGH erfolgt.[423] Wenn eine Begründung gegeben wird, dann mehr im Umkehrschluss zur Parteilehre sowie zu den gesetzlich benannten Ausnahmen der Dritteigenschaft (Art. 72 Abs. 2 S. 1 ZPO) als im Wege dogmatischer Auseinandersetzung.

4. *Ablehnung hinsichtlich gewillkürter Stellvertretung*

In manchen Fällen wird ganz allgemein in der gewillkürten Stellvertretung ein die Streitverkündung ausschließender Umstand erblickt.[424] Dies ist zumindest ungenau. Daraus die Absage der Zulässigkeit der Streitverkündung gegen den Prozessbevollmächtigten zu folgern, erscheint voreilig, weil aus dogmatischer Sicht keineswegs zwingend. Prozessbevollmächtigter und gewillkürter Vertreter sind nicht von vornherein deckungsgleiche Begriffe. Jeder Prozessbevollmächtigte ist auch immer gewillkürter Vertreter. Anders herum mag dies zwar die Regel sein, muss aber keinesfalls bedingungslos gelten.[425]

5. *Voraussetzung der prozessualen Unvereinbarkeit*

Schließlich wird auch vertreten, obwohl dies nicht ausdrücklich im Zusammenhang mit dem Prozessbevollmächtigten erfolgt, die Streitverkündung sei gegenüber solchen Personen ausgeschlossen, mit deren Rolle im Prozess sie in

---

Mennemeyer/Terbille/Fahrendorf, Rdnr. 1961 („…wenn der Streit einem Anwalt oder Notar zu verkünden wäre.").

422 Vgl. Stein/Jonas/Bork, § 72 Rdnr. 3; BeckOK-ZPO/Dressler, § 72 Rdnr. 5; hingegen missverständlich Wieczorek/Schütze/Mansel, § 66 Rdnr. 24 und andererseits § 72 Rdnrn. 29, 31.

423 So bei BeckOK-ZPO/Dressler, § 72 Rdnr. 5 und Zöller/Vollkommer, § 72 Rdnr. 1; Fischer, Anm. zu BGH LMK 2011, 315512; jetzt auch MünchKomm-ZPO/Schultes, § 66 Rdnr. 4 und § 72 Rdnr. 3, wobei hier lediglich festgestellt wird, dass der Prozessbevollmächtigte in § 72 Abs. 2 S. 1 ZPO nicht genannt ist – das aber ist und war nie streitig.

424 Vgl. Saenger/Bendtsen, § 66 Rdnr. 4 („dies gilt grundsätzlich auch für den gewillkürten Vertreter." – dies findet allerdings nicht Erwähnung bei der Streitverkündung, sondern im Rahmen der Nebenintervention).

425 S. oben S. 36 ff.

unvereinbarer Funktion stehe.[426] Dies ist zwar richtig, aber als Begründung für sich allein kaum ergiebig. Ein solches Argument taugt nur dann, wenn feststeht, welches Rollenverständnis dem Prozessbevollmächtigten für den Zivilprozess beizumessen ist. Wenn, wie hier, gerade unklar ist, wie die prozessuale Stellung eines Beteiligten im Lichte der Streitverkündung zu bewerten ist, bringt es keine Erkenntnisse.

B. Der Prozessbevollmächtigte

Wenn im Folgenden vom Prozessbevollmächtigten die Rede ist, soll damit ausschließlich der Rechtsanwalt gemeint sein, der für seinen Mandanten den Zivilprozess führt. Diese Konstellation ist – wie bereits zuvor geschildert – die im Prozessbetrieb mit Abstand häufigste und entspricht im Übrigen auch dem gesetzlichen Leitbild (vgl. § 79 Abs. 2 S. 1 ZPO).

I. Das Berufsbild des Rechtsanwalts

1. Geschichtliche Entwicklungstendenzen

Die historische Entwicklung des Rechtsanwalts ist bereits Gegenstand eigener, umfangreicher Untersuchungen.[427] Das Berufsbild, so wie es heute besteht, hat sich im Laufe der Entwicklung immer wieder stark gewandelt, so dass man, von den Anfängen aus betrachtet, eher allgemein von einem rechtlichen Berater und Vertreter und weniger von dem schon aktuell verfassten Bild des Rechtsanwalts sprechen muss.[428]

Der Ausdruck Rechtsanwalt ist, so wie er dem gegenwärtigen Verständnis in Recht und Gesellschaft zugrunde liegt, ein relativ junger Terminus.[429] Aus rechtlicher Sicht bediente sich erstmals 1804 die Novelle zur Bayerischen Gerichtsordnung von 1753 dieses Begriffes, später verfestigte er sich ab 1879 durch

---

426 In diese Richtung Mes/Büchel, I.J.2. S. 263 („... und andere Prozessbeteiligte wie Parteien, Zeugen etc.").

427 S. etwa Weißler, Geschichte der Rechtsanwaltschaft (1905); Ostler, Die deutschen Rechtsanwälte 1871–1971, 2. Aufl. 1982; Busse, Deutsche Anwälte, Geschichte der deutschen Anwaltschaft 1945–2009, Bonn (2010); s. dazu Haas, BRAK-Mitt. 2010, 19 f.; ein Überblick findet sich auch bei Hartstang (I), Kap. II, S. 3 ff.; Rick, Teil 2 S. 25 ff.; Peitscher, Rdnr. 1 ff. Anders Gaier/Wolf/Göcken/Wolf, Einl. Rdnr. 64 – sie beklagen die mangelnde wissenschaftliche Aufbereitung der historischen Entwicklung.

428 von Lewinski, Kap. 2 S. 33.

429 Mittelhochdeutsch „anewalte", weiterführend Weißler, S. 107.

Aufnahme in die RAO.[430] Im gesellschaftlichen Bereich fand dieser Ausdruck zu Beginn des 19. Jahrhunderts in der von Heinrich von Kleist veröffentlichten Erzählung „Michael Kohlhaas" aus dem Jahre 1810 Erwähnung.[431] Seine geschichtlichen Wurzeln reichen jedoch viel weiter zurück.

Die Anfänge der Rechtsanwaltschaft lassen sich bis in die Antike zurückverfolgen. In der Zeit, als Menschen infolge sozialer Konfliktsituationen auf den Beistand und die Sachkunde von in diesem Bereich kundigen Mitmenschen angewiesen waren, lässt sich die Geburtsstunde des frühen Rechtsanwalts feststellen. Im antiken Griechenland mussten rechtsuchende Bürger, wollten sie ihr Begehren durchsetzen, ihr Anliegen durch persönliche Rede vor mit etlichen Richtern besetzten Volksgerichten anbringen. Das Verfassen solcher Reden wurde rechtlichen Beiständen überlassen. Im römischen Recht waren die Anfänge ähnlich. Dort konnten sich Rechtsunkundige vor Gericht eines Beistandes bedienen. Der Beistand, patronus, gehörte in der Regel der Aristokratie an. Für seine unentgeltliche Beistandschaft erwarb er gesellschaftliches Ansehen, das ihn für höhere politische Ämter empfahl.[432]

In den Prozessen des Mittelalters wurden den Parteien aus den Reihen des Gerichts stammende Fürsprecher an die Seite gestellt.[433] Ab etwa dem 15. Jahrhundert bis in das 19. Jahrhundert hinein unterschied man, nicht zuletzt als Folge der Rezeption des römischen Rechts, zwischen zwei Formen von Rechtsanwälten: Die Advokaten und die Prokuratoren.[434] Während der Advokat die schriftliche Begutachtung der Rechtssache betreute, fiel dem Prokurator die Rolle des aus heutiger Sicht bekannten Prozessanwalts zu. Dieses traditionelle Verständnis findet sich selbst heute noch im angelsächsischen Recht. Bereits ab dem 18. Jahrhundert, während der Zeit des Absolutismus, zeigten sich erste Risse im unabhängigen Berufsverständnis. An die Stelle der freien Rechtsanwälte traten nun staatlich gebundene Justizkommissare. Damit wurde die Rechtsdienstleistung verstaatlicht. Erst ab 1849 kehrte das liberale Verständnis in den Anwaltsstand zurück. Besonders einflussreich forderte im 19. Jahrhundert *von Gneist*[435] die Unabhängigkeit der Rechtsanwaltschaft. Seinen Abschluss fand dieses Bestreben 1878 im Erlass der Rechtsanwaltsordnung (RAO), die das Verständnis

---

430 Hartstang (I), Kap. II, S. 3.

431 Weißler, S. 420; Hartstang (I), Kap. II, S. 3.

432 Hartstang (I), Kap. II, S. 6.

433 Peitscher, § 1 Rdnr. 3.

434 Peitscher, § 1 Rdnr. 4.

435 Rudolf von Gneist, Freie Advocatur: Die erste Forderung aller Justizrefom in Preußen, Berlin (1867).

eines unabhängigen, sich selbst verwaltenden Berufsbildes mit Gesetzeskraft ausstattete.[436]

Unter der nationalsozialistischen Herrschaft wurde die Freiheit der Advokatur abermals stark eingeschränkt und einer weitreichenden staatlichen Kontrolle unterzogen. Ein erster Schritt war die Verdrängung jüdischer Rechtsanwälte[437]. An Stelle der RAO trat ab 21.2.1936 die Reichs-Rechtsanwaltsordnung (RRAO), die den Rechtsanwalt statusrechtlich erneut in eine dem Beamtentum ähnliche Ecke mit Weisungsrechten drängte. Die darin enthaltene und auf Willkür fußende Zulassungsbeschränkung der Rechtsanwälte hob die Freiheit der Advokatur auf.[438]

Die Nachkriegszeit ab 1945 war von einer Neuordnung der Rechtsanwaltschaft geprägt. Um Vertrauen und Verlässlichkeit in den Beruf zurückzuführen, wurde nach einer durch die Besatzungsmächte geprägten Anfangszeit am 1.8.1959 die Bundesrechtsanwaltsordnung (BRAO)[439] erlassen. Neben die berufsrechtliche Generalklausel des § 43 BRAO traten aufgrund von § 177 Abs. 2 Nr. 2 BRAO a.F. die Richtlinien des anwaltlichen Standesrechts.[440] Sie traten zu Beginn als eine ergänzende Auslegungshilfe neben das kodifizierte Recht der BRAO. Bis in die achtziger Jahre des 20. Jahrhunderts konnten sich die Standesrichtlinien der Akzeptanz von BVerfG und BGH sicher sein.[441] Das BVerfG sah in ihnen „ein wesentliches Hilfsmittel für die Konkretisierung der anwaltlichen Berufspflichten“[442], der BGH „eine Sammlung von Erfahrungssätzen“[443]. 1987 stellte das BVerfG in zwei denkwürdigen Entscheidungen die Gültigkeit der Standesrichtlinien in Frage.[444] Die Richtlinien seien kein geeignetes Instrument zur Beschränkung der anwaltlichen Berufsausübung – unter Beachtung des Vorbehalts des Gesetzes seien diese nur kraft eines formellen Gesetzes der Legislative einschränkbar. Diese Entscheidungen gaben den Anstoß zu einer

436 Vgl. Huffmann, S. 61 ff., 67; Schubert, S. 2.

437 Peitscher, § 4 Rdnr. 12, 16 f.

438 Schneider, § 6 S. 40; Peitscher, § 4 Rdnr. 15.

439 BGBl. I, S. 565.

440 Deshalb wurde das anwaltliche Berufsrecht als Standesrecht bezeichnet. Zur Kritik an diesem Begriff s. Koch/Kilian, A. Rdnr. 5 ff. m.w.N.; Römermann/Hartung, § 2 Rdnr. 1 f.

441 Vgl. BVerfGE 60, 337, 356; BGHZ 70, 348, 349; Römermann/Hartung, § 4 Rdnr. 4.

442 BVerfGE 36, 212, 217 f.

443 BGHZ 70, 348, 349.

444 BVerfGE 76, 171 ff.; 76, 191 ff.; ebenfalls kritisch zu den Standesrichtlinien Ahrens, § 6 Rdnr. 192 ff.

umfangreichen berufsrechtlichen Reform, die erst im Jahre 1994 ihren vorläufigen Abschluss fand und zusätzlich in der Folgezeit durch die Rechtsprechung sukzessive ausgebaut wurde.[445]

Wie der geschichtliche Abriss zeigt, ist die Anwaltschaft seit jeher hin- und hergerissen zwischen staatlicher Kontrolle einerseits und selbstbestimmter Berufsausübung andererseits. Die Prinzipien waren nicht immer in ausgewogenem Verhältnis, sondern wurden auch missbräuchlich zu politischen Zwecken zulasten des anderen unverhältnismäßig eingeschränkt. In ähnlicher Weise, wenn auch unter insofern geänderten Vorzeichen, die sich in einer rechtsstaatlich-demokratischen Staatsverfassung, die mit den staatlichen Verhältnissen bestimmter geschichtlicher Epochen nicht mehr zu vergleichen ist, wird um diese Grundsätze nach wie vor gerungen. Auch die Diskussion um die Zulässigkeit des Hereinziehens des Rechtsanwalts in den Zivilprozess im Wege der Streitverkündung lässt sich auf dieses Spannungsverhältnis zurückführen.

2. *Die Säulen des modernen Berufsrechts*

Das anwaltliche Berufsrecht umfasst die gesetzlich geschriebene Definition des Berufsbildes. Es erfüllt in dieser Funktion eine wichtige Steuerungs- und Regulierungsfunktion.[446] Die wesentlichen Leitprinzipien des Berufsbildes der Rechtsanwälte hat der Gesetzgeber an den Beginn der BRAO gestellt. Die berufsrechtlichen Regelungen lassen sich nicht einem einzelnen Gesetz entnehmen. Prägend für eine berufsrechtliche Kodifikation ist die verfassungsrechtlich garantierte Freiheit der Berufsausübung (Art. 12 Abs. 1 S. 2 GG). Eingriffe in die (anwaltliche) Berufsausübung können demgemäß nur durch Gesetz oder aufgrund eines Gesetzes erfolgen.[447] An den Grundsatz der Verhältnismäßigkeit sind hohe Anforderungen zu stellen. Alle Reglementierungen müssen sich an diesem Freiheitsgrundrecht messen lassen.[448] Da der Anwalt einen freien Beruf ausübt, gilt es seit jeher, diesen Grundsatz mit dem einer funktionsfähigen Rechtspflege in Einklang zu bringen – diesem Einklang dient das Berufsrecht.[449]

445 Zu diesen Maßnahmen zählen beispielsweise die Aufhebung des Werbeverbots, die eingeschränkte Zulassung von Erfolgshonoraren, vgl. §§ 49b Abs. 2 S. Hs. 2 BRAO i.V.m. § 4a Abs. 1 S. 1 RVG (BVerfGE 117, 163 ff.), die Schaffung der Anwalts-GmbH und die Abschaffung des Lokalisationsgebots (BVerfGE 103, 1 ff.).

446 Gaier/Wolf/Göcken/Wolf, Einl. Rdnr. 30.

447 Vgl. BVerfGE 34, 293, 299.

448 Vgl. Büchting/Heussen/Hartung, § 56 Rdnr. 1.

449 Vgl. Hartung/Römermann/Hartung, Einf. BerufsO Rdnr. 16.

In Ergänzung zur BRAO fungiert die Berufsordnung für Rechtsanwälte (BORA) als weitere wesentliche Rechtsquelle. Im Gegensatz zur BRAO, die statusbildende Funktion hat, tritt die BORA als ein diese Statuten ausfüllendes Gesetz hinzu.[450] Sie konkretisiert aufgrund der Satzungsermächtigung des § 59b Abs. 2 Nr. 1, 3–9 BRAO bestimmte berufsrechtliche Rechte und Pflichten. Sie wird ergänzt durch die Fachanwaltsordnung (FAO). Daneben treten weitere Gesetze wie das Rechtsanwaltsvergütungsgesetz (RVG) sowie die ZPO und das GVG.[451] Das Berufsrecht darf nicht von einem zu strengen Selbstverständnis ausgehen, sondern hat im Gesamtgefüge der verfahrensrechtlichen Vorschriften eine dienende Funktion, die sich in der personalen und sachlichen Kompetenzregelung der Organe der Rechtspflege manifestiert.[452] Die so kodifizierten Berufsregeln sind Ergebnis einer langen Diskussion über das Erfordernis der Reform des Berufsrechts, um es an verfassungsrechtliche Vorgaben und die Bedürfnisse eines gewandelten Dienstleistungsverständnisses anzupassen.[453]

Das Gesetz definiert den Rechtsanwalt als berufenen unabhängigen Berater und Vertreter in allen Rechtsangelegenheiten, der einen freien Beruf ausübt, kein Gewerbe betreibt und in dieser Funktion ein unabhängiges Organ der Rechtspflege ist, vgl. §§ 1–3 BRAO. Um ein deutliches Bild des Rechtsanwalts im Rahmen der Rechtsordnung zu erhalten, sollen diese grob skizzierten gesetzlichen Grundaussagen nun im Folgenden näher untersucht werden.

a. Unabhängiges Organ der Rechtspflege, § 1 BRAO

Das Postulat der Unabhängigkeit im Rahmen der Rechtspflege meint den Grundsatz der „freien Advokatur“[454] (§ 1 BORA). Diese Terminologie hat auch das BVerfG immer wieder zur Umschreibung des Berufsbildes herangezogen.[455] Die anwaltliche Berufsausübung unterliegt der „freien und unreglementierten Selbstbestimmung des Einzelnen“[456]. Eine Beschränkung darf insoweit nur

450 Vgl. Hartung/Römermann/Hartung, Einf. BerufsO Rdnr. 20; weiterführend zum Verhältnis auch Ahrens, AnwBl. 2013, 2, 2 f.

451 Einem noch weiteren Kreis der Rechtsquellen ziehen Gaier/Wolf/Göcken/Wolf, Einl. Rdnr. 1. Diese rechnen zum Berufsrecht all jene Normen, die die Steuerung des Verhaltens der Berufsträger gegen das normale Marktverhalten bezwecken. Zu weiteren Rechtsgrundlagen s. auch Feuerich/Weyland/Vossebürger, Einl. BRAO Rdnr. 4 f.

452 Ähnlich auch Gaier/Wolf/Göcken/Wolf, Einl. Rdnr. 29.

453 S. grundsätzlich BVerfGE 76, 171 = NJW 1988, 191.

454 Vgl. BVerfGE 15, 226, 234; 63, 266, 282.

455 S. etwa BVerfGE 293, 302 = NJW 1973, 696; s. auch Mayen, AnwBl. 2011, 405.

456 Vgl. BVerfGE 63, 266, 282 ff.; 76, 171, 192.

durch verfassungskonforme Regelungen im Sinne des Grundrechts der Berufsfreiheit erfolgen.[457]

Die Begriffe Rechtspflege und Gerichtsverfassung sind nicht deckungsgleich.[458] Rechtspflege ist die Pflege des Rechts, die durch seine amtlich befugte und bindende Anwendung erfolgt. Die Pflege des Rechts wird vom Gesetz in die Hände gleich mehrerer Organe gelegt. Neben Richtern, Staatsanwälten, Rechtspflegern und Notaren sind dies eben auch und gerade Rechtsanwälte. Ihre Aufgabe ist ein Teil des Ganzen.[459] Die Aufgaben des Rechtsanwalts an der Rechtspflege erstrecken sich auf die Beratung und Vertretung des rechtsuchenden Bürgers (vgl. bereits § 3 Abs. 1 BRAO). Dabei zählt nicht nur die forensische Tätigkeit in Gestalt der Prozessvertretung zu ihr – gleichsam handelt es sich bei ihr um die klassische Form einer der Rechtspflege zugewiesenen Aufgabe, sondern auch sämtliche Formen der außer- bzw. vorprozessualen Rechtsberatung.[460] Rechtspflege ist immer, auch bei Wahrnehmung außergerichtlicher Rechtsberatung durch Rechtsanwälte, eine hoheitliche Aufgabe.[461] Dies mag zunächst verwundern, agiert der Rechtsanwalt in diesen Bereichen in einem gänzlich den marktwirtschaftlichen Grundsätzen unterworfenen Umfeld. Auch die im Wege der Deregulierung der Rechtsberatung den nichtanwaltlichen Berufen gestattete außergerichtliche Rechtsberatung (§ 3 RDG) bewegt sich in diesem Bereich. Die Anhänger dieser Berufsgruppen sind aber ohne Zweifel keine Organe der Rechtspflege (arg. § 5 RDG). Dennoch erscheint es geboten, auch die nicht prozessual ausgelegte Tätigkeit des Rechtsanwalts als in Ausübung von Rechtspflege zu begreifen. Der Rechtsanwalt nimmt die Aufgabe der vorsorgenden Rechtspflege in einem umfassenden Sinne wahr. In dieser Funktion gehen seine Rechte über die fragmentarisch angelegte Rechtsdienstleistung nach dem Verständnis des RDG hinaus. Vorsorgende Rechtspflege, die sich in Gestalt jedes einzelnen außergerichtlichen Mandats des Rechtsanwalts manifestiert, geht in ihrer Bedeutung im Rahmen der Rechtsordnung weit über das Individualinteresse des Auftraggebers hinaus und gehört zur Rechtspflege. Durch sie verwirklicht sich, selbständig oder in Vorbereitung forensischer Rechtspflege, materielle

457 Vgl. BVerfGE 50, 16, 29.

458 Zu Umfang und Grenzen beider Rechtsbereiche s. Kissel/Mayer, Einl. Rdnr. 1 f.; Wolf, § 1 S. 1 ff. und andererseits Creifelds/Weber, S. 977 sowie Feuerich/Weyland/Vossebürger, § 1 BRAO Rdnr. 5.

459 S. Feuerich/Weyland/Vossebürger, § 1 BRAO Rdnr. 5.

460 S. Feuerich/Weyland/Vossebürger, § 1 BRAO Rdnr. 6 m.w.N.

461 Vgl. BVerfGE 17, 371, 376.

Gerechtigkeit.[462] Diese wiederum ist ein objektiver Maßstab und prägend für eine Gesellschaft.

Trotz der gesetzlichen Fixierung ist das Bild vom Rechtsanwalt als Organ der Rechtspflege auf Kritik gestoßen. Hier wurde insbesondere eingewandt, dieser Begriff allein sei zur Verfestigung des anwaltlichen Begriffsverständnisses wenig ergiebig bis ungeeignet[463] bis hin zur Annahme, er sei mit der Rolle des Rechtsanwalts unvereinbar[464]. Diese Ansicht verkennt jedoch, welche eigentliche Bedeutung dieser Definition zukommt. Weder kann, noch will diese Umschreibung diesen Beitrag leisten. Welche Stellung ein Organ im Gefüge der Rechtspflege hat, wird erst durch die Summe der es betreffenden gerichtsverfassenden und verfahrens- sowie berufsrechtlichen Normen abschließend bestimmt, in dem sie ausführen, wer agieren darf und wie dies zu erfolgen hat.[465] Auch das BVerfG hat immer wieder klargestellt, dass die Zuweisung als Organ der Rechtspflege für sich allein kein Eingriffstatbestand sei.[466] Nichts anderes ist gemeint, wenn vertreten wird, der Begriff dürfe nicht „überfrachtet“[467] werden. So verhält es sich im Übrigen auch beim Richter, bei dem niemand seine Organstellung anzweifeln würde. Ein weiteres Erfordernis ist die stetige, an den sich wandelnden Verhältnissen orientierte (behutsame) Fortschreibung des Berufsrechts – hierzu hat das Berufsrecht mit § 59b Abs. 2 Nr. 1 lit. b BRAO eine Öffnungsklausel zugunsten näherer Konkretisierungen erhalten.[468] Die Satzungsversammlung kann kraft dieser Ermächtigung im Rahmen der BORA näher regeln, wie sich für sie ein modernes Unabhängigkeitsverständnis darstellt.

Überdies lässt sich ein weiteres Argument für seine Organstellung anführen: Er wird durch die Prozessordnungen und gerichtsverfassten Normen mit exklusiven Rechten ausgestattet, die keine Jedermannsrechte begründen.[469] So dürfen die nach §§ 177 f. GVG vorgesehenen Ordnungsmaßnahmen nur gegen die dort ausdrücklich angeführten Prozessbeteiligten angewandt werden. Der als Prozessbevollmächtigter auftretende Rechtsanwalt zählt nicht zu

---

462 S. Schilken, GVR, § 31 Rdnr. 588.

463 S. die Nachweise bei Gaier/Wolf/Göcken/Wolf, § 1 BRAO Rdnr. 27.

464 Heins, NJW 1958, 201 ff.; Knapp, S. 140 f.; So heute noch Kleine-Cosack, § 1 Rdnr. 21 f.; hingegen differenzierend Hartstang (I), S. 66.

465 Zustimmend auch Gaier/Wolf/Göcken/Wolf, § 1 BRAO Rdnr. 28; Schneider, § 16 S. 81.

466 S. BVerfG 22, 114, 120; 34, 293, 299 f.

467 So ausdrücklich Gaier/Wolf/Göcken/Wolf, § 1 BRAO Rdnr. 28.

468 Hennsler/Prütting/Koch, § 1 Rdnr. 24.

469 BVerfGE NJW 1983, 1535, 1536; Jessnitzer/Blumberg, § 1 Rdnr. 1 a.E.

diesem Personenkreis. Ebenfalls von Bedeutung ist das ihm eingeräumte Recht auf Akteneinsicht (vgl. § 147 StPO). Hieran zeigt sich, wie die Einräumung der Organstellung nicht (nur) verpflichtend, sondern ebenso berechtigend wirkt.[470] Schließlich müssen die §§ 48–49a BRAO Berücksichtigung finden. Diese Vorschriften verpflichten unter den gegebenen Voraussetzungen den Rechtsanwalt zur Übernahme der Vertretung, (§ 48 BRAO), Verteidigung (§ 49 BRAO) oder Gewährung von Beratungshilfe (§ 49a BRAO) der Partei im Verfahren.[471] Dies verdeutlicht eine staatlich gebundene Pflichtenstellung, die mit diesem Beruf einhergeht und qualifiziert den Rechtsanwalt über einen lediglich gewillkürten Vertreter hinaus.

Wenn dem Rechtsanwalt die Organeigenschaft im System der Rechtspflege nicht abgesprochen wird, dann zumindest wird die Stellung faktisch nicht gehörig anerkannt bzw. die falschen Schlüsse gezogen.[472] Mit Verweis auf die nicht mehr zeitgemäßen berufsrechtlichen Normen wird sein Bild als jenes eines modernen Rechtsdienstleisters gezeichnet. Diese Einordnung erfolgt teils kritisch, teils voll des Lobes, wenn auch letzteres oft als Folge einer zwangsläufigen Entwicklung propagiert wird, die dem Rechtsanwalt unter den gewandelten Bedingungen des Rechtsdienstleistungsmarktes keine andere Wahl lasse. Beide Sichten der Dinge sind nicht unschädlich.

Wenn aber der Rechtsanwalt als ein Organ der Rechtspflege eingestuft wird, ist damit noch nichts zu seiner Rolle im Rahmen der Gerichtsverfassung gesagt. Zumindest lässt sich nicht automatisch auf die Zugehörigkeit schließen.[473] Ob der Rechtsanwalt gleichzeitig auch ein notwendiges Teil der Gerichtsverfassung ist, wird unterschiedlich beurteilt. Eine ältere Auffassung bejaht seine Zugehörigkeit.[474] *Habscheid* geht an dieser Stelle sehr weit, indem er in der Gerichtsverfassung nicht nur die Verfassung der Spruchkörper, sondern sämtliche Verfassung der Rechtspflege sieht.[475] Orientiert man sich an einer stark forensisch geprägten Sicht der Dinge, dann ließe sich dieser Standpunkt durchaus vertreten. Diese Meinung lässt jedoch das zuvor beschriebene nichtforensische Aufgabengebiet – im

---

470 Schiefer, AnwBl. 1987, 360, 365.

471 S. auch Fahrendorf/Mennemeyer/Terbille/Mennemeyer, Kap. 1 Rdnr. 48 ff.

472 Nicht gefolgt werden kann Kilian (II), 5. Kap. Rdnr. 5, der in der Organstellung einen bloßen Reflex sieht.

473 Anders aber Hartstang (I), S. 73 ff., der die Rechtspflege zu sehr mit der Gerichtsverfassung vermengt.

474 Vgl. Habscheid, NJW 1962, 1985, 1987.

475 Habscheid, NJW 1962, 1985, 1987; unzutreffend auch Kilian (III), S. 252 f.; zum hier vertretenen Standpunkt s. oben S. 111 f.

Verhältnis zur gerichtlichen Tätigkeit des Rechtsanwalts nicht minder bedeutend – unberücksichtigt.

Gerichtsverfassung hat nach allgemeinem Verständnis die Grundsätze und Einrichtung der rechtsprechenden Gewalt zum Gegenstand.[476] Mit der „Verfassung der Gerichte" wird den Artt. 92 ff. GG zur Umsetzung verholfen.[477] Obwohl also der Rechtsanwalt nach zutreffendem Verständnis dem gesetzlich definierten Bereich der Gerichtsverfassung nicht zuzurechnen ist, ist er für deren Funktionsfähigkeit, vor allem mit Blick auf das Zusammenspiel der streitentscheidenden Tätigkeit der Gerichte, von erheblicher Bedeutung.[478] Um diesen Zuordnungskonflikt zu vermeiden, ließe sich der Rechtsanwalt – je nach Aufgabenwahrnehmung – zumindest partiell als Organ der Gerichtsverfassung einordnen.

Zur Organstellung innerhalb der Rechtspflege tritt die Unabhängigkeit hinzu. Der Unabhängigkeitsbegriff aus § 1 BRAO erfährt mit § 3 Abs. 1 BRAO bereits eine Konkretisierung. Dort wird die Unabhängigkeit im Zusammenhang mit der dem Rechtsanwalt zugewiesenen Beratungs- und Vertretungsfunktion genannt. In diesem Sinne meint der Unabhängigkeitsbegriff die Freiheit von Auftraggebern. Eng verknüpft mit dieser Parteiunabhängigkeit ist die wirtschaftliche Unabhängigkeit. Um gar nicht erst in die Gefahr der finanziellen Abhängigkeit von Mandanten zu kommen, ist der Rechtsanwalt auf ein hinreichendes gesetzliches Gebührensystem angewiesen, das ihn durch eine angemessene finanzielle Untergrenze vor solchem Missbrauch schützt.[479]

Bei dieser Dimension der Unabhängigkeit verbleibt es allerdings nicht. Um seinen Beruf gemäß dem Leitbild des Gesetzes auszuüben, bedarf es hierzu der Absicherung der Unabhängigkeit in einem umfassenden Verständnis. Dazu gehört ebenso die Abkopplung von Einflussnahmen seitens der staatlichen Gewalt sowie der Allgemeinheit. Die sog. Staatsunabhängigkeit ist den Vorschriften der BRAO zwar nicht ausdrücklich (vorrangig) zu entnehmen; ihr jedoch liegt sie als wichtigste Dimension der Unabhängigkeit zu Grunde. Als Lehre aus den Erfahrungen mit dem disziplinarischen Umgang der Anwaltschaft während des Nationalsozialismus hat sich dieser Grundsatz noch wesentlicher hervorgehoben.[480] Die Unabhängigkeit sichert zweierlei Gewährleistungen ab:

---

476 Vgl. Wolf, § 1 S. 1 f.

477 Einschränkend Wolf, § 1 S. 1.

478 Vgl. Schilken, GVR, § 31 Rdnr. 587; Kissel/Mayer, Einl. Rdnr. 69; Feuerich/Weyland/Vossebürger, § 1 BRAO Rdnr. 3.

479 Feuerich/Weyland/Vosseburger, § 1 BRAO Rdnr. 18a.

480 Vgl. Schneider, § 6 S. 41.

Zum einen soll der Rechtsanwalt seine Aufgabe in einem Zustand beruflicher Freiheit wahrnehmen. Anders als staatliche Bedienstete, die in einem durch hoheitliche Grundsätze geprägten Abhängigkeitsverhältnis stehen, sollen Rechtsanwälte, ihrem freiberuflichen Verständnis folgend, von keiner vergleichbaren Unterordnung abhängig sein.[481] Hieran verdeutlicht sich die gegenläufige Ausprägung des für Rechtsanwälte geltenden Art. 12 Abs. 1 GG auf der einen Seite, und des für das Beamtentum geltenden Art. 33 Abs. 5 GG. *Jaeger* äußert hier Kritik an früheren Entscheidungen des BVerfG[482], in denen dies, um Eingriffe in die Berufsfreiheit zu rechtfertigen, die Unabhängigkeit zulasten des Postulats des Organs der Rechtspflege geopfert habe.[483]

Zum anderen dient die Gewährleistung der Unabhängigkeit auch den Interessen der Rechtsuchenden. Die Unabhängigkeit des Rechtsanwalts gewährleistet ihnen ein notwendiges Maß an Verlässlichkeit bei der Suche nach qualifiziertem anwaltlichem Rechtsbeistand.

Zusammenfassend ergibt sich das Bild des Rechtsanwalts als Organ der Rechtspflege, welches dazu unabhängig ist. Dies folgt schon aus den gesetzlichen Vorschriften und ist ausdrücklich der BRAO zu entnehmen. Wer diese Entscheidung des Gesetzgebers nicht als verbindlich ansieht, muss einen Blick auf die Gesetzgebungsarbeiten zur BRAO legen. In einem ersten Entwurf ging die Fassung von § 1 BRAO noch von einer bloßen Mitwirkung an der Rechtspflege aus.[484]

Der Rechtsanwalt nimmt hoheitliche, nicht hingegen staatliche Aufgaben wahr.[485] Dies ergibt sich aber auch aus der Rechtsprechung des BVerfG[486]. Wenn das abgelehnt wird, mag dies aus einer Skepsis gegenüber dem als staatsnah empfundenen Begriff „Organ" geschuldet sein, das ein abhängiges, weisungsunterworfenes Bild zeichnet. Organe sind nach allgemeinem Verständnis feste Funktionsträger innerhalb eines abgeschlossenen und reglementierten, meist

---

481 Kritisch Jaeger, NJW 2004, 1, 2.

482 Hier stehen insbesondere die Entscheidungen BVerfGE 38, 105, 119 und in Ansätzen auch noch BVerfGE 63, 266, 284 in der Kritik.

483 Jaeger, NJW 2004, 1, 2; a.A. Augstein, NStZ 1981, 52, 53, der die Aussagen des BVerfG in ihren sachlichen Kontext einordnet und als die Unabhängigkeit nicht einschränkend bewertet.

484 BT-Drucks. 1/3650; näher Schneider, § 13 S. 63 f.

485 Vgl. Bosch, JURA 2012, 938, 939.

486 So ausdrücklich den Begriff Rechtspflege verwendend BVerfG NJW 1973, 696, 697.

öffentlich-rechtlichen Systems.[487] Wenn er aber, was unbestritten ist, Funktionen und Aufgaben der Rechtspflege erfüllt, ist er unabhängig von der Art der Begrifflichkeit diesem, die öffentliche Aufgabe wahrnehmenden Gesamtsystem zuzuordnen.[488] Die Diskussionen rund um die Entscheidungen des BVerfG waren zu großen Teilen unangemessen, wo sie berechtigt waren, hat sich das BVerfG selbst korrigiert und einen behaupteten Widerspruch in der Berufsbildbeschreibung selbst richtig gestellt.[489] Eine zügellose Liberalisierung ist damit nicht verbunden.

Auch ist die Unabhängigkeit nicht im Grundsätzlichen in Frage zu stellen. Insbesondere die staatliche Freiheitseinräumung ist unter dem gegenwärtigen Rechtszustand gesichert.[490] Eine Gefahr für die Beschneidung anwaltlicher Freiheit droht der Rechtsanwaltschaft aus einem eigenen, unfreiwillig geführten Konflikt mit sich selbst.

Diese Einschätzung betrifft die äußere Seite der Sicht der Dinge. An diesem Umstand ändern auch die Auswirkungen des in den letzten Jahrzehnten sich erheblich gewandelten Berufsbildes nichts. Wenn hier immer wieder von geänderten Verhältnissen gesprochen wird, die der Gesetzgeber zum Anlass nehmen müsse, das überkommene Berufsrecht zu reformieren[491], droht dabei die schleichende Gefahr einer weitreichenden Liberalisierung eines Berufszweiges, der dazu nur in begrenztem Umfang in der Lage ist.

b. Freiheit des Berufs, § 2 Abs. 1 BRAO

Mit der Unabhängigkeit geht die Freiheit des Berufs einher. Zunächst könnte man bei dem Freiheitsbegriff des § 2 Abs. 1 BRAO an eine bloße Verlängerung des Unabhängigkeitsbegriffs denken, der als solcher keine eigenständige Bedeutung beizumessen ist. Im Anschluss an die vorherigen Ausführungen geht es hier weniger um eine eigenständige Unabhängigkeitsdefinition, die abgekoppelt vom Organ der Rechtspflege steht, als vielmehr um die Art und Weise der Berufsausübung in Abgrenzung zu anderen Professionen.

---

487 S. zur Organtheorie von Gierke, S. 94 ff.; Ähnlich auch Knapp, S. 104 f., mit Ausführungen zu weiteren Begriffsverständnissen.

488 Überzeugend Lingenberg u. a./Zuck, § 9 Rdnr. 4 f.; ähnlich auch Augstein, NStZ 1991, 52, 53, der jedoch insofern Kritik verdient, als er die Problematik ausschließlich in der Rolle des Strafverteidigers verortet und ausdrücklich den Rechtsanwalt im Zivilprozess als reinen Interessenvertreter (!) ansieht.

489 Zu diesen Schluss kommt ebenso Ahrens, § 7 Rdnr. 203.

490 Ebenso Kilian (II), 5. Kap. Rdnr. 4.

491 Dies erscheint aus Sicht von Kleine-Cosack, Vor § 1 Rdnrn. 1, 4 f. unerlässlich und überfällig.

Die Einordnung des Rechtsanwalts in die Ausübung eines Freien Berufs geht in § 2 Abs. 2 BRAO über die Freiheit der Ausübung hinaus, indem dort dem traditionellen Verständnis folgend die Abgrenzung zum Gewerbe vorgenommen wird. Was unter einem freien Beruf zu verstehen ist, lässt die BRAO allerdings offen. Auch was im speziellen ein Gewerbe auszeichnet, wird nicht näher ausgeführt. Zu letzterem müssen die durch die Rechtsprechung gebildeten Grundsätze der „berufsmäßige Geschäftsbetrieb“ und „dauerhafte Gewinnerzielungsabsicht“ herangezogen werden.[492] Ob von der Existenz einer allgemeingültigen Definition des freien Berufs, sei es bezogen auf den Rechtsanwalt, sei es hinsichtlich sonstiger Berufe, ausgegangen werden kann, ist umstritten.[493] Hierzu erweist sich das PartGG vom 25.7.1994[494] als Auslegungshilfe.

§ 1 Abs. 2 S. 1 PartGG lautet:

> „Die Freien Berufe haben im Allgemeinen auf der Grundlage besonderer beruflicher Qualifikation oder schöpferischer Begabung die persönliche, eigenverantwortliche und fachlich unabhängige Erbringung von Dienstleistungen höherer Art im Interesse der Auftraggeber und der Allgemeinheit zum Inhalt.“

Der Rechtsanwalt übt nach Vorstellung des Gesetzgebers kein Gewerbe aus, weil sein Streben dem nach Verwirklichung des Rechts zu dienen bestimmt sein soll, nicht hingegen der Gewinnerzielung. Im Ansatz ist diesem gesetzlichen Leitgedanken ohne Bedenken zuzustimmen. Der Rechtsanwalt darf bei seinem eigenen Verständnis nicht von dem des kommerziellen Dienstleisters ausgehen, dessen Gewinnstreben die Mandatstaktik lenkt. Materielles Gewinnstreben hat insoweit Raum, wie es sich in den durch § 1 BRAO einerseits und § 3 Abs. 1 BRAO andererseits gezogenen Bahnen hält. Die Gewinnerzielung muss also zunächst gegenüber den Folgen, die sich aus der Organstellung innerhalb der Rechtspflege ergeben, nachrangig sein, das Diktat des Marktes darf nicht überwiegen.

Eine weitere Schranke, die die Anordnung der freiheitlichen Berufsausübung zieht, bilden die Interessen des Mandanten, und das in zweierlei Hinsicht: Der Rechtsanwalt muss seinen Auftraggeber juristisch korrekt und unter Beachtung der tatsächlichen Besonderheiten des Lebenssachverhalts beraten und vertreten (vgl. auch die Qualifikationsanforderungen aus § 4 BRAO).[495]

---

492 Vgl. BGHZ 74, 273 f.; 83, 382, 386 f.

493 Vgl. Römermann/Hartung, § 10 Rdnr. 2 ff.; von Lewinski, S. 29; zur Frage, ob es sich überhaupt um eine rechtliche oder nur soziologische Begriffsbildung handelt, s. Kilian (II), 5. Kap. Rdnr. 7.

494 BGBl. I, S. 1744.

495 Vgl. Feuerich/Weyland/Vossebürger, § 2 Rdnr. 6.

Gegebenenfalls muss er ihm auch zu Schritten raten, die sich für ihn (den Rechtsanwalt) gebührenrechtlich nicht vorteilhaft auswirken – dies dient dem Schutz des Mandanten vor unzureichender Rechtsberatung.[496] Er muss sein Gewinnstreben hinter denen der objektiven Rechtspflege zurückstellen (§ 2 Abs. 2 BRAO). Andererseits, damit wird der Rechtsanwalt geschützt, unterliegt er nur in Grenzen den Weisungen des Mandanten. Dieser entscheidet zwar über Umfang und Grenzen des Mandats, er darf über diesen Bereich aber keinen Einfluss auf die konkrete Erledigung des Mandats nehmen oder den Rechtsanwalt zu unzulässigem Vorgehen raten. Diese Beschränkungen stehen keinesfalls im Widerspruch zu einem erwerbswirtschaftlichen Verhalten des Rechtsanwalts.[497] Dies ist weder verboten noch in irgendeiner Form anstößig, sichert erst eine angemessene finanzielle Ausstattung des Rechtsanwalts die unabhängige und freie Berufsausübung.

An diesem so gezeichneten Bild, in der Hauptsache maßgeblich beeinflusst durch die wirtschaftlichen Entwicklungen in der Anwaltschaft in den letzten Jahrzehnten, wird in zunehmender Weise am freiberuflichen Systemverständnis Kritik laut.[498] Dass der Rechtsanwalt einen freien Beruf ausübe, habe schon zu vergangener Zeit nicht seinem Berufsverständnis entsprochen. Dies müsse umso mehr in der Gegenwart gelten, wo die Herausforderungen der Anwaltschaft mehr denn je einen schwierigen Grad erreicht hätten. Die Freiheit des Berufes wird hier allzu sehr als die Willkürlichkeit des Berufs begriffen. So sehr sich die Anwaltschaft gegen die sich aus der Einordnung als Freier Beruf ergebenden Restriktionen zur Wehr setzt, so gerne nimmt sie deren Bevorteilungen im Verhältnis zu Gewerbetreibenden entgegen. Dieser Konflikt zeigt sich besonders bei der Kommerzialisierung des Berufes, die zu einem beispiellosen Gebührenstreben geführt hat.[499] Der zweifelsohne vorhandene Widerspruch zwischen Gemeinwohlbezug und Gewinnstreben lässt sich nicht vollends aufklären und muss hingenommen werden.[500] Am Leitbild der Anwaltschaft als eine den Freien Beruf zugehörige Gruppe rüttelt dies nicht, sofern Freiheit nicht als Grenzenlosigkeit begriffen wird.

---

496 Vgl. BGH NJW 1988, 2113.

497 Vgl. Krämer, NJW 1995, 2313, 2315.

498 Zusammenfassend Kleine-Cosack, Einl. Rdnr. 4 ff. und Vor § 1 Rdnr. 4; Kilian, AnwBl. 2010, 544 ff.

499 Kilian, AnwBl. 2010, 544, 547 f.

500 Mann, AnwBl. 2010, 551, 552, 555.

c. Berater und Vertreter, § 3 BRAO

§ 3 BRAO umschreibt in groben Zügen das Aufgabengebiet des Rechtsanwalts, ohne dabei Einzelheiten zu nennen. Der Rechtsanwalt ist nach § 3 Abs. 1 BRAO zur unabhängigen Beratung und Vertretung in allen Rechtsangelegenheiten berufen. Weder eine enumerative noch regelbeispielhafte Aufzählung könnte die vielfältigen Aufgabengebiete eines Rechtsanwalts hinreichend darstellen.[501] Seine Aufgabe liegt in der kraftvollen und überzeugenden Vertretung der individuellen Persönlichkeitsrechte und der Freiheiten der einzelnen Staatsbürger.[502] Wie der Wortlaut der Vorschrift schon zum Ausdruck bringt, stehen die Beratung und die Vertretung auf einer gemeinsamen Stufe. Beide Aufgabenbereiche sind gleichbedeutsam.[503]

3. Das rechtliche Verhältnis zum Mandanten

Das Verhältnis zwischen Rechtsanwalt und seinem Mandanten definiert § 3 Abs. 1 BRAO. Der Rechtsanwalt berät und vertritt unabhängig in allen Rechtsangelegenheiten. Um dieser Aufgabe nachzukommen, bedarf es einer darauf gerichteten vertraglichen Übereinkunft mit dem Mandanten. Ob ein Anwaltsvertrag vorliegt mit der Verpflichtung, dem Auftraggeber rechtlichen Beistand zu leisten, hängt vom Inhalt der dem Rechtsanwalt übertragenen und von ihm durchgeführten Aufgabe ab.[504] Die Rechtsberatung und -vertretung muss nicht der Schwerpunkt der anwaltlichen Tätigkeit sein. Etwas anderes gilt nur dann, wenn die Rechtsberatung und -vertretung kaum in Erscheinung tritt und eine bloß untergeordnete Rolle spielt.[505]

Für den Anwaltsvertrag gibt es weder spezialgesetzliche Regelungen, noch handelt es sich bei ihm um einen eigenen typischen Vertrag.[506] Vielmehr finden das Schuldrecht des BGB zur Bestimmung des Vertragstyps Anwendung. Wie das Rechtsverhältnis vertraglich konkret einzuordnen ist, liegt an der Art der erbrachten Tätigkeit. In den meisten Fällen, so bei der Rechtsberatung und

501 So auch die amtliche Begründung für die Aufnahme einer generalklauselartigen Formulierung, vgl. BT-Drucks. III/120, S. 49.

502 So der treffende Hinweis bei Lingenberg u. a./Zuck, § 9 Rdnr. 4 auf die Rechtsprechung der Ehrengerichte EGE I, 12; II, 69, 74.

503 Anders noch die amtliche Begründung BT-Drucks. III/120, S. 49.

504 BGH NJW 1998, 3486.

505 BGH NJW 1985, 2642; 1994, 1405, 1406; 1998, 3486; Vgl. auch zu dieser Unterscheidung zwischen echtem/unechtem Rechtsberatungsvertrag Fahrendorf/Mennemeyer/Terbille/Mennemeyer, Rdnr. 6 ff.

506 So auch Schnabl, JA 2005, 896.

Prozessvertretung, wird der Rechtsanwalt im Rahmen eines Dienstvertrages, der eine Geschäftsbesorgung[507] zum Gegenstand hat (§§ 611, 675 BGB), tätig.[508] Der Anwalt schuldet somit seine selbständigen Dienste. Regelmäßig wird der Anwalt nicht für einen bestimmten Erfolg vertraglich einstehen wollen. Das jedem Rechtsstreit innewohnende Risiko (Bsp.: Wie verhält sich das Gericht?; Wie wirkt sich die gegnerische Mandatsbetreuung auf den Rechtsstreit aus?) dessen zumindest teilweisen Verlustes wird daher der Annahme eines Werkvertrags in den allermeisten Fällen entgegenstehen. Schuldet er hingegen seinem Mandanten eine ganz bestimmte, gegenständlich beschränkte Leistung, kann auch von einer werkvertraglichen Geschäftsbesorgung auszugehen sein.[509]

Die sich aus dem Verhältnis von Anwalt und Mandant ergebenden Rechte und Pflichten sind zweidimensional.[510] Zum einen gilt der den §§ 611, 675 BGB folgende privatautonome Vertragsinhalt mit seinen Leistungs- und Treuepflichten.[511] Hinsichtlich des Inhalts muss wieder auf § 3 Abs. 1 BRAO verwiesen werden.[512] Regelmäßig liegt ihm die Bewältigung eines uneingeschränkten Mandats zugrunde.[513] Hier kommt es darauf an, was Rechtsanwalt und Mandant im Wege der Vertragsfreiheit vereinbart haben. Grenzen bilden die allgemeinen Vorschriften des Zivilrechts (§§ 138, 134, 242 BGB).[514]

Die andere Seite bilden die kraft öffentlichen Berufsrechts existierenden Rechte und Pflichten. Eine grobe Ausrichtung erfolgt durch die bereits oben beschriebenen §§ 1 und 3 BRAO. Letzterer wird durch die zusätzlichen rechtlichen Bindungen der §§ 43 ff. BRAO näher im Zusammenhang mit der BORA

---

507 Der Rechtsanwaltsvertrag wird auch als „Prototyp" der Geschäftsbesorgung bezeichnet, vgl. MünchKomm-BGB/Heermann, § 675 Rdnr. 27; Staudinger/Martiny, § 675 Rdnr. B 163.

508 Vgl. MünchKomm-BGB/Heermann, § 675 Rdnr. 26; Boergen, § 2 S. 13 f.

509 So bspw. bei Vertragsentwürfen und Gutachterleistungen, s. bereits früh zum Anwaltswerkvertrag RGZ 88, 226 f.; RG JW 1914, 638, 642 f.; BGHZ 54, 106, 107 f.; Boergen, § 2 S. 14; BeckOK-BGB/Fischer, § 675 Rdnr. 6 m.w.N.

510 Vorbildliche dargestellt bei Gaier/Wolf/Göcken/Zuck, § 43a Rdnr. 22; Borgmann, § 4 Rdnr. 46; Staudinger/Martinek, § 675 Rdnr. B 168; Kilian (II), 5. Kap. Rdnr. 4; welchen Einfluss das Berufsrecht auf die Haftung des Rechtsanwalt hat, bleibt unerwähnt bei Boergen, § 2 S. 34 ff., 76 ff.

511 Peitscher, § 25 Rdnr. 387 sowie § 29 Rdnr. 421.

512 S. dazu auch Hörmann, § 3 S. 29.

513 BGH NJW 1997, 2168, 2169; Kilian (II), 4. Kap. Rdnr. 10.

514 Zur näheren Einordnung s. Kilian (II), 4. Kap. Rdnr. 30 ff.; zum Verhältnis zu Pflichtverstößen aus der BRAO s. Fahrendorf/Mennemeyer/Terbille/Mennemeyer, Kap. 1 Rdnr. 78.

konkretisiert. Diese öffentlich-rechtlichen Berufspflichten treten neben das privatrechtliche Vertragsverhältnis, überlagern es zum Teil und wirken darauf ein.[515] Hier spielt insbesondere wieder seine von der Rechtsordnung vorgegebene Stellung als unabhängiges Organ der Rechtspflege eine gewichtige Rolle. In entgegengesetzter Richtung gilt dieses Verhältnis nicht, denn grundsätzlich begründen Leistungsstörungen im Anwaltsvertrag keine berufsrechtlich relevanten Verstöße.[516] Andererseits meint das Berufsrecht nur die äußere Verfassung des Berufsbildes. Der Mandant kommt nicht unmittelbar mit den berufsrechtlichen Vorgaben in Berührung. Der konkrete Inhalt aller anwaltlichen Tätigkeit bestimmt sich nach dem Anwaltsvertrag.

Fernab der gesetzlichen Vorgaben betreffend das Verhältnis des Rechtsanwalts zu seinem Mandanten ist das Entgegenbringen von Vertrauen, Ehrlichkeit und Integrität ein wichtiger Bestandteil.[517] Diese sittlichen Eckpfeiler kann das Gesetz nur bedingt absichern. Zu ihrer Erfüllung bedarf es des Mitwirkens beider Parteien. Dies gilt unabhängig von der Dauer des Mandats und der Höhe des Streitwerts bzw. der Gebührenvereinbarung. Der Mandant muss sich auf ein Höchstmaß an Diskretion und Verlässlichkeit verlassen dürfen. Der Rechtsanwalt hingegen ist auf unbedingte Ehrlichkeit des Mandanten angewiesen.[518] Nur so kann er seinem eigenen Auftrag zur Förderung und Durchsetzung des Rechts zur Wirksamkeit verhelfen. Mag die „Modifizierung" des Tatsachenstoffes dem Mandanten für die eigene Sache förderlich sein, ist es im objektiven Interesse der Rechtspflege erforderlich, die Ermittlung und Filterung des Sachverhalts in tatsächlicher Hinsicht dem Rechtsanwalt zu überlassen.

II. Widersprüchliche Regelungsbereiche in der berufsrechtlichen Definition?

Klärungsbedürftig ist, wie sich der Grundsatz der freien Advokatur mit der ebenfalls gesetzlich verankerten Organstellung innerhalb der Rechtspflege vereinbaren lässt.[519] Bereits in der dem Rechtsanwalt von Gesetzes wegen zufallenden Aufgabenzuweisung kommt ein schwieriges Spannungsverhältnis zum

515 Vgl. Wolf, § 34 S. 320; einschränkend Borgmann, § 4 Rdnr. 46.

516 Vgl. Feuerich/Weyland/Vossebürger, § 1 BRAO Rdnr 10; Hartung/Römermann/Hartung, Einf. BerufsO Rdnr. 23 f., dort auch zu den Ausnahmen.

517 Zumindest angedeutet von Kilian (I), 1. Kap. Rdnr. 7 f und auch bei Hommelhoff/Müller-Graff/Ulmer, S. 10.

518 S. zur Nachforschungspflicht BGH NJW 1997, 2168, 2169.

519 Hierzu auch die heitere, nicht ganz ernst gemeinte Darstellung von Streck, AnwBl. 2012, 388 ff.

Ausdruck.[520] Nach der gesetzlichen Vorstellung hat er gerade nicht nur der Rechtspflege und nicht nur den Interessen seines Mandanten zu dienen, sondern beiden und das gleichzeitig („Doppelfunktionalität"[521]). Zwar verdichtet sich dieses Spannungsverhältnis besonders im Strafrecht, wo der Rechtsanwalt als Verteidiger den Interessen des Mandanten, aber auch der Rechtspflege zu dienen hat.[522] Doch erstreckt sich der Interessengegensatz auch auf alle anderen Rechtsbereiche, die der anwaltlichen Aufgabenwahrnehmung zugänglich sind. Dieser vermeintliche Widerspruch ergibt sich aus der Rollenzuweisung. Es gibt nicht ein Organ der Rechtspflege, sondern verschiedene. Organ der Rechtspflege zu sein erfordert und bedeutet nicht, der Justiz anzugehören.[523] Neben dem Rechtsanwalt sind es Richter und Staatsanwalte. Letztere sind trotz ihrer Funktion, in neutraler Ausübung des Amtes in objektiver Weise dem Recht zu dienen, nur schwer miteinander zu vergleichen. Der Richter auf der einen Seite als der Rechtsprechung angehörend und dem Postulat der Unabhängigkeit unterworfen, der Staatsanwalt hingegen als ein der Verwaltung zurechenbares, hierarchisches Strafverfolgungsorgan. Beide Ämter sind ebenso verschieden wie im Vergleich dazu die Funktion des Rechtsanwalts.

Ungeachtet des in § 1 BRAO festgeschriebenen, gesetzlichen Leitbildes vom unabhängigen Organ der Rechtspflege ist seit langer Zeit die Diskussion darüber entfacht, inwieweit dieses Postulat mit der Freiheit des Berufs vereinbar ist und ob es im speziellen unter den heutigen Bedingungen noch aufrechterhalten bleiben kann. Unabhängigkeit und Freiheit auf der einen Seite und Organ der Rechtspflege lassen sich nur mit Mühe einem widerspruchsfreien Verhältnis zuführen. Die zwischen diesen Kategorien bestehenden Spannungen sind gesetzlich vorgegeben. Nicht zur rechtlichen und faktischen Disposition steht hingegen die Organeigenschaft. Dieser Grundsatz muss nicht nur wörtlich, sondern entsprechend ernst gehandhabt werden. Auch die Anwaltschaft täte gut daran, sich zunehmend über dieses Verständnis als über jenes des modernen Dienstleisters zu definieren. Ist die Auffassung vom Anwalt als Organ der Rechtspflege im Strafprozess als starkes Gegengewicht zur strafverfolgungsrechtlichen Rolle der Staatsanwaltschaft noch am ehesten ausgeprägt, leidet sie im Bereich des reinen wirtschafts- und zivilrechtlich tätigen Rechtsanwalts erheblich.

---

520 Ebenso Augstein, NStZ 1981, 52; von einem „Grunddilemma" spricht Kilian (I), 1. Kap. Rdnr. 14; Kirchberg, BRAK-Mitt. 2006, 7 ff.

521 So der Ausdruck bei Wolf, § 34 S. 305.

522 Zu diesem Konfliktfeld s. Augstein, NStZ 1981, 52 f.; Prütting, AnwBl. 1994, 315, 319 f.; ausführlich auch Gaier/Wolf/Göcken/Wolf, § 1 BRAO Rdnr. 29 ff.

523 Jaeger, NJW 2004, 1, 3.

C. Auswirkung auf die Streitverkündung

Um die Ansätze, anhand derer die Rolle des Rechtsanwalts in der Rechtsordnung und damit auch im Rahmen des Zivilprozesses definiert wird, auf die Streitverkündung zu übertragen, muss folgende Frage gestellt werden: Welchem Grundsatz ist im Ergebnis der Vorzug einzuräumen? Ist der Rechtsanwalt Organ der Rechtspflege oder überwiegt die stark privatautonom geprägte Interessenvertretung hinsichtlich des Mandanten?

I. Exegese zu § 72 Abs. 2 S. 1 ZPO

1. Wortlaut

Die Vorschrift ist auf den ersten Blick ihrem äußeren Umfang nach kurz und in ihrem Aussagegehalt deutlich formuliert. Die Streitverkündung nur gegenüber dem Gericht und nur gegenüber dem vom Gericht ernannten Sachverständigen ist unzulässig. Eine Erstreckung auf den Prozessbevollmächtigten erscheint zunächst weder naheliegend noch notwendig. Zumindest offenbart sich dieser Schluss nicht prima facie. Grammatikalisch lässt sich die Normfassung weder auf Prozessbevollmächtigte, noch auf andere Prozessbeteiligte erstrecken. Der Wortlaut bietet keine Ergebnisse.

2. Historie

Die Materialien des historischen Gesetzgebers weisen keine Anhaltspunkte auf, aus denen sich nähere Schlüsse zu der rechtlichen Einordnung der Streitverkündung gegen den Prozessbevollmächtigten ziehen ließen. Weder in den Begründungen zu der Nebenintervention noch zu der Streitverkündung finden sich Aussagen zu Dritten.[524] Die Begründung geht ganz wesentlich von der Sicht der Partei aus, welche Voraussetzungen und Schranken sich für sie aus der Streitverkündung ergeben. Bei der Begründung zur Nebenintervention werden die sachlichen Voraussetzungen in den Vordergrund gerückt. Der Dritte (= „Litisdenunziat") kommt als solcher zwar zur Sprache, nicht jedoch nähere, an seine Person zu stellende Voraussetzungen. Vermutlich ging es den Entwurfsverfassern vorrangig um die Regelung der sachlichen Voraussetzungen der Prozessrechte Streitverkündung und Nebenintervention.

---

524 Vgl. Hahn, S. 176 ff.

3. *Systematik*

Als weitere Form der Auslegung kann nach dem Bedeutungszusammenhang der Drittbeteiligung im Rahmen der ZPO in sonstigen Fällen gefragt werden. Bereits oben wurde aufgezeigt, welche möglichen Formen der Drittbeteiligung die ZPO neben der Streitverkündung und der mit ihr eng verwandten Nebenintervention zulässt. Die so existierenden prozessualen Mittel werden von Gesetzes wegen (vgl. amtliche Überschriften der ZPO – Buch 1, Abschnitt 2, Titel 3) und ebenso im Rahmen der wissenschaftlichen Erläuterungen im Schrifttum als die Beteiligung Dritter am Rechtsstreit zusammenfassend umschrieben.

Fraglich ist somit, ob der gesetzliche Standort gleichzeitig Rückschlüsse auf die Anforderungen an die Drittbeteiligung zulässt. Die Firmierung unter „Beteiligung Dritter am Rechtsstreit" stellt einen äußerst losen und weitgefassten Verbund dar. Hierbei sind bei näherem Hinsehen die Unterschiede größer als die Gemeinsamkeiten. Letztere bestehen ohne Zweifel im grundsätzlichen Ausgangspunkt des rechtlichen Systemverständnisses vom Zivilprozess. Wenn dieser das Postulat der Zweiparteiigkeit pflegt, müssen in rechtlicher und pragmatischer Abgrenzung sämtliche daneben existierende Beteiligungsmöglichkeiten als Drittbeteiligung eingeordnet werden. Anders gesagt, wenn Kläger und Beklagter Erster und Zweiter des Verfahrens sind, ergibt sich aus dem Umkehrschluss automatisch die Dritteigenschaft aller Nichtkläger und Nichtbeklagter, die in einer anderen Funktion am Prozess beteiligt werden.

Hier sei als Beispiel die Hauptintervention genannt. Den Drittbezug erhält sie aus Sicht der Parteien des Hauptprozesses. Das Verständnis vom Dritten, der, vergleichbar mit der Streitverkündung, neben die Parteien als Nichtpartei im Wege einer besonderen Prozessbeteiligung tritt, geht fehl. Der Hauptintervenient wird ebenso Prozesspartei wie die Parteien des Hauptprozesses mit dem Unterschied, dass er dies in einem selbständigen, neben den Hauptprozess tretenden Klageverfahren wird.

Auch ein systematischer Vergleich mit der prozessrechtlichen Beiladung scheitert. Ihr ist, sofern man sie überhaupt für den Zivilprozess anerkennt, die amtswegige Beachtung durch das Gericht immanent. Im Gegensatz dazu erfolgt die Streitverkündung und damit die Einbeziehung eines Dritten in den Rechtsstreit auf Veranlassung und Initiative einer Partei.

Ebenso wenig hilft ein Vergleich mit dem der Streitverkündung sehr ähnlichen Rechtsinstitut der Nebenintervention weiter. Gerade die Übereinstimmung in wesentlichen Punkten, insbesondere in der Auffassung des Drittbegriffs, führte zu einem argumentativen Zirkelschluss.

Endlich können auch aus dem Prätendentenstreit, in dessen Rahmen ebenso ein Dritter involviert ist, aus dem Drittbegriff keine fruchtbaren Schlüsse gezogen werden. Der Dritte erlangt im Prozess eine echte Parteistellung, weil er nicht neben den Streitverkünder tritt, sondern dessen Stelle gänzlich einnimmt.

4. *Sinn und Zweck*

Schließlich lässt sich die Norm ihrem Telos nach auslegen. Ein Vergleich zu anderen Prozessorganen zeigt, dass durchaus Einfluss auf deren Rolle im Prozess, zwar nicht im Allgemeinen, wohl aber in bestimmten Situationen, genommen werden kann. So hat der Gesetzgeber mit der Schaffung des Ausschlusses und der Ablehnung von Richtern und Staatsanwälten ein gesetzliches Mittel zur Entfernung dieser Organe aus dem Prozess geschaffen.[525] Insoweit geht es allerdings nicht um deren Herausnahme schlechthin. Das Organ als Institution bleibt bestehen – es ist in seiner personalen Ausprägung beliebig und ersetzbar. Dies spricht gegen die Drittstellung des Rechtsanwalts als Prozessbevollmächtigten. Ausweislich der Gesetzesbegründung ging es dem Gesetzgeber bei der Schaffung des § 72 Abs. 2 S. 1 ZPO um eine Klarstellung hinsichtlich des Gerichts und des von ihm ernannten Sachverständigen.[526] Dieses Argument wird auch durch die ausführlichen Einzelbegründungen zu diesen beiden Prozesssubjekten gestützt. Es ging dem Gesetzgeber nicht um die Schaffung eines umfassenden Drittbegriffs, wenngleich er weitere mögliche Prozesssubjekte in die Begründung aufnimmt.

II. Analogie zu § 72 Abs. 2 S. 1 ZPO?

1. *Planwidrige Regelungslücke*

Wenn die Auslegung zu keinem eindeutigen Ergebnis führt, ist die Möglichkeit einer Analogie in Betracht zu ziehen. Daher muss gefragt werden, ob es der Gesetzgeber übersehen hat, den Prozessbevollmächtigten in die Vorschrift aufzunehmen und ob die Interessenlagen als vergleichbar zu bewerten sind. Der Gesetzgeber hat sich bei der Schaffung der Vorschrift einer „negativen" Legaldefinition bedient.[527] Einer Legaldefinition sollte der Umstand einer gesetzlichen Begriffsbestimmung innewohnen, die zu einer vollständigen und abschließenden Beschreibung eines rechtlichen Umstands imstande ist. In diesem Punkt

525 S. oben S. 76 ff.

526 S. BT-Drucks. 16/3038, S. 37.

527 S. BT-Drucks. 16/3038, S. 37 a.E.

unterscheidet sie sich von der Regelbeispielstechnik, die keine enumerative Aufzählung beinhaltet. Legt man diese Ausführung zugrunde, dürfte die Fassung des Gesetzeswortlauts als abschließend anzusehen sein. Eine unvollständige Legaldefinition würde die Anwendung des Gesetzes eher erschweren als erleichtern.

> „Andere Prozessbeteiligte als die am Verfahren beteiligten Richter oder gerichtlichen Sachverständigen können grundsätzlich Dritter im Sinne des § 72 Abs. 1 ZPO sein. Dabei ist zu berücksichtigen, dass der Kläger als Erster und der Beklagte als Zweiter des Verfahrens nicht zugleich Dritter sein können; dies versteht sich von selbst und bedarf daher keiner Klarstellung. Dritter kann jedoch ein Streitgenosse des Verkünders oder des Gegners sein (...). Auch Zeugen kann grundsätzlich der Streit verkündet werden."

Welche „anderen" Prozessbeteiligte meint die Begründung zu § 72 Abs. 2 S. 1 ZPO? Und warum können diese lediglich „grundsätzlich" Dritter im Sinne des § 72 Abs. 1 S. 1 ZPO sein? Neben den erwähnten Streitgenossen und Zeugen gibt es den großen Bereich der Prozessvertreter. Zu deren Rolle finden sich keine Ausführungen in der Begründung. Somit müssen zumindest berechtigte Zweifel an der Vollständigkeit der dann Gesetz gewordenen Legaldefinition verbleiben und der weitere Weg für das Vorliegen einer Analogie wäre geebnet. Es fällt schwer nachzuvollziehen, warum die Gesetzesbegründung zur Zulässigkeit der Streitverkündung gegenüber Zeugen und Streitgenossen Stellung nimmt, obwohl diese bereits zumindest im Grundsatz anerkannt und weniger streitbelastet ist. Das streitige Feld der Vertretungssubjekte hätte demgegenüber eine notwendigere Befassung mit der Problematik bedeutet. So verbleibt in erheblichem Maße Unklarheit darüber, welche Auffassung der Gesetzgeber dazu vertritt. Es bleibt die Schlussfolgerung, dass der Gesetzgeber bei der Schaffung der Vorschrift diesen Problemkreis übersehen hat, mithin die Vorschrift nicht als abschließende Regelung anzusehen ist.[528] Eine planwidrige Regelungslücke muss demnach bejaht werden.

2. Vergleichbarkeit der Interessenlagen

Bleibt zu klären, ob eine Vergleichbarkeit der Interessenlagen angenommen werden kann, ob also der Prozessbevollmächtigte mit dem Gericht und dem Sachverständigen soweit vergleichbar ist, dass eine Gleichstellung dieser Prozesssubjekte gerechtfertigt erscheint.

Der BGH lehnt in seiner Entscheidung die Analogiefähigkeit der Vorschrift ausdrücklich ab. Insoweit aber lässt er bereits offen, ob der angesprochene Problemkreis tatsächlich eine planwidrige Regelungslücke provoziert, da nach

528 So auch zutreffend OLG München, Beschl. v. 14.5.2009, Az.: 1 W 875/09.

seiner Lesart es jedenfalls an einer Vergleichbarkeit der rechtlichen Ausgangslagen fehle. Das Beschwerdegericht hatte zuvor die Möglichkeit der Analogie bejaht.[529] Abgesehen von der Frage, ob die vergleichbare Interessenlage zu der planwidrigen Regelungslücke in einem Stufenverhältnis steht (wovon der BGH augenscheinlich ausgeht), kann die rechtliche Begründung weder inhaltlich noch ihrem Umfang nach überzeugen.

a. Vergleich mit dem Richter

Das Postulat der Unabhängigkeit des Richters gegenüber den Prozessbeteiligten, insbesondere der Parteien, und die damit einhergehende neutrale Aufgabenwahrnehmung kraft der Rollenverteilung stehen über allem.[530] Im Gegensatz dazu zeichnet sich der Rechtsanwalt parteiisch aus. Der Richter darf eine Partei im Verhältnis zur anderen weder benachteiligen noch bevorzugen. Beide Parteien haben eine identische Chancengleichheit am Ausgang des Rechtsstreits.[531] Allein aus dem Umstand der Interessenvertretung kann nicht die Vergleichbarkeit abgelehnt werden. Entscheidend ist nicht die Bindung zu den Parteien des Rechtsstreits, sondern die von der Rechtsordnung auferlegte Rolle im Rahmen der Rechtspflege.

Der Rechtsanwalt ist, wie Richter der auch, ein eigenständiges Organ der Rechtspflege.[532] Der „Kampf um das Recht" eint beide.[533] Den Rechtsanwalt treffen weitergehende Befugnisse als sie den Mandanten zukommen.[534] Ob der Rechtsanwalt auch ein gleichberechtigtes Organ neben Richtern und Staatsanwälten ist, ist allerdings fraglich. Nur dann ließe er sich mit Richtern vergleichen. Bedenken ergeben sich aus der konträren Aufgabenwahrnehmung, die einen Vergleich schwierig erscheinen lässt. Richter und Gerichte sind nicht nur Organe der Rechtspflege, sondern gleichzeitig in das System der Gerichtsverfassung eingebunden. Sie sind insofern dem staatlichen Bereich eingegliedert. Seine Gleichberechtigung und damit Vergleichbarkeit folgt aus dem von der Rechtsordnung zugewiesenen Aufgabenverständnis.[535] Dieses tritt ergänzend und zugleich vollendend neben jene der Richter und Staatsanwälte. In Anbetracht

529 OLG München, Beschl. v. 14.5.2009, Az.: 1 W 875/09.

530 Riedel, S. 9 f.

531 Vgl. Riedel, S. 14 f.

532 Zur genauen systematischen Einordnung von Staatsanwälten s. Heghmanns, A. Rdnr. 4.

533 BVerfGE 63, 266, 284 = NJW 1983, 1535, 1536.

534 BVerfGE 63, 266, 284 = NJW 1983, 1535, 1536.

535 Ebenso Lingenberg u. a./Zuck, § 9 Rdnr. 4.

des weiten Aufgabenspektrums, das über den gerichtlichen und staatsanwaltlichen Umfang hinausgeht, kann man erst recht von einem gleichberechtigten Organ sprechen.[536] Beide Organe sind in ihrem Wirkungskreis unabhängig.[537]

b. Vergleich mit dem Sachverständigen

Der BGH sieht in seiner Entscheidung den Hauptunterschied des Prozessbevollmächtigten zu dem gerichtlichen Sachverständigen im Abhängigkeitskriterium begründet. Der gerichtliche Sachverständige sei „Gehilfe des Richters", währenddessen der Rechtsanwalt unabhängiger Berater und Vertreter in allen Rechtsangelegenheiten sei. Aus formaler Sicht trifft dies zu, zur Diskussion um die Streitverkündung trägt es aber kaum bei. Die Rolle des Sachverständigen definiert sich aus seiner Stellung als besonderes Beweismittel. Er wirkt durch seine besondere Sachkunde dergestalt auf das Verfahren ein, dass er zu einem wichtigen gerichtlichen Helfer wird. Er unterliegt einer vergleichbaren Neutralitätspflicht wie der Richter. Ebenso vergleichbar ist sein Tätigwerden im unparteiischen Auftrag. Während der Richter zur unparteiischen Entscheidung des Rechtsstreits berufen ist, ist dies der Sachverständige hinsichtlich der Feststellung und Bewertung der dem Streit zugrunde liegenden Tatsachen. In dieser Hinsicht kann der Prozessbevollmächtigte nicht mit dem Sachverständigen verglichen oder gar gleichgesetzt werden.

Folgerichtig, weil in notwendiger Weise mit der neutralen Rolle zusammenhängend, existieren in der rechtlichen Ausgestaltung des Prozessbevollmächtigten keine Ausschluss- und Befangenheitsgründe. Sein Auftrag ist es, „befangen" zu sein.

Bei allen vorhandenen Parallelen des Sachverständigen zum Richter dürfen keine unzutreffenden Schlüsse aus ihrem ansonsten kaum zu vergleichenden Verhältnis gezogen werden. Der Sachverständige ist selbst weder Teil des Gerichts, noch „Ersatzrichter". Ebenso wenig ist er Teil der Gerichtsverfassung. Auch ist er selbst kein eigenständiges oder gar unabhängiges Organ der Rechtspflege. Seine Erhellung des Sachverhalts durch die Ermittlung der Tatsachen ist seiner Zeugeneigenschaft geschuldet. Mit dem Gericht vergleichbar ist seine Neutralität. Die Neutralität gilt aber ebenso für andere Personalbeweise.

c. Ergebnis

Eine Entscheidung muss folgendes konstatieren: Aus der zivilrechtlichen Vertragsbeziehung zwischen Rechtsanwalt und Mandant ergeben sich keine unmittelbaren Schranken der Streitverkündung. Es wurde aber bereits gezeigt, wie das

536 Ähnlich Lingenberg u. a./Zuck, § 9 Rdnr. 5.
537 Habscheid, NJW 1962, 1985, 1986.

Berufsrecht die zivilrechtlichen Bindungen im Sinne eines modifizierten Privatrechts überlagert.

Der BGH, legt man seine Ausführungen zugrunde, schließt den Hauptunterschied zu Richtern und Gerichtssachverständigen aus der Neutralitätspflicht.[538] Die Verletzung der Unabhängigkeit ziehe gemäß §§ 41, 406 ZPO den Ausschluss aus dem Prozess nach sich. Für den Rechtsanwalt existierten solche rechtlichen Folgen nicht. Der BGH findet sein Argument hier im Wege des Umkehrschlusses.

Die Neutralität ist allerdings für sich allein kein taugliches Abgrenzungskriterium. Die Begründung muss abermals an der Organstellung des Rechtsanwalts innerhalb der Rechtspflege ansetzen. Dem Rechtsanwalt werden besondere Rechte und Pflichten durch das Gesetz eingeräumt. Diese Stellung muss er gegenüber dem Recht und dem Mandanten ausfüllen. Wenn auch die in der Vergangenheit vorgenommene verfassungsrechtliche Bewertung des Rechtsanwalts als „amtsähnlich"[539] und in einem „Vertrauensberuf staatlich gebunden" und der „Wahrheit und Gerechtigkeit verpflichtet"[540] viel Kritik erfahren hat, darf deren Kernaussage nicht übergangen werden, weil sie bis heute zutreffend das Berufsbild des prozessbevollmächtigten Rechtsanwalts beschreibt. Nicht als Interessenvertreter ist er Organ der Rechtspflege, sondern als Organ der Rechtspflege mit der Interessenvertretung betraut. Er ist, vergleichbar dem Richter und im Unterschied zum Sachverständigen, notwendiger Teil der Rechtspflege.

Der Rechtsanwalt öffnet der rechtsunkundigen Partei den Zugang zum effektiven Rechtsschutz und bewahrt sie vor Rechtsverlusten.[541] Hier ist er mehr als bloßer gewillkürter Vertreter. Er vertritt nicht nur, er veranlasst auch, bereitet vor und ist kraft seiner Befugnis Herr des Verfahrens in fremder Sache. Damit leistet er einen wichtigen Beitrag für den verfassungsrechtlich garantierten Rechtsschutz des Bürgers und verhilft ihm bei der Geltendmachung des rechtliches Gehörs (Art. 19 GG).[542] Er vermittelt den Bürgern ihren notwendigen Zugang zum Recht. Bürger sind in hohem Maße auf die Aufgabenwahrnehmung durch den Rechtsanwalt angewiesen, sei es aufgrund gesetzlicher Zwänge (Anwaltszwang) oder aus einem individuellen Bedürfnis heraus. Diese Aufgabe wird dem Rechtsanwalt vom Staat anvertraut. Demnach kann und muss der anwaltliche Prozessbevollmächtigte vom gewillkürten Vertreter der Partei unterschieden

538 BGH NJW, 1078, 1079 mit Verweis auf BGHZ 168, 380, 383.

539 Vgl. BVerfGE 38, 105, 119; zustimmend Wolf, § 34 S. 317; Habscheid, NJW 1962, 1985, 1987.

540 BVerfGE 38, 105, 119.

541 BVerfGE NJW 1988, 191, 194.

542 BVerfG NJW 2003, 2520 f.

werden. Letzter ist kraft privatautonomen Entschlusses von Seiten der Partei zur Prozessvertretung installiert. Die Partei ist in der Auswahl hinsichtlich des in Betracht kommenden Personenkreises in ihrer Entscheidung frei.

Der Rechtsanwalt ist ebenso unabhängig. Zwar muss hier die Unabhängigkeit etwas anders interpretiert werden, als es im Zusammenhang mit dem Richter geschieht. Die Unabhängigkeit des Richters besteht in sachlicher und persönlicher Hinsicht. Er ist von vornherein keiner Beteiligtenseite zugeordnet. Der Rechtsanwalt hingegen ist zunächst Vertreter eines Parteilagers. Die Parteivertretung wirkt sich allerdings nicht auf die Unabhängigkeit aus. Als unabhängiges Organ der Rechtspflege, was er von Gesetzes wegen ist, ist er nicht nur den Interessen des Auftraggebers, sondern auch denen der Rechtspflege unterworfen.

Die Interessenlagen sind also, stellt man nicht maßgeblich auf das Merkmal der Neutralität ab, sondern auf die Bedeutung für die Rechtspflege, durchaus vergleichbar. Eine Anwendung von § 72 Abs. 2 ZPO auch auf den Prozessbevollmächtigten ist möglich.

3. *Unterscheidung nach dem Lager des Prozessbevollmächtigten – Die Auswirkungen der berufsrechtlichen Pflichten*

Verbleibt die Frage, wie sich die gefundenen Grundsätze für den Prozessbevollmächtigten im Detail begründen lassen. Eine nähere Unterscheidung hinsichtlich des Begründungsansatzes ergibt sich wiederum aus der prozessbedingten notwendigen Trennung zwischen dem eigenen und gegnerischen Prozessbevollmächtigten. Zwar gelten die berufs- und prozessrechtlichen Vorschriften gleichsam für alle prozessbevollmächtigten Rechtsanwälte. Ihr Geltungsbereich kann sich allerdings unterschiedlich auswirken, je nachdem, für wen der Prozessbevollmächtigte tätig ist.

a. Die Berufspflichten des Rechtsanwalts

Bereits oben wurden die Grundsätze des anwaltlichen Berufsbildes dargestellt. Dabei richtete sich das Hauptaugenmerk auf die berufsrechtlichen „Generalklauseln" der §§ 1–3 BRAO. Als Eingriffsgrundlage kommen sie bekanntlich nicht in Betracht. Deshalb bedürfen sie der weiteren gesetzlichen Konkretisierung. Um dem nachzukommen, hat der Gesetzgeber mit §§ 43 ff. BRAO bestimmte, sich aus dem Beruf des Rechtsanwalts abzuleitende Rechte und Pflichten normiert. Gerade die Eingangsvorschriften sind zunächst ähnlich generalklauselartig gebildet wie die erwähnten §§ 1–3 BRAO. In Erweiterung zu diesen sind sie nicht nur beschreibenden Typs, sondern imperativen Gehalts. Dennoch kann bei der Vielzahl der vorstellbaren Betätigungsfelder des Rechtsanwalts nicht erwartet werden, eine abschließende, alle Bereiche abdeckende Aufzählung im Sinne einer berufsrechtlichen „Checkliste" vorzufinden. Dies ist gesetzgeberisch weder gewollt noch darstellbar. Ergänzt werden die §§ 43 ff. BRAO durch die §§ 2–33 BORA.

Besonders engen Bezug auf die §§ 1–3 BRAO und § 1 BORA nehmen die an den Beginn der beruflichen Rechte und Pflichten gesetzten §§ 43 f. BRAO. Durch sie werden die allgemeine Berufspflicht und Grundpflichten des Rechtsanwalts aufgestellt. Sie gelten dem Grunde nach zwar ohne Unterschied für alle Prozessbevollmächtigten (eigene/gegnerische) gleichermaßen. Bezogen auf diese Darstellung soll aber für den Prozessbevollmächtigten, je nach dem in welchem Lager er auftritt, hinsichtlich der Pflichten unterschieden werden. Dies ist wichtig, weil die genannten Pflichten nicht in gleichem Maße bzw. gleicher Richtung berührt werden. Dieser Differenzierung wird im Rahmen der nachfolgenden Darstellung Rechnung getragen.

b. Der eigene Prozessbevollmächtigte

Die Streitverkündung setzt eine wirksame Prozesshandlung, gerichtet auf ihren Ausspruch, voraus. Dies wiederum bedingt die Postulationsfähigkeit. Folgerichtig ist die Streitverkündung gegen den eigenen Prozessbevollmächtigten durch eigene Prozesshandlung der Partei nur im Parteiprozess denkbar.

Auch im Anwaltsprozess kann dieses Ergebnis – zunächst losgelöst von der Frage nach seiner rechtlichen Zulässigkeit – unter bestimmten Voraussetzungen herbeigeführt werden. Zum einen, wenn der postulationsfähige Prozessbevollmächtigte namens und im Auftrag der Partei sich selbst den Streit verkündet.[543] Hierbei würde es sich allerdings um eine Erklärung im Rahmen eines Insichgeschäfts handeln. Der Rechtsanwalt geht in seiner Funktion als Prozessbevollmächtigter gegen sich selbst als den Empfänger der Streitverkündungserklärung vor. Weiterhin käme der Ausspruch im Rahmen der Mandatierung eines weiteren anwaltlichen Prozessbevollmächtigten in Betracht. In einer solchen Situation stehen sich die Rechtsanwälte in einem Verhältnis der Nachrangigkeit gegenüber. Dies wird allerdings im Regelfall mit der Kündigung des bestehenden Mandatsverhältnisses einhergehen, so dass der Prozessbevollmächtigte nun nur noch der ehemalige Prozessbevollmächtigte ist, dem gegenüber ohne weitere Bedenken die Streitverkündung, dann durch den neuen Prozessbevollmächtigten, erklärt werden kann.

543 S. dazu auch Chab, BRAK-Mitt. 2009, 234.

Ebenso ist denkbar, mehrere Rechtsanwälte nacheinander oder nebeneinander (Prozess- und Verkehrsanwälte) mit der (prozessualen) Wahrnehmung eines Mandats zu beauftragen. Sie stehen dann zueinander in einem Verhältnis der Selbständigkeit. Es besteht dann jeweils ein Anwaltsvertrag zwischen Auftraggeber und Mandatsträger. Die Rechtsanwälte werden in einem eigenen Aufgaben- und Pflichtenkreis tätig.[544] Hier käme die Streitverkündung im Prozess gegen einen Prozessbevollmächtigten durch einen anderen Prozessbevollmächtigten in Betracht, womit auch hier die Postulationsgrundsätze des Anwaltsprozesses gewahrt wären.

(1) Unabhängigkeit, § 43a Abs. 1 BRAO, § 1 BORA

Eine Dimension der Unabhängigkeit bedeutet die Unabhängigkeit von der Partei.[545] Der Rechtsanwalt darf und soll sich so wenig wie möglich mit den Interessen der Partei identifizieren. Gerade dazu wäre er aber angehalten, wenn er nun die Interessen der Partei, die Gefahr der Interventionswirkung im Folgeprozess vor Augen, gleichsam wie eigene Interessen vertreten müsste. Zusätzlich bestünde im Einzelfall die Gefahr einer empfindlichen Störung der dem Mandat innewohnenden Vertrauensbasis.

Darüber hinaus ist fraglich, ob es sich tatsächlich um gleiche Interessen handelt: Die Partei will den Rechtsstreit für sich entschieden wissen, der Anwalt hingegen einen drohenden Folgeprozess einschließlich Interventionswirkung vermeiden. Der Anlass mag gleich sein, nicht aber die damit verfolgten Ziele. Entgegen des BGH ist somit sehr wohl die Zustellung der Streitverkündungsschrift imstande, einen bis dahin nicht gegebenen Interessenkonflikt bzw. eine Abhängigkeit zu provozieren.[546] Der BGH übersieht die Folgen einer Streitverkündung. Er vermengt prozessuale und materielle Aspekte. Gewiss bildet die materielle Rechtslage die aus zeitlicher Sicht äußerste Grenze eines Interessenwiderstreits. Davor aber, schon im prozessualen Verhalten, kann sich ein widerstreitender Interessenkonflikt manifestieren.

---

544 Umfassend zu den denkbaren Fällen anwaltlicher Kooperationsmöglichkeiten bei der Mandatsgestaltung s. Zugehör u. a./Sieg, Rdnr. 292; zur Haftung s. Borgmann/Jungk/Grams, § 30 Rdnr. 119.

545 Im Detail ist hier allerdings umstritten, ob die Unabhängigkeit überwiegend gegenüber staatlichen Einflüssen oder auch privatseitig bedingter Einflussnahme schützt. Für einen ausgewogenen Unabhängigkeitsbegriff Feuerich/Weyland/Vossebürger, § 43a Rdnr. 4.

546 BGH NJW 2011, 1078, 1079.

Schließlich muss man die Streitverkündung mit Blick auf die prozessualen Rechte des Streitverkündungsempfängers ablehnen. Der Rechtsanwalt hätte bei Fortführung des Mandats im Ausgangsprozess nach erfolgter Streitverkündung lediglich zwei Optionen: Untätig bleiben oder seiner Partei als Streithelfer beitreten. In letzterem Falle sähe er sich einer diametral verlaufenden prozessualen Doppelstellung ausgesetzt. Er wäre weiterhin der unabhängige Vertreter der Partei, gleichzeitig müsste er sich in das aktive Prozessgeschehen begeben, eigene Prozesshandlungen vornehmen, Angriffs- und Verteidigungsmittel vorbringen und Anträge stellen etc. Ein nahezu unauflösbarer Konflikt würde drohen.[547] Zumindest durch diesen Ausspruch wäre die Unabhängigkeit (§ 43a Abs. 1 BRAO) nicht mehr gewährleistet. Auf diese schädliche Auswirkung auf die Unabhängigkeit geht der BGH – im Gegensatz zu der Prüfung eines Interessenwiderstreits nach § 43a Abs. 4 BRAO (dazu im Anschluss) – überraschender Weise nicht ein.

(2) Vertretung widerstreitender Interessen, § 43a Abs. 4 BRAO, § 3 BORA
Der BGH führt zur Begründung des Grundsatzes von der Vertretung widerstreitender Interessen durch die Streitverkündung aus:

> „Die Streitverkündung ist insbesondere nicht geeignet, einen bislang nicht gegebenen Interessenkonflikt zwischen Prozessbevollmächtigtem und der von ihm vertretenen Partei herbeizuführen mit der Folge, dass der anwaltliche Bevollmächtigte möglicherweise gemäß § 43a Abs. 4 BRAO, § 3 Abs. 4 BORA sein Mandat niederlegen müsste oder gar nicht erst annehmen dürfte."[548]

Unabhängig von der Bewertung dieses Ergebnisses fällt auf, dass der BGH wohl stillschweigend von der sachlichen Anwendbarkeit von § 43a Abs. 4 BRAO auf die hier diskutierten Fälle ausgeht. Mit keiner Silbe wird darauf eingegangen, ob es in Fällen der prozessualen Teilhabe des Rechtsanwalts infolge Streitverkündung gemäß §§ 74 Abs. 1 i.V.m. 67 Hs. 2 ZPO überhaupt zu einer Vertretung im Sinne der genannten Norm kommt.

Der Rechtsanwalt ist Parteivertreter. Dies verdeutlicht die strenge Zugehörigkeit seiner Person in Verbindung mit der ihm auferlegten Tätigkeit zu dem Lager einer Partei. Diese Stellung berechtigt und verpflichtet ihn, nicht gegen, sondern für das Interesse des Auftraggebers zu streiten. Die „Prävarikation" ist einer der

---

547 Bedenklich hingegen Fischer, Anm. zu BGH LMK 2011, 315512, der die verfahrensrechtliche Stellung des Prozessbevollmächtigten durch den Beitritt infolge Streitverkündung als nicht grundlegend verändert ansieht.

548 BGH NJW 2011, 1078, 1079.

selbstverständlichsten und zugleich gewichtigsten Grundsätze anwaltlicher Berufsausübung.

Das Verbot der Vertretung widerstreitender Interessen wird in § 43a Abs. 4 BRAO festgehalten. Über § 59b Abs. 2 Nr. 1 lit. e BRAO wird dieser Grundsatz durch die weitere gesetzliche Ausgestaltung in § 3 BORA erstreckt. Als Hauptanwendungsfall der Vorschrift gilt die berufliche Kooperation von Rechtsanwälten in Sozietäten. Im Zusammenhang mit prozessualen Instrumenten, von deren rechtlichen Wirkungen nicht nur die Partei, sondern auch der Vertreter betroffen ist, wird sie bisher nicht genannt.

§ 43a Abs. 4 BRAO verbietet es dem Rechtsanwalt, widerstreitende Interessen zu vertreten. Dieser Grundsatz ist ergänzungsbedürftig. Gemeint ist das Verbot der Beratung und Vertretung der Parteien in derselben Rechtssache in widerstreitenden Angelegenheiten. Es verpflichtet den Rechtsanwalt nur für den Bereich einer beruflichen Vorbefassung – gemeint ist hier sein Tätigwerden im Zuge der anwaltlichen Berufsausübung. Als besondere Berufspflicht gewährleistet sie den Schutz gleich mehrerer Güter. Die Gewähr des anwaltlichen Vertrauensverhältnisses, die Unabhängigkeit des Rechtsanwalts und die, eher objektiven Maßgaben folgende, Geradlinigkeit der Berufsausübung.[549]

Die Vertretung widerstreitender Interessen setzt Identität der vorliegenden Sachverhalte voraus. Zunächst muss gefragt werden, ob in den geschilderten Streitverkündungsfällen eine Sachverhaltsidentität zu Tage tritt. Der Sachverhalt ist nach dem Verständnis von § 43a Abs. 4 BRAO dann identisch, wenn er aus einem einheitlichen historischen Vorgang herrührt und aus sachlicher Sicht einem Lebenssachverhalt zuzuordnen ist. Er muss zumindest – als partiell identischer Streitstoff – zwei Mandanten verbinden. Zwar entspringt der Grund für die Streitverkündung nicht unmittelbar dem Prozess, in dem sie erklärt wird, sondern hat seinen eigentlichen Ursprung in dem Vertragsverhältnis zwischen Anwalt und Mandant. Auf letzteres bezieht sich § 43a Abs. 4 BRAO aber nicht. Es geht hier um die unterschiedliche Bewertung des Streitstoffes aus dem Hauptprozess, der natürlich als rechtlicher Sachverhalt auch dem anwaltlichen Mandatsvertrag zugrunde liegt. Hier vertreten Kläger und Beklagter unterschiedliche Rechts- und/oder Tatsachenauffassungen. Die möglichen Streitverkündungsgründe gegen den Rechtsanwalt leiten sich aus dem Mandatsverhältnis ab und haben ihrerseits den Ursprung in dem dem Prozess zugrunde liegenden

549 BT-Drucks. 12/4993, S. 27; Kleine-Cosack, § 43a Rdnr. 89; kritisch zur Bewertung des Normzwecks in der Anwendung der Vorschrift durch die Berufsgerichte s. Kuhn/Doppler, BRAK-Mitt. 2011, 225 f.

Streitgegenstand. Letzterer ist es, der die Parteien – diametral – verbindet und deren Prozessbevollmächtigte zu ihrer prozessualen Vertretung veranlasst. Eine Sachverhaltsidentität liegt vor.

Dennoch versagt die Anwendung von § 43 Abs. 4 BRAO in Fällen der Streitverkündung gegen den Prozessbevollmächtigten. Die Vorschrift setzt nicht nur bloß widerstreitende Interessen zwischen verschiedenen Auftraggebern voraus. Der Rechtsanwalt muss in der Vergangenheit oder aktuell für zwei oder mehr Parteien tätig (gewesen) sein.[550] Es handelt sich dabei um die Vermeidung eines „Parteiinteressen-Widerstreits". Unterstellt man den Beitritt des Prozessbevollmächtigten nach erfolgter Streitverkündung auf Seiten der streitverkündenden eigenen Partei, so wird er nicht selbst Partei. Er tritt als Streitverkünder bei und unterstützt die Hauptpartei bei der Führung des Rechtsstreits. Er vertritt in diesen Fällen keine widerstreitenden Interessen, sondern gleichgerichtete, die sachlich identisch sind. Nur der Bezugspunkt zum Streit verändert sich, weil der Prozessbevollmächtigte zum zwischen anderen anhängigen Rechtsstreit nicht mehr – obwohl parteiischer Vertreter – außenstehend ist, sondern nun eine eigene rechtliche Betroffenheit erfährt. Die eigene Betroffenheit ergibt sich aus der Bedeutung, die der Ausgang des Hauptprozesses für einen möglichen späteren Prozess gegen den Prozessbevollmächtigten, in dem er dann als (beklagte) Partei auftritt, haben kann.

Mit dieser Funktion ist ebenso wenig das Merkmal des Beratens und Vertretens (von Parteien) erfüllt. Die Begriffe sind in einer streng berufsrechtlichen Bedeutung wörtlich zu verstehen. Es geht hier um eine berufliche Vorbefassung in der betreffenden Angelegenheit. Die streitverkündungsrechtlichen Befugnisse aus §§ 74 Abs. 1 i.V.m. 67 Hs. 2 ZPO würde der bevollmächtigte Rechtsanwalt als die eigenen Verteidigungsrechte vornehmen. Eine Vertretung wäre hiermit nicht verbunden.

Auch ein Beitritt auf der gegnerischen Seite, unbeschadet, ob infolge Streitverkündung der eigenen oder gegnerischen Partei, hindert die Anwendbarkeit von § 43a Abs. 4 BRAO. Durch den Beitritt auf der Gegenseite kommt es zwar zum Vorliegen eines widerstreitenden Interesses im Verhältnis zur eigenen Partei, weil nun der Rechtsanwalt Interesse an einer gegenläufigen Prozessführung infolge gegenläufiger Bewertung des Sachverhalts haben wird. Es fehlt dieser Konstellation allerdings am Moment der Vertretung. Der Prozessbevollmächtigte würde als selbständiger Dritter beitreten, nicht in seiner Funktion als

550 Feuerich/Weyland/Böhnlein, § 43a Rdnr. 64.

Prozessbevollmächtigter und auch nicht mit dem Ziel, die Prozessvertretung des Gegners zu übernehmen.

Ein Interessenwiderstreit zwischen Prozessbevollmächtigtem und eigenem Mandanten ist nicht gänzlich untersagt. Der Prozessbevollmächtigte darf in zulässiger Weise, ohne gegen § 43a Abs. 4 BRAO zu verstoßen, durchaus auch eigene Interessen gegen den Mandanten verfolgen. Nur ausnahmsweise kann die Unabhängigkeit des Rechtsanwalts beeinträchtigt werden, wenn der Ausgang eines Mandats mit seinen eigenen wirtschaftlichen Interessen verknüpft ist.[551] Für die hier genannten Fälle kann diese Begründung allerdings keine Geltung beanspruchen. Zwar bewirkt die Streitverkündung keinen Interessenwiderstreit im Verständnis von § 43a Abs. 4 BRAO. Wohl aber kann nicht ernsthaft ein als Folge der Streitverkündung bestehender oder sich abzeichnender Interessenwiderstreit zwischen Partei und Prozessbevollmächtigten geleugnet werden. So könnte man allerdings auch vertreten, der Rechtsanwalt verfolge dann, wenn ihm die eigene Partei den Streit verkündet, nicht gegensätzliche, sondern gleiche Interessen, die ihn überdies zu einer besonders gründlichen Mandatsbearbeitung bewegen würden. Die Streitverkündung und der Beitritt leiten nicht in ein neues Beratungs- und Vertretungsverhältnis über.

Der BGH lehnt, wie bereits erwähnt, den § 43a Abs. 4 BRAO als lediglich nicht tatbestandsmäßig ab. Er sieht den Ursprung eines Interessenkonflikts einzig im materiellen Recht angesiedelt.[552] Folgerichtig könne sich allein aus der Streitverkündung als solcher kein Interessenwiderstreit ergeben, der nicht bereits aus dem materiellen Recht herzuleiten sei. Diese Begründung ist unvollständig. In der Tat, und dies ist unstreitig, handelt es sich bei der Streitverkündung um ein prozessual wirkendes Hilfsinstrument zur Sicherung und Vorbereitung materiell-rechtlicher Anspruchsdurchsetzung. Ohne materiellen Bezug fehlt der Streitverkündung die Anwendungsgrundlage. Für den Interessenwiderstreit bedeutet das Folgendes: Die Streitverkündung schafft erst den notwendigen Anlass, um die materielle Rechtslage für die Interessenkollision in konfliktträchtiger Weise aufzuladen. Damit ist die Frage, ob ein Beteiligter Streitverkündungsempfänger sein kann, vorgelagert. Erst nach deren positiver Beantwortung öffnet sich die Frage nach dem materiellen Grund der Streitverkündung. Unter Einhaltung einer korrekten Prüfungsreihenfolge durch den BGH wären die zuletzt genannten Ausführungen nur noch hilfsweise anzubringen gewesen.

551 Hennsler/Prütting/Eylmann, § 43a Rdnr. 125; erhebliche Zweifel hingegen bei BGHZ 34, 64, 72.

552 BGH NJW 2011, 1078, 1079; wohl auch BGH NJW 2009, 3297; BVerfG NJW 2003, 2520, 2521; siehe auch die Ausführungen zum vorhergehenden Gliederungspunkt.

Eine sachgerechte Begründung der Ablehnung der Streitverkündung gegenüber dem bevollmächtigten Rechtsanwalt lässt sich aus berufsrechtlicher Sicht nur über die Generalklausel des § 43a Abs. 1 BRAO widerspruchsfrei herleiten, da § 43a Abs. 4 BRAO nicht tatbestandsmäßig ist. Wenn es danach dem Rechtsanwalt verboten ist, Bindungen wider seine Unabhängigkeit von sich aus einzugehen, muss er auch davor bewahrt werden, solchen Bindungen, ohne dass er darauf Einfluss nehmen könnte, ausgesetzt zu werden. Im Rahmen der Streitverkündung hätte er zur Vermeidung schädlicher Bindungen einzig die Möglichkeit, der Streitverkündung nicht zu folgen. Die Wirkungen der Streitverkündung träfen ihn aber dennoch in vollem Umfang, und zusätzlich müsste er auf seine Verteidigungsmöglichkeiten verzichten. Um dieses widersprüchliche Ergebnis zu vermeiden, muss § 43a Abs. 1 BRAO auch gegenüber dem Auftraggeber das Verbot der Bindungsauferlegung aussprechen. Für dieses Ergebnis bedarf es nicht des Analogieschlusses. Bereits im Wege der Wortlautauslegung gelangt man zu diesem Ergebnis.

c. Der gegnerische Prozessbevollmächtigte

(1) Interessenwiderstreit

Für die Streitverkündung an den Prozessbevollmächtigten der gegnerischen Partei folgt im Hinblick auf das Verbot der Vertretung widerstreitender Interessen im Ergebnis nichts anderes. Zwar ist hier im Vergleich zu Bevollmächtigten der eigenen Partei das Merkmal der widerstreitenden Interessen deutlich erfüllt. Aus Sicht des Rechtsanwalts, einzig darauf kommt es an, ergibt sich in solchen Konstellationen der Interessenwiderstreit aus den nun unterschiedlichen Parteizielen. Um einen drohenden Folgeprozess einschließlich der Interventionswirkung abzuwenden, müsste er der gegnerischen Partei beitreten und ab diesem Zeitpunkt im Verhältnis zu seinem Mandanten entgegengesetzte Interessen verfolgen. Gleichzeitig wäre er weiterhin gehalten, die Interessen seines Auftraggebers zu verteidigen. Es mangelt jedoch ebenso an der an beruflichen Grundsätzen orientierten Beratung und Vertretung. Auch in dieser Konstellation bietet § 43a Abs. 1 BRAO eine interessengerechte Lösung im bereits zuvor beschriebenen Sinn.

(2) Schutz des bestehenden Mandatsverhältnisses vor Eingriffen von außen?

Über die Gefährdung der Unabhängigkeit hinaus lässt sich bei der Streitverkündung an den gegnerischen Prozessbevollmächtigten eine weitere Überlegung für die Unzulässigkeit anführen. Ein Bedürfnis nach dem zivilrechtlichen Schutz des Mandatsverhältnisses vor Eingriffen von außen kann sich ergeben, wenn die gegnerische Partei dem eigenen Prozessbevollmächtigten den Streit verkündet. Wollte der Rechtsanwalt der Verkündung folgen und dem Rechtsstreit auf

Seiten des Gegners beitreten, müsste er gleichzeitig sein Mandat niederlegen. Hier befindet er sich in einer gewissen Zwangslage. Steht er seinem Mandanten weiterhin bei, kann er nicht gleichzeitig dem Gegner beitreten und muss auf seine Rechte aus der Nebenintervention (vgl. § 67 ZPO) verzichten. Tritt er bei, schädigt dies sein Mandatsverhältnis.

Können Rechtsanwalt und/oder sein Mandant ein Recht auf ungestörte Mandatsausübung gegenüber dem Streitverkünder einwenden? Die Begründung eines deliktischen Schutzes würde entweder die Verletzung eines absoluten Rechts oder eine sittenwidrige Schädigung voraussetzen. Vertragliche Beziehungen wirken grundsätzlich relativ. Von Nachteil ist diese Relativität für die deliktischen Schutzmöglichkeiten. Nicht nur die Rechte beschränken sich auf die Parteien des Vertrages, sondern auch die Pflichten. Übt ein Dritter Einfluss auf die nicht ordnungsgemäße Erfüllung vertraglicher Pflichten einer Partei aus, spricht man in diesem Fall von der im Deliktsrecht umstrittenen Gruppe der Verletzung der Forderungszuständigkeit.[553] Nach verbreiteter Ansicht in Rechtsprechung und Schrifttum genießen Forderungen keinen deliktischen Schutz nach § 823 Abs. 1 BGB.[554] Auch der Schutz der sog. Forderungszuständigkeit nach § 823 BGB wird überwiegend abgelehnt.[555] Im Falle eines Schadens kann der Beeinträchtigte grundsätzlich keine Kompensation von Dritten verlangen. Dieser Befund ist für die vorliegende Fallgestaltung unschädlich, würde der unberechtigte Streitverkünder keine konkrete Forderung bzw. deren Zuständigkeit beeinträchtigen, sondern auf das Mandatsverhältnis im Ganzen einwirken. Der Geschädigte kann sich allerdings in den Fällen, wo ein Dritter auf seine Person bzw. sein vertragliches Verhalten dergestalt einwirkt, dass dies wiederum schädigenden Einfluss auf seine eigene vertragliche Erfüllung hat, zumindest auf § 826 BGB berufen, wenn das Drittverhalten eine qualifizierte Schädigungswirkung hat, aus der heraus die Sittenwidrigkeit abzuleiten ist.[556] Hier spricht man von

553 Bei Forderungsverletzungen kann nicht pauschal die Anwendbarkeit des § 823 Abs. 1 BGB verneint bzw. bejaht werden. Zutreffend weist Medicus, FS Steffen, S. 338 f. auf die unterschiedlichen Fallgruppen, die es auseinanderzuhalten gilt, hin.

554 RGZ 57, 353, 3ff ff.; Palandt/Sprau, § 823 Rdnr. 11; MünchKomm-BGB/Wagner, § 823 Rdnr. 160, NK-BGB/Katzenmeier, § 823 Rdnr. 89 f.; Krasser, S. 200; Fuchs/Pauker, Kap. 2 D S. 167; für den Schutz mit gewichtigen Argumenten hingegen Larenz/Canaris, § 76 S. 397.

555 S. die Nachweise in Fn. zuvor.

556 St. Rspr., BGH NJW 1994, 128, 129; zustimmend auch Medicus, FS Steffen, S. 339.

der Verleitung zum Vertragsbruch.[557] Dann nämlich wird dem Schuldner eines Vertragsverhältnisses von außen ein vertragsbrüchiges Verhalten abgerungen.

§ 826 BGB gilt nicht nur für schädigendes Verhalten im materiellen Rechtsbereich, sondern auch im Verfahrensrecht im Sinne eines sittenwidrigen Prozessverhaltens.[558] In diesem Bereich wird, wie überwiegend im Anwendungsbereich des § 826 BGB, anhand von Fallgruppen gearbeitet.[559] Um diese Maßstäbe zu erfüllen, bedarf es nicht nur einer Mitwirkung am schuldrechtlichen Pflichtenverstoß, sondern eines Eindringens in fremde Vertragsbeziehungen, der sich in einem besonderen Maß an Rücksichtslosigkeit gegenüber dem Betroffenen manifestiert.[560] Der Vorwurf von Sittenwidrigkeit kann nur dann begründet sein, wenn es sich um schwerwiegende Verstöße gegen das Anstandsgefühl handelt; er stützt sich auf ein Vorgehen des Dritten, das mit den Grundbedürfnissen loyaler Rechtsgesinnung unvereinbar ist.[561] Dies läuft auf eine Interessenabwägung hinaus.[562]

Der Dritte ist im Konfliktfall grundsätzlich nicht verpflichtet, die eigenen Interessen hinter die der Vertragspartner zurückzustellen.[563] Ebenso ist anerkannt, dass derjenige, welcher sich eines gesetzlichen Verfahrens bedient, nicht schon deshalb in den geschützten Rechtskreis eines anderen eingreift, wenn sein Begehren sachlich ungerechtfertigt ist und der anderen Seite dadurch Nachteile erwachsen.[564] Beide Parteien beanspruchen für sich in unterschiedlicher Weise das Recht auf Wahrnehmung prozessualer Rechte. Der Streitverkünder leitet dies aus § 72 ZPO her, während die andere Partei sich auf § 3 Abs. 3 BRAO stützt. § 3 Abs. 3 BRAO räumt dem Rechtsuchenden das Recht auf einen Rechtsanwalt ein. Hier ist die Frage, ob der Rechtsschutz gleichzeitig das Wahlrecht hinsichtlich eines ganz bestimmten Rechtsanwalts umfasst. Dies ist zu bejahen. Es steht

---

557 Stellvertretend für viele s. NK-BGB/Katzenmeier, § 826 Rdnr. 23 ff.

558 Vgl. Staudinger/Oechsler, § 826 Rdnr. 147; ferner MünchKomm-BGB/Wagner, § 826 Rdnr. 167 ff.

559 Abgesehen von der allgemein anerkannten Fallgruppe der Prozessführung wird eine konkrete wie die vorliegende bisher nicht vertreten. Zum im Zivilprozess schädigenden Verhalten s. BGHZ 154, 269, 271 f.

560 BGH NJW 1992, 2152, 2153; 1994, 128, 129.

561 RGZ 62, 137, 139; BGHZ 12, 308, 318; BGH NJW 1981, 2184, 2185.

562 BGH NJW 1981, 2184, 2185.

563 BGHZ 12, 308, 317; 36, 18, 21; BGH NJW 1979, 1704; BGHZ 154, 269, 272.

564 BGHZ 36, 18, 20 f.

dem Rechtsuchenden frei, für welchen rechtlichen Berater und Vertreter er sich im Einzelfall entscheidet.[565]

Nur in seltenen Fällen wird eine Partei Anlass haben, gerade dem gegnerischen Prozessvertreter den Streit zu verkünden – dies belegt die ungewöhnliche Sachverhaltskonstellation, die dem BGH in VII ZB 95/08 seiner Entscheidung zugrunde lag. Die Ausnutzung der Rechtsposition muss in unanständiger Weise erfolgen. Das kann angenommen werden, wenn der gegnerische Prozessbevollmächtigte durch die Streitverkündung rechtsmissbräuchlich aus dem Verfahren gedrängt werden soll, um damit auf die Führung des Rechtsstreits der anderen Partei unzulässigen Einfluss auszuüben. Ein solches Verhalten wäre schikanös und gewiss dem Anstandsgefühl der billig und gerecht Denkenden gegenläufig, weil ein prozessuales Mittel zur Verfolgung sachfremder Ziele sittenwidrig eingesetzt würde.[566] Das in dieser Situation ohnehin nur vorgeschobene Recht auf Geltendmachung der Streitverkündung bedarf dann keines Schutzes.[567] Der von staatlicher Seite bereitgestellte Rechtsschutz dient nur der Verfolgung legitimer Ziele.

Fraglich könnte allerdings sein, ob es hier wirklich allein um die Frage des deliktischen Schutzes einer Vertragsbeziehung geht. Oder liegt im Bedienen des staatlich bereitgestellten Rechtsschutzes in Gestalt prozessualer Handlungs- und Wirkungsinstrumente ein gesteigerter Verstoß, der die Verletzung öffentlicher Interessen mit einschließt? In Kombination der Grundsätze von der Verleitung zum Vertragsbruch mit einem schädigenden Prozessverhalten lässt sich ein deliktischer Schutz des Mandatsverhältnisses sinnvoll begründen.

Im Verhältnis der Partei zu ihrem eigenem Prozessbevollmächtigten gelten die zuvor dargestellten Ausführungen nicht. Hier liegt eine vertragliche Beziehung vor. Sollte sich hier durch die Partei gegenüber ihrem Anwalt ein pflichtwidriges Prozessverhalten schädigend auswirken, käme es zu vertraglichen Schadensersatzansprüchen aus dem Anwaltsvertrag. Für deliktische Ansprüche aus unerlaubter Handlung wäre daneben zwar auch Raum, doch wird in seltenen Fällen ein absolutes Recht verletzt oder die Schwelle des § 826 BGB überschritten sein.

d. Modifizierung des Berufsbildes

Das Idealbild des Rechtsanwalts vom Organ der Rechtspflege wird zunehmend durch die Dynamisierung des Dienstleistungsberufes in Frage gestellt. Daher ist

565 Davon geht auch § 121 ZPO („ihrer Wahl") aus.

566 BGHZ 36, 18, 21; 154, 269, 273.

567 Dieses Ergebnis muss dann gleichzeitig als Erweiterung der Fallgruppe des sittenwidrigen Prozessverhaltens gelten.

fraglich, ob eine „zeit- und funktionsgemäße Berufsbildbestimmung" zur Zulässigkeit der Streitverkündung zwingt.[568] Anlass zu dieser durchaus provokanten These geben gesetzgeberische und gesellschaftlich bedingte Veränderungen. Für Beispiele, die Einflüsse aus der Rechtsprechung und Gesetzgebung betreffen, sind zu nennen das anwaltliche Werberecht sowie das Vergütungssystem und europarechtliche Vorgaben. Der EuGH beurteilt den Beruf des Rechtsanwalts über die Dienstleistungsfreiheit.[569] *Kleine-Cosack* geht von einem den Zwängen des Marktes unterworfenen, allzu liberalen Berufsverständnis aus.[570] Es ist unzutreffend zu behaupten, der Beruf des Rechtsanwalts habe sich dergestalt gewandelt, dass diese faktische Änderung zugleich eine rechtliche Neuausrichtung von selbst bewirkt habe bzw. gesetzliche Anpassungen diese erforderlich mache.

(1) Der Anwaltsberuf in der Gegenwart

Bereits 1976 beklagte *Schmalz* hinsichtlich der berufsrechtlichen Definition des Rechtsanwalts das Auseinanderfallen von Recht und Tatsächlichkeit.[571] Die Vorstellung des Anwaltsberufs von einem freien Beruf müsse, nicht zuletzt in Anbetracht des hart umkämpften Wettbewerbsumfelds, aufgegeben werden.[572] Diese Überzeugung entstand in einer Zeit, zu der im damaligen Bundesgebiet 28.708 Rechtsanwälte zugelassen waren. Wie nur würde diese Einschätzung heute ausfallen, wo die Zahl der zugelassenen Berufsträger die Schwelle von 150.000 bereits überschritten hat?[573] Seit Jahrzehnten kennen die Zulassungszahlen nur eine Richtung, wenngleich der Zuwachs in den letzten Jahren eine weniger dynamische Entwicklung genommen hat.

Doch lässt sich in heutiger Zeit der Beruf des Rechtsanwalts überhaupt noch allgemeingültig beschreiben? Oder sind die bestehenden Unterschiede so immens, dass zur Umreißung des Berufsbildes die Bildung einzelner Vergleichsgruppen notwendig ist? Kein anderes juristisches Betätigungsfeld und kein

568 Für ein solches modernes Verständnis, ohne allerdings mit Bezug zur Streitverkündung, plädiert Kleine-Cosack, Vor § 1 Rdnr. 4 ff.

569 Auf den Einfluss des Gemeinschaftsrechts weist schon Schiefer, AnwBl. 1987, 360, 370 hin.

570 Kleine-Cosack, § 1 Rdnr. 21 f.

571 Schmalz, FS Schiedermair, S. 481, 482; einige Jahre später in ähnlicher Form auch Hartstang (II), S. 1.

572 Schmalz, FS Schiedermair, S. 481, 482.

573 Am 1.1.2012 waren im Bundesgebiet 158.426 Rechtsanwälte zugelassen (Quelle: Bundesrechtsanwaltskammer). Diese Entwicklung wird nicht nur in der Fachliteratur wahrgenommen, sondern auch in den Gesellschaftsmedien, vgl. Handelsblatt, Artikel v. 25.6.2009; aktuell zu dieser Diskussion auch Peitscher, § 14 Rdnr. 121 f.

vergleichbarer freier Beruf lässt eine ähnliche Marktposition, vom ländlich oder städtisch geprägten Einzelanwalt über Bürogemeinschaften und kleineren Zusammenschlüssen bis hin zu national und international agierenden „law firms“[574] mit mehreren hundert bis tausend Berufsträgern zu. Die verschiedenen Erscheinungsformen anwaltlicher Niederlassungen verlaufen in konzentrischen Kreisen. Während Großkanzleien sich in einem äußerst soliden Marktumfeld mit nach wie vor positiven Wachstumszahlen bewegen, führen die hohen Zulassungszahlen insbesondere im kleinen bis mittleren Geschäftsbereich zu einem angespannten Beschäftigungsumfeld mit teils erheblich gestörter Angebots- und Nachfragestruktur. Die Auswirkungen dieser Entwicklung auf die wirtschaftliche Situation der Rechtsanwälte zeigt sich an den dem Berufszweig nicht angemessenen Einkommensverhältnissen bis hin zum Anstieg prekärer Beschäftigungsmodelle[575] bzw. Scheinselbständigkeiten[576]. Dem stehen hohe fünf- bis sechsstellige (Einstiegs)-gehälter der großen Wirtschaftskanzleien gegenüber.[577]

Die Konkurrenzsituation innerhalb der bestehenden Anwaltschaft ist nicht die einzige Herausforderung. Hinzu kommen die limitierten Margen des gesetzlichen Rechtsanwaltsvergütungssystems, das vor allem kleinere Kanzleien in strukturschwachen Regionen belastet, deren Mandatsstruktur kaum Spielraum für vertragliche Vergütungsvereinbarungen zulässt.[578] Der Wettbewerbsdruck nimmt auch von außen, durch das Vordringen der wirtschafts- und steuerberatenden Dienstleistungsangebote, zu.[579] Die Frage, ob bzw. wie sich diese Entwicklung auf die Berufsmoral auswirkt, muss berechtigterweise gestellt werden. Anwaltsethik und Anwaltsethos sind keine neuen Kategorien, sondern werden seit langem, aktuell aber mehr denn je, diskutiert.[580]

Schließlich haben sich die Tätigkeitsfelder zunehmend verschoben. Von der klassischen außergerichtlichen Vertretung bis hin zum forensischen Bereich der

574 Zur Abschaffung des Verbots überörtlicher Sozietäten s. BGH NJW 1989, 2890, 2891. Zu diesen und deren Entwicklung im deutschen Rechtsraum s. zudem ausführlich Stürner/Bormann, NJW 2004, 1481, 1483 ff.

575 Fuhrmann, S. 95 ff.

576 Zur Abgrenzung s. Lingemann/Winkel, NJW 2010, 38 f.

577 Vgl. Spiegel Online, Artikel v. 6.5.2004.

578 Kritik an Gebührenvereinbarungen üben u. a. Stürner/Bormann, NJW 2004, 1481, 1488.

579 Vgl. Busse, NJW 1999, 3017.

580 S. nur Prütting, AnwBl. 1994, 315 ff.; Busse, AnwBl. 1998, 231 ff.; Zuck, AnwBl. 2002, 3 ff.; von Westphalen, AnwBl. 2003, 125 ff. und zuletzt Ignor, NJW 2011, 1537 ff.

Aufgabenwahrnehmung, wie ihn auch § 3 Abs. 1 BRAO vorsieht, wurden neue neue Aufgabenfelder erschlossen bzw. bestehende erweitert.[581]

Hier haben leider unnötige Eingriffe des Gesetzgebers, nicht zuletzt veranlasst durch die verfassungsrechtliche Rechtsprechung des BVerfG, beigetragen.[582] Wichtige Meilensteine seien hier die Änderungen der Deregulierung durch Zulassung überörtlicher Sozietäten sowie die Einführung des Anwaltsmarketings als Folge der Abschaffung des berufsrechtlichen Werbeverbots, die Wahl der Organisationsform sowie die Öffnung des Rechtsdienstleistungsmarktes[583] – diese haben die Sichtweise auf den Beruf nicht nur im Recht, sondern auch in der Gesellschaft in eine kritische Lage versetzt.

All das hat umfangreiche Diskussionen um die Rolle der Ethik im Rechtsanwaltsberuf bis hin nach dem Ruf zur Schaffung eines Ethik-Kodexes ausgelöst.[584] Die Ansätze solcher Forderungen sind gewiss richtig, sollten allerdings im außerrechtlichen Bereich, dem sie ausschließlich angehören, nicht verbleiben. Ihre fehlende Justiziabilität machen sie zu einer stumpfen Waffe des Rechts. Eine weitergehende Funktion über den bloßen Diskussionsanstoß können sie nur erfüllen, wenn ihre Erkenntnisse auch im legislativen Bereich fruchten.

Der Rechtsanwalt ist ein unabhängiges Organ der Rechtspflege. Dies ist sprachlich zutreffend und juristisch korrekt. Weder bekleidet er ein öffentliches Amt, noch ist er dem staatlichen Bereich zugeordnet. Um das Berufsbild nicht ad absurdum zu führen und den gewandelten Bedingungen Rechnung zu tragen, muss das Bild des Rechtsanwalts in einer behutsam dynamischen Weise unter strikter Fortgeltung der Intentionen des historischen Gesetzgebers fortgeschrieben werden. Jede Einschränkung dieser bedeutete eine rechtliche Verzerrung des originären Berufsbildes. Eine Öffnung hin zum Markt muss erfolgen. Eine sukzessive Verschiebung der berufsrechtlichen Prioritäten hin zum bloßen Rechtsdienstleister würde seine Bedeutung in der öffentlichen Aufgabe der

---

581 Peitscher, § 11 Rdnr. 66 nennt hier als aufstrebendes Betätigungsfeld die Compliance-Beratung. Bei diesem sehr betriebswirtschaftlich geprägten Tätigkeitsfeld dürfte es sich allenfalls noch um eine Randerscheinung anwaltlicher Kernaufgaben handeln. Zur Rolle des Rechtsanwalts bei der Compliance s. Hild, AnwBl. 2010, 641 ff.

582 Zusammenfassend Krenzler, BRAK-Mitt. 2010, 234 ff.

583 Besonders die Öffnung des Rechtsdienstleistungsmarktes für andere Berufe hat der Anwaltschaft eine gewisse Beliebigkeit und Austauschbarkeit verliehen. So entstand der Eindruck, Rechtsberatung sei mit geringem Anspruch und Aufwand verbunden, die zudem massenhaft und günstig zu bekommen sei.

584 Döpfner, AnwBl. 2011, 101; Krenzler, BRAK-Mitt. 2010, 234, 238 f.

Rechtspflege ernsthaft in Frage stellen. In der gesellschaftlichen Wahrnehmung ist dieses Bild schon weiter fortgeschritten als es in der rechtlichen Welt den Anschein erweckt.

(2) Folgen für die Streitverkündung

Die gewandelten berufsrechtlichen Verhältnisse sind für viele Stimmen ein willkommener Anlass zum Bruch mit den überkommenen berufsrechtlichen Grundfesten. Wer allerdings so verfährt, macht die Rechtsordnung zum legislativen „Nachzügler" der faktischen Verhältnisse. Die janusköpfige Stellung des Rechtsanwalts als Organ der Rechtspflege und Interessenvertreter des Auftraggebers wird bei dieser Argumentation gänzlich negiert und die Interessen der Allgemeinheit zugunsten der Individualinteressen geopfert. Diese Sichtweise verträgt sich schon nicht mit dem Grundverständnis der Freien Berufe, das sich in einer ausgeprägten Fremdnützigkeit der Berufsausübung äußert.

Aus der Doppelfunktion des Rechtsanwalts im geltenden Recht wird für den Kollisionsfall der Vorrang der Parteiinteressen abgeleitet. Der Rechtsanwalt habe vorrangig die ihm übertragene Erledigung des Mandats, wofür eine vertragliche Übereinkunft mit dem Auftraggeber bestehe, zu erledigen.[585] Ohne Zweifel tritt im Bereich dieser beiden Grundsätze auf den ersten Blick ein gewisser Widerspruch zu Tage. Bei näherem Hinsehen handelt es sich nicht um einen Widerspruch, sondern um ein Spannungsverhältnis, welches in der Rechtsordnung gewollt und bewusst angelegt ist, anders ließe sich das Berufsbild des Rechtsanwalts nicht lückenloser festlegen.

Weiter muss differenziert werden: Der grundsätzliche Vorrang der Parteiinteressen ist anzuerkennen. Der Rechtsanwalt wird nicht von Amts wegen tätig, sondern im Rahmen eines anwaltlichen Vertrages. Erst dann erstrecken sich auch die beruflichen Rechte und Pflichten auf seine Tätigkeit. Zudem ist anwaltlicher Rechtsschutz von vornherein stark individualistisch ausgeprägt. Der Grundsatz der Unabhängigkeit schützt ihn vor staatlicher Einflussnahme und dient damit nicht zuletzt auch den Mandanten. Dieses Vorrangverhältnis ist allerdings nicht ohne Grenzen. Die äußere Grenze des Vorrangs des Parteiinteresses bildet die Funktionsfähigkeit der Rechtspflege. Die anwaltliche Tätigkeit besteht ebenso im Interesse der Allgemeinheit an einer funktionierenden Rechtspflege in einem funktionierenden Rechtsstaat.[586] Bei einer Streitverkündung gegenüber dem Prozessbevollmächtigten ist dieser Kernbereich angetastet,

585 S. den normativen Begründungsansatz bei Wolf, § 34 S. 308.
586 S. auch BVerfGE 110, 226, 247.

indem seiner prozessualen Rolle entgegengesetzt gehandelt wird. Wo allerdings die Grundsätze der Unabhängigkeit berührt sind, kann den individualistischen Interessen der Partei kein Vorrang vor der im Allgemeininteresse liegenden Rollenzuweisung im Zivilprozess gegeben werden.

Die gewandelte Rolle des Rechtsanwalts in Gesellschaft, Wirtschaft und Recht kann nicht als befürwortendes Kriterium für eine Zulässigkeit der Streitverkündung herangezogen werden. Der Wandel im Berufsbild ist weder gewollt, noch erfreut er sich einer geduldeten, breiten Akzeptanz. Wie unerwünscht und bedenklich seiner gegenübergestanden wird, lässt sich an dem Bedürfnis nach einer sittlichen Regulierung ablesen. Hierin äußert sich der Gemeinwohlbezug anwaltlicher Tätigkeit.[587] Es wird eine Gegensteuerung hin zu Ursprünglichem bezweckt. Was aber in weiten Teilen unerwünscht ist, kann nicht zugleich Anlass eines berufsrechtlichen und folglich auch prozessualen Rollenwechsels sein. Hier wäre eine Grenze überschritten, deren Regelungsgehalt nicht zur rechtlichen oder faktischen Disposition steht.[588]

4. Verhältnis Vertreter – Vertretener

Selbst wenn der ablehnenden Haltung des BGH hinsichtlich der Analogiefähigkeit von § 72 Abs. 2 S. 1 ZPO gefolgt wird, können noch weitere Gründe der Zulässigkeit der Streitverkündung entgegenstehen. Bereits oben wurden Varianten dargestellt, bei denen eine Streitverkündung ebenso außer Betracht liegt. Dies ließ sich bereits aus allgemeinen prozessualen Grundsätzen bzw. aus dem logischen Systemverständnis herleiten. Ein Rückgriff auf das methodologische Rechtsinstrument der Analogie war hierzu nicht notwendig. Es käme dann darauf an, ob aus dem allgemeinen Verhältnis Vertretener-Vertreter Rückschlüsse auf deren Bindungszusammenhang gezogen werden können. Man könnte hier annehmen, der Vertreter sei nicht Dritter, sondern infolge seiner rechtlichen Stellung so eng mit der Partei verbunden, dass er ebenfalls Erster (wenn für die klägerische Partei handelnd) bzw. Zweiter (wenn für die beklagte Partei handelnd) sei. Eine solche Quasi-Parteiidentität kann der bloßen gewillkürten Vertretung nicht beigemessen werden. Im Unterschied zur gesetzlichen Vertretung entspringt sie privatautonomen Entschlüssen. Hinzukommen muss daher ein besonderes, eine enge Bindung bewirkendes Element. Dieses ist beim prozessbevollmächtigten Rechtsanwalt in seiner beruflichen Stellung zu erblicken.

---

587 Henssler, AnwBl. 2008, 721, 724.

588 Die These der nur begrenzten Disposition des Berufsrechts im Allgemeinen vertritt auch Krenzler, BRAK-Mitt. 2010, 234.

Das muss gemeint sein, wenn bisweilen die Streitverkündung infolge einer mit diesem Institut unvereinbaren Beteiligung am Rechtsstreit geltend gemacht wird. *Vollkommer* geht soweit, dass nach seiner Ansicht schon nicht von einer Streitverkündung im Rechtssinne die Rede sein könne.[589]

5. *Auslegung nach materiell-rechtlichen Grundsätzen*

Wenn man der zutreffenden Ansicht folgt, die als geeigneten Streitverkündungsgrund jenen ansieht, der nicht erst im Rahmen des Hauptprozesses zur Entstehung gelangt, so muss auch dies zur Unzulässigkeit der Streitverkündung führen. In den meisten Fällen wird der Rechtsanwalt nämlich vom Auftraggeber mit der fehlerhaften Beratung und Vertretung im Rahmen des Rechtsstreits konfrontiert werden. Hier lassen sich Ähnlichkeiten zum Streitverkündungsrecht des gerichtlich ernannten Sachverständigen ziehen. Auch dort wird dieses Argument als eines gegen die Zulässigkeit angebracht.[590]

6. *Folge des Verstoßes gegen § 43a BRAO*

Ein Interessenwiderstreit hat die Niederlegung des Mandats zur Folge (§ 627 f. BGB). Ansonsten drohen dem Prozessbevollmächtigten berufsrechtliche Disziplinarmaßnahmen.

7. *Interventionswirkung kraft Vereinbarung*

Die Darstellung befasste sich bis zu diesem Kapitel ausschließlich mit der Streitverkündung, die anhand gesetzlicher Maßstäbe vollzogen wurde. Hierbei stand die strenge, an die Dogmatik angelegte Herleitung im Vordergrund. Es hat sich gezeigt, welcher Begründungsaufwand zur genauen Einordnung des Prozessbevollmächtigten in das Gefüge der Streitverkündung erforderlich ist.

Fernab der dogmatischen Überlegungen steht die eher nach praktischen Bedürfnissen formulierte Frage, ob es den Beteiligten dennoch unbenommen bleibt, die Wirkungen der Streitverkündung für sich in Anspruch zu nehmen, wenn doch die prozessualen Grundsätze dieses Ergebnis nach der hier vertretenen Auffassung ausschließen.

Hier ist der Abschluss privatschriftlicher Erklärungen denkbar, durch die der Prozessbevollmächtigte sich gegenüber seinem Mandanten so behandeln lässt, als sei die Interventionswirkung eingetreten und er das erwartete Urteil

---

589 Zöller/Vollkommer, 28. Aufl., § 72 Rdnr. 1.

590 Siehe S. 88 ff.

gegen sich gelten lassen werde. Realisierbar ist dies im Verhältnis zum eigenen Prozessbevollmächtigten. Hier sind zwei Fragen zu stellen: Wie verhält sich die Zulässigkeit solcher Vereinbarungen in Anbetracht des öffentlich-rechtlichen Ursprungs des Prozessrechts? Wird der Rechtsanwalt auch hierdurch in seiner beruflichen Stellung beeinträchtigt?

Der Ausschluss der Streitverkündung durch Prozessvertrag während eines anhängigen Rechtsstreits findet breite Zustimmung.[591] Dies gilt für das Vorfeld eines Rechtsstreits ebenso wie für die Zukunft. Begründet wird dies auf zweierlei Wege: Weil die Drittbeteiligungsmöglichkeiten den Parteiinteressen dienen, seien sie disponibel. Zum anderen werden Vergleiche zu den ebenfalls zulässigen Vereinbarungen im Zusammenhang mit Klageerhebung und -rücknahme gezogen, zu denen sich Abreden hinsichtlich der Streitverkündung als minus darstellen.[592]

Wie allerdings steht es um die im Wege der Parteivereinbarung herbeizuführende Begründung der Streitverkündungswirkung? Auch diese Möglichkeit wird in der Rechtsprechung und Literatur nahezu einhellig bejaht.[593] Die Gründe dafür sind unterschiedlich. In der Regel dürfte es hier um eine antizipierte und nach außen hin nicht erkennbar werdende Vereinbarung zur Haftungsverteilung gehen.[594] Dies gilt allerdings nur dort, wo es zur vertraglichen Vereinbarung zweier gleichgestellter Privatrechtssubjekte kommt. Nicht, jedenfalls nicht ausdrücklich, erfasst ist die Streitverkündung gegenüber Organen der Rechtspflege, so auch gegen Prozessbevollmächtigte. Unklar bleibt insoweit, ob die allgemein zustimmende Ansicht, entgegen dem hier vertretenen Standpunkt, von der Zulässigkeit der Streitverkündung gegen den Prozessbevollmächtigten ausgeht oder ob dies unabhängig davon, allein unter Heranziehung privatautonomer Grundsätze, gelten soll – nur dann ließe sich auch bei Ablehnung der Zulässigkeit der Streitverkündung gegen den Prozessbevollmächtigten eine

---

591 Vgl. ausführlich Mansel, ZZP 109 (1996), 61, 63 ff.; Wieczorek/Schütze/Mansel, § 72 Rdnr. 8 i.V.m. § 66 Rdnr. 9; MünchKomm-ZPO/Schultes, § 74 Rdnr. 7 a.E. i.V.m. § 68 Rdnr. 23; Thomas/Putzo/Hüßtege, § 72 Rdnr. 3b; a.A. Milleker, ZZP 84 (1971), 91, 101 f.

592 Wieczorek/Schütze/Mansel, § 72 Rdnr. 8 i.V.m. § 66 Rdnr. 9; Enaux; FS Jagenburg, S. 147, 154 f.

593 Bejahend bereits RG JW 1938, 2287; ihm folgend OLG Düsseldorf NJW-RR 1993, 1471; ferner MünchKomm-ZPO/Schultes, § 74 Rdnr. 7 a.E. i.V.m. § 68 Rdnr. 23; Fahrendorf/Mennemeyer/Terbille/Fahrendorf, Rdnr. 1961; Sohn, BauR 2007, 1308, 1323.

594 Vgl. Sohn, BauR 2007, 1308, 1323.

vertragliche Herbeiführung der Interventionswirkung begründen. Oder anders gefragt: Führt erst die Prozessbevollmächtigung des Rechtsanwalts bzw. dessen tatsächlicher Eintritt in das streitige Verfahren zum Ausschluss des Streitverkündungsrechts, oder gilt dies – unabhängig von dem Einfluss des Verfahrensstadiums – bereits aufgrund der allgemeinen Rolle des Rechtsanwalts?

Im Gegensatz zur „echten“ Streitverkündung, die nur im Rahmen eines zumindest anhängigen Rechtsstreits erfolgen kann, ist dies auch gegenüber einem Rechtsanwalt vorstellbar, der im Stadium des vorprozessualen Verfahrens erst zum Prozessbevollmächtigten im Streitverfahren werden soll. In der Phase der außer- bzw. vorgerichtlichen Rechtsberatung ist die echte Streitverkündung der §§ 72 ff. ZPO nicht statthaft. Hierbei stellt sich das Problem der vorzeitigen Umgehung des Streitverkündungsausschlusses. Allerdings sind die Vorschriften über die Streitverkündung in beide Richtungen dispositiv. Als weiterer entscheidender Gedanke tritt der freiwillige Charakter solcher Erklärungen hinzu.[595] Wenn die Streitverkündung als einseitige Prozesshandlung allein im Belieben der Partei steht, bedarf es zur Herbeiführung der „faktischen“ Streitverkündung einer vertraglichen Übereinkunft. Derjenige, welcher die Streitverkündungswirkung gegenüber dem Rechtsanwalt bezweckt, ist zur Herbeiführung auf dessen Mitwirkung angewiesen. Der Rechtsanwalt ist durch seine freiwillige Entscheidungsfindung vor äußerlichen Zwängen geschützt. Diese Sichtweise missachtet allerdings den Einfluss der Wirkung solcher Vereinbarungen auf den gesamten Prozess. Wenn auch die Partei ihr haftungsrechtliches Verhältnis zum Prozessbevollmächtigten als geklärt sieht, treten nach außen die gleichen Gefahren, wie sie sich auch bei jeder sonstigen Beeinträchtigung des prozessualen Rollengefüges ergeben.

Ebenso wie der Interessengegensatz, den § 43a Abs. 4 BRAO vermeidet, nicht disponibel ist und nicht anderweitig umgangen werden darf[596], muss dies auch für das allgemeine Unabhängigkeitsgebot des § 43a Abs. 1 BRAO gelten. Hieraus sollte die Unzulässigkeit solcher Vereinbarungen zwischen Partei und Prozessbevollmächtigten gefolgert werden. Für eine Anerkennung spricht im Übrigen auch keine besondere Notwendigkeit. Sollte tatsächlich eine regressträchtige Pflichtverletzung des prozessbevollmächtigten Rechtsanwalts vorliegen, bieten zu deren Durchsetzung die vertraglichen Sekundäransprüche genügend Schutz.

---

595 Chab, BRAK-Mitt. 2009, 234.

596 Dies steht so nicht ausdrücklich im Gesetz, ergibt sich allerdings aus dem Normzweck der Vorschrift – ansonsten wäre das so verstandene Berufsbild nicht denkbar.

D. Zusammenfassung

Bereits die Zustellung der Streitverkündung begründet eine (drohende) Abhängigkeit. Die Zustellung der Streitverkündung hat nach dem Vorbild des § 72 Abs. 2 S. 2 ZPO zu unterbleiben.

Schwierig zu bewerten ist die Zulässigkeit der auf vertraglicher Basis herbeigeführten Interventionswirkung. Mag sie die dogmatische Herleitung des Ergebnisses, was hier de lege lata schon als nicht zulässig angesehen wird, vermeiden, muss sich spätestens ihr Ergebnis am bestehenden Recht messen lassen. Hier ergeben sich Zweifel im Hinblick auf § 43a Abs. 1 BRAO. Um eine widerspruchsfreie Begründung mit der Grundaussage des § 72 Abs. 2 S. 1 ZPO in Verbindung mit den dazu entwickelten Grundsätzen zum Prozessbevollmächtigten herzustellen, muss die Zulässigkeit solcher vertraglicher Gestaltungen abgelehnt werden.

6. Kapitel – Schlussfolgerung

Die den Anstoß zu dieser Darstellung gebende Entscheidung des BGH wurde in der Sache falsch getroffen. Der prozessbevollmächtigte Rechtsanwalt ist von Rechts wegen kein geeigneter Adressat einer Streitverkündung. Dies gilt für den eigenen Prozessbevollmächtigten genauso wie für den gegnerischen. Eine Unterscheidung in dieser Form lässt die grundsätzliche prozessuale Rolle des Prozessbevollmächtigten außer Acht. Ein Abstellen auf die konkrete Prozesssituation wird seiner Bedeutung für das Gesamtgefüge des Zivilprozesses nicht gerecht. Allen Versuchen zu wider bedingt die Stellung des prozessbevollmächtigten Rechtsanwalts seine notwendige Beteiligung am Prozess. Dies schließt es aus, ihn als Dritten im Sinne der Streitverkündung einzuordnen. Im Vergleich zum Richter und Sachverständigen ist er zwar in seiner Stellung nicht neutral, jedoch unabhängig. Die Streitverkündung würde ihm diese Neutralität entziehen und zu einer gefährlichen Positionierung zwingen.

Die Unzulässigkeit der Streitverkündung gegenüber dem prozessbevollmächtigten Rechtsanwalt folgt bereits aus allgemeinen Prinzipien des Prozessrechts. Es mangelt an einer Streitverkündung im Rechtssinne. Weil dieses Ergebnis dennoch nicht auf der Hand liegt und seine Herleitung einige Schwierigkeiten bereitet, wäre ein Eingreifen des Gesetzgebers wünschenswert. Die vorhandene Unsicherheit, auch in Bezug auf die Analogie zu § 72 Abs. 2 ZPO, sollte durch eine geschriebene Erweiterung des Wortlauts Rechnung getragen werden, in dem auch der Prozessbevollmächtigte in den Schutzbereich einbezogen wird. Dies würde seiner Bedeutung im Rahmen der Rechtspflege und der Gerichtsverfassung in angemessener Weise Rechnung tragen.

Literaturverzeichnis

Adolphsen, Jens, Zivilprozessrecht 4. Auflage, Baden-Baden 2014.

Ahrens, Hans-Jürgen, Anwaltsrecht für Anfänger, Systematische Einführung in die Rechtsgrundlagen anwaltlicher Tätigkeit, München 1996.

—, Regelungsprinzipien des anwaltlichen Berufsrechts in der BORA, AnwBl. 2013, 2–7.

Alexander, Christian, Kollektiver Rechtsschutz im Zivilrecht und Zivilprozessrecht, JuS 2009, 590–594.

Althammer, Christoph, Die Streitgegenstandslehre von Karl Heinz Schwab im Zivilprozess des 21. Jahrhunderts, ZZP 123 (2010), 163–184.

Augstein, Josef, Der Anwalt als Organ der Rechtspflege, NStZ 1981, 52–54.

Bamberger, Heinz Georg, Roth, Heinz Georg (Hrsg.), Beck'scher Online-Kommentar BGB, Edition 34 (Stand: 01.02.2015).
(Zitiert: BeckOK-BGB/Bearbeiter)

Baumbach, Adolf, Lauterbach, Wolfgang, Albers, Jan, Hartmann, Peter, Zivilprozessordnung, 64. Auflage, München 2006.
(Zitiert: Baumbach/Lauterbach/Albers/Hartmann, 64. Aufl.)

—, Zivilprozessordnung, 73. Auflage, München 2015.

Bayerlein, Walter (Hrsg.), Praxishandbuch Sachverständigenrecht, 4. Auflage, München 2008.
(Zitiert: Bayerlein/Bearbeiter)

Berg, Werner, Mäsch, Gerald (Hrsg.), Deutsches und Europäisches Kartellrecht, 2. Auflage, Münster 2015.
(Zitiert: Berg/Mäsch/Bearbeiter)

Bergerfurth, Bruno, Ausnahmen vom Anwaltszwang, NJW 1961, 1237–1240.

Bischof, Hans Helmut, Praxisprobleme der Streitverkündung, MDR 1999, 787–791.

Blomeyer, Arwed, Zivilprozessrecht - Erkenntnisverfahren, 2. Auflage, Berlin 1985.

—, Rechtskrafterstreckung infolge zivilrechtlicher Abhängigkeit, ZZP 75 (1962), 1–27.

Blomeyer, Jürgen, Zur zivilrechtlichen Haftung des gerichtlichen Sachverständigen, ZRP 1974, 214–221.

Böckermann, Bernhard, Ablehnung eines Sachverständigen oder Richters durch Streitverkündung oder Klageerhebung, MDR 2002, 1348–1352.

Bockholdt, Frank, Keine Streitverkündung gegenüber dem gerichtlich bestellten Sachverständigen?, NJW 2006, 122–124.

Boergen, Rüdiger, Die vertragliche Haftung des Rechtsanwalts, Berlin 1968.

Borgmann, Brigitte, Jungk, Antje, Grams, Holger, Anwaltshaftung, Systematische Darstellung der Rechtsgrundlagen für die anwaltliche Berufstätigkeit, 4. Auflage, München 2005.

Bork, Reinhard, Einführung in das Insolvenzrecht 5. Auflage, Tübingen 2009.

—, Materiell-rechtliche und prozessrechtliche Probleme des Organstreits zwischen Vorstand und Aufsichtsrat einer Aktiengesellschaft, ZGR 1989, 1–43.

Bosch, Nikolaus, Die Rechtsstellung des Strafverteidigers, JURA 2012, 938–946.

Bötticher, Eduard, Die Gleichheit vor dem Richter, 1954.

Büchting, Hans-Ulrich, Heussen, Benno (Hrsg.), Beck'sches Rechtsanwalts-Handbuch, 10. Auflage, München 2011.
(Zitiert: Büchting/Heussen/Bearbeiter)

Busse, Felix, Anwaltsethik unter der Geltung des neuen Berufsrechts, AnwBl. 1998, 231–236.

—, Deutsche Anwälte, Geschichte der deutschen Anwaltschaft 1945–2009, Bonn 2010.

—, Gedanken zur anwaltlichen Berufsordnung, NJW 1999, 3017–3023.

Chab, Bertin, Anmerkung zu OLG München Beschluss vom 14.5.2009 - 1 W 875/09, BRAK-Mitt. 2009, 234.

Creifelds, Carl, Weber, Klaus, Rechtswörterbuch, 21. Auflage, München 2014.

Dauner-Lieb, Barbara, Langen, Werner (Hrsg.), Nomos Kommentar BGB Schuldrecht, Band 2/2: §§ 611–853, 2. Auflage, Baden-Baden 2012.
(Zitiert: NK-BGB/Bearbeiter)

Döpfner, Ute, Vertrauen ist gut - Ethik ist besser?, AnwBl. 2011, 101.

Dreier, Horst (Hrsg.), Grundgesetz Kommentar, Band III, Artikel 83–146, 2. Auflage, Tübingen 2008.
(Zitiert: Dreier/Bearbeiter)

Enaux, Manfred, Rechtliche Probleme bei der Streitverkündung im selbstständigen Beweisverfahren in Bausachen, in: *Brügmann,* Klaus, *Oppler,* Peter Michael, *Wenner,* Christian (Hrsg.), Festschrift für Walter Jagenburg zum 65. Geburtstag, 147–160, München 2002.
(Zitiert: Enaux, FS Jagenburg)

Fahrendorf, Klaus, Mennemeyer, Siegfried, Terbille, Michael, Die Haftung des Rechtsanwalts, 8. Auflage, Köln 2010.
(Zitiert: Fahrendorf/Mennemeyer/Terbille/Bearbeiter)

Feuerich, Wilhelm E., Weyland, Dag (Hrsg.), Bundesrechtsanwaltsordnung, Kommentar, 8. Auflage, München 2012.
(Zitiert: Feuerich/Weyland/Bearbeiter)

Fischer, Frank O., Anmerkung zu BGH Beschluss vom 8.2.2011 - VI ZB 31/09, LMK 2011, 315512.

Fölsch, Peter, Zweites Justizmodernisierungsgesetz – Änderungen im Zivilverfahrensrecht, MDR 2007, 121–124.

Franz, Kurt, Das neue Rechtsdienstleistungsgesetz, Köln 2008.

Freund, Stefan, Zur Streitverkündung: Zulässigkeit, Zwischenstreit und Gegenstandswert, NZBau 2010, 83–86.

Fuchs, Maximilian, Pauker, Werner, Delikts- und Schadensersatzrecht, 8. Auflage, Heidelberg u. a. 2012.

Fuhrmann, Markus, Rechtsstellung des angestellten Rechtsanwalts, Baden-Baden 1989.

Gaier, Reinhard, Wolf, Christian, Göcken, Stephan (Hrsg.), Anwaltliches Berufsrecht, Kommentar, 2. Auflage, Köln 2014.
(Zitiert: Gaier/Wolf/Göcken/Bearbeiter)

Gerdes, Claudia, Die Ablehnung wegen Besorgnis der Befangenheit aufgrund von Meinungsäußerungen des Richters, Frankfurt a.M. 1992.

Gottwald, Peter, Grundprobleme der Streitgenossenschaft, JA 1982, 64–71.

Gruschwitz, Sascha, Die Parteiänderung im Zivilprozess, JA 2012, 689–692.

—, Der Prozessbevollmächtigte als Vertreter der Partei nach § 141 III 2 ZPO, JR 2012, 283–287.

Günther, Hellmuth, „Persönliche Spannungen“ als Ablehnungsgrund, ZZP 105 (1992), 20–45.

Haas, Eberhard, Für Recht und Freiheit, Felix Busse, Deutsche Anwälte, Geschichte der deutschen Anwaltschaft 1945–2009, BRAK-Mitt. 2010, 19–20.

Habscheid, Walther J., Die Unabhängigkeit des Rechtsanwalts, NJW 1962, 1985–1991.

Handbuch des Staatsrechts der Bundesrepublik Deutschland, Band 5 – Rechtsquellen, Organisation, Finanzen, 3. Auflage, Heidelberg 2007.
(Zitiert: HdBStR/Bearbeiter)

Hahn, Carl, Die gesamten Materialien zu den Reichs-Justizgesetzen, Band 2, Materialien zur Zivilprozeßordnung, Abteilung 1, 2. Auflage, Berlin 1881.

Hartstang, Gerhard, Der deutsche Rechtsanwalt, Rechtsstellung und Funktion in Vergangenheit und Gegenwart, Heidelberg 1986.
(Zitiert: Hartstang I)

Hartstang, Gerhard, Anwaltsrecht, Köln u.a. 1991.
(Zitiert: Hartstang II)

Hartung, Wolfgang, Römermann Volker, Anwaltliches Berufsrecht, 2. Auflage, München 2008.

Hartung, Wolfgang, Römermann, Volker (Hrsg.), Berufs- und Fachanwaltsordnung, Europäische Berufsregeln-CCBE, Bundesrechtsanwaltsordnung (§§ 43–59 m BRAO), Kommentar, 4. Auflage, München 2008.
(Zitiert: Hartung/Römermann/Bearbeiter)

Häsemeyer, Ludwig, Die Interventionswirkung im Zivilprozess – prozessuale Sicherung materiellrechtlicher Alternativverhältnisse, ZZP 84 (1971), 179–202.

Heghmanns, Michael, Das Arbeitsgebiet des Staatsanwalts, 4. Auflage, Köln 2010.

Heins, Valentin, Der neue Entwurf zur Bundes-Rechtsanwalts-Ordnung, NJW 1958, 201–204.

Hendrix, Gerd Peter, Die Haftung des Sachverständigen für ein fehlerhaftes Gutachten, BB 1961, 996–997.

Henssler, Martin, Die Anwaltschaft zwischen Berufsethos und Kommerz, AnwBl. 2010, 721–728.

Henssler, Martin, Prütting, Hanns (Hrsg.), Bundesrechtsanwaltsordnung, 4. Auflage, München 2014.
(Zitiert: Henssler/Prütting/Bearbeiter)

Hess, Burkhard, „Private Law enforcement“ und Kollektivklagen, JZ 2011, 66–74.

—, Kartellrechtliche Kollektivklagen in der Europäischen Union - Aktuelle Perspektiven, WuW 2010 493–502.

Hild, Eckart C., Outsourcing von Compliance-Funktionen: Anwalt als Ombudsmann, AnwBl. 2010, 641–643.

Hirte, Heribert, Der amicus-curiae-brief, ZZP 104 (1991), 11–66.

Hörmann, Martin, Die zivilrechtliche Haftungssituation des Rechtsanwalts, Aachen 1999.

Hommelhoff, Peter, Müller-Graff, Peter-Christian, Ulmer, Peter, Die Praxis der rechtsberatenden Berufe, München 1999.

Huffmann, Helga, Kampf um freie Advokatur, Essen 1967.

Husmann, J. H., Nochmals: Postulationsfähigkeit und Grundgesetz, DRiZ 1971, 311–312.

Ignor, Alexander, Die Ethikdiskussion in der Anwaltschaft, NJW 2011, 1537–1543.

Jacobs, Wolfgang, Die Streitverkündung gegenüber dem gerichtlichen Sachverständigen - erlaubte Prozesstaktik oder unzulässige Ausnutzung einer gesetzlichen Regelungslücke?, DS 2006, 22–23.

Jaeger, Renate, Rechtsanwälte als Organ der Rechtspflege - Notwendig oder überflüssig ?, NJW 2004, 1–7.

Jauernig, Othmar, Subjektive Grenzen der Rechtskraft und Recht auf rechtliches Gehör, ZZP 101 (1988), 361–384.

Jauernig, Othmar, Hess, Burkhard, Zivilprozessrecht, 30. Auflage, München 2011.

Jessnitzer, Kurt, *Blumberg,* Hanno, Bundesrechtsanwaltsordnung, 9. Auflage, Köln 2000.

Kahlke, Gerhard, Der Sachverständige der Berufungsinstanz, ZZP 94 (1981), 50–70.

Kaiser, Jan, Das Ende der Streitverkündung gegenüber dem gerichtlichen Sachverständigen, NJW 2007, 123–125.

Kilian, Matthias, Das anwaltliche Mandat, München 2008.
(Zitiert: Kilian I)

—, Rechtliche Grundlagen der anwaltlichen Tätigkeit, München 2005.
(Zitiert: Kilian II)

—, Mathias, Der Erfolg und die Vergütung des Rechtsanwalts, Köln 2003.
(Zitiert: Kilian III)

—, Matthias, Die Zukunft der freien Berufe – ein kritischer Blick auf die Anwaltschaft, AnwBl. 2010, 544–550.

Kirchberg, Christian, Anwaltschaft heute – Anspruch und Wirklichkeit, BRAK-Mitt. 2006, 7–12.

Kirchhof, Hans-Peter, Eidenmüller, Horst, Stürner, Rolf (Hrsg.), Münchener Kommentar zur Insolvenzordnung, Band 2, §§ 80–216, 3. Auflage, München 2013. (Zitiert: MünchKomm-InsO/Bearbeiter)

Kissel, Otto Rudolf, Mayer, Herbert, Gerichtsverfassungsgesetz, 7. Auflage, München 2013.

Kittner, Thomas, Streithilfe und Streitverkündung, JuS 1985, 703–707.

Kleine-Cosack, Michael, Bundesrechtsanwaltsordnung mit BORA und FAO, 6. Auflage, München 2009.

Klose, Bernhard, Die Streitverkündung als notwendiges Werkzeug im prozessualen Arsenal für einen erfolgreichen Zivilprozess, NJ 2011, 491–496.

Knapp, Wolfgang, Der Verteidiger – Ein Organ der Rechtspflege, Köln u. a. 1974.

Knöringer, Dieter, Die Streitverkündung, §§ 72–74 ZPO, JuS 2007, 335–341.

Koch, Ludwig, Kilian, Matthias, Anwaltliches Berufsrecht, München 2007.

Koussoulis, Stelios, Aktuelle Probleme der Hauptintervention, ZZP 100 (1987), 211–229.

Krasser, Rudolf, Der Schutz vertraglicher Rechte gegen Eingriffe Dritter, Köln u. a. 1971.

Krämer, Achim, Die verfassungsrechtliche Stellung des Rechtsanwalts, NJW 1995, 2313–2317.

Krenzler, Michael, Die Zukunft des anwaltlichen Berufsrechts zwischen Deregulierung und Neuordnung, BRAK-Mitt. 2010, 234–239.

Kroppenberg, Inge, Rechtsschutz gegen den untätigen Richter, ZZP 119 (2006), 177–198.

Krüger, Wolfgang, Rauscher, Thomas (Hrsg.), Münchener Kommentar zur Zivilprozessordnung, mit Gerichtsverfassungsgesetz und Nebengesetzen, Band 1, §§ 1–354, 4. Auflage, München 2013.
(Zitiert: MünchKomm-ZPO/Bearbeiter)

Kuhn, Thomas, Doppler, Brigitte, Zu den Schutzgütern des § 3 BORA in der Praxis, BRAK-Mitt. 2011, 225–226.

Lamprecht, Rolf, Außerrechtliche Einflüsse auf die richterliche Entscheidungsfindung, DRiZ 1989, 4–11.

Larenz, Karl, Canaris, Claus-Wilhelm, Lehrbuch des Schuldrechts, Zweiter Band, Besonderer Teil, 2. Halbband, 13. Auflage, München 1994.

Leipold, Dieter, Das Haftungsprivileg des Spruchrichters, JZ 1967, 737–741.

Lingemann, Stefan, Winkel, Henrike, Der Rechtsanwalt als freier Mitarbeiter (Teil 1), NJW 2010, 38–39.

Lingenberg, Joachim, Hummel, Fritz, Zuck, Rüdiger, Eich, Alexander, Kommentar zu den Grundsätzen des anwaltlichen Standesrechts (Richtlinien gemäß § 177 Abs. 2 Nr. 2 BRAO) mit Sonderteil „Die Neuordnung des anwaltlichen Berufsrechts", 2. Auflage, Köln 1988.
(Zitiert: Lingenberg u. a./Bearbeiter)

Lüke, Gerhard, Die Prozessführungsbefugnis, ZZP 76 (1963), 1–31.

Lüke, Wolfgang, Die Beteiligung Dritter im Zivilprozeß, Tübingen 1993.
(Zitiert: Lüke I)

—, Zivilprozessrecht, 10. Auflage, München 2011.
(Zitiert: Lüke II)

Lüke, Gerhard, Wax, Peter (Hrsg.), Münchener Kommentar zur Zivilprozessordnung, mit Gerichtsverfassungsgesetz und Nebengesetzen, Band 2, §§ 355–802, 2. Auflage, München 2000.
(Zitiert: MünchKomm-ZPO/Bearbeiter)

Mahrenholz, Ernst Gottfried, Justiz - eine unabhängige Staatsgewalt?, DRiZ 1991, 432–437.

Mann, Thomas, Was bleibt heute vom Freien Beruf?, AnwBl. 2010, 551–555.

Mansel, Heinz-Peter, Gerichtsstandsvereinbarung und Ausschluß der Streitverkündung durch Prozeßvertrag, ZZP 109 (1996), 61–77.

Marotzke, Wolfgang, Urteilswirkungen gegen Dritte und rechtliches Gehör, ZZP 100 (1987), 164–211.

Martens, Klaus-Peter, Grenzprobleme der Interventionswirkung, ZZP 85 (1972), 77–95.

Maunz, Theodor, Dürig, Günter, Grundgesetz, Band V, Art. 89–146, Lieferungen 1 bis 42, Stand: Februar 2003.
(Zitiert: Maunz/Dürig/Bearbeiter)

Mayen, Thomas, Die Freiheit der Advokatur im Spiegel des Verfassungsrechts, AnwBl. 2011, 405–413.

Medicus, Dieter, Die Forderung als „sonstiges Recht" nach § 823 Abs. 1 BGB?, in: *Deutsch*, Erwin, *Klingmüller*, Ernst, *Kullmann*, Hans Josef (Hrsg.), Festschrift für Erich Steffen zum 65. Geburtstag, Berlin, New York 1995, S. 331–345. (Zitiert: Medicus, FS Steffen)

Meller-Hannich, Caroline, Höland, Armin, Kollektiver Rechtsschutz im Verbraucherrecht, DRiZ 2011, 164–167.

Mes, Peter (Hrsg.), Beck'sches Prozessformularbuch, 12. Auflage, München 2013. (Zitiert: Mes/Bearbeiter)

Messerschmidt, Burkhard, Voit, Wolfgang (Hrsg.), Privates Baurecht, 2. Auflage, München 2012.
(Zitiert: Messerschmidt/Voit/Bearbeiter)

Milleker, Erich, Formen der Intervention im französischen Zivilprozeß und ihre Anerkennung in Deutschland, ZZP 84 (1971), 91–102.

Mugdan, Benno, Die gesammten Materialien zum Bürgerlichen Gesetzbuch für das Deutsche Reich, II. Band, Recht der Schuldverhältnisse, Berlin 1899.

Musielak, Hans-Joachim (Hrsg.), Kommentar zur Zivilprozessordnung, mit Gerichtsverfassungsgesetz, 4. Auflage München 2005.
(Zitiert: Musielak/Bearbeiter, 4. Aufl.)

—, Kommentar zur Zivilprozessordnung, mit Gerichtsverfassungsgesetz 11. Auflage, München 2014.

Neuhaus, Kai-Jochen, Krause, Daniel, Die Auswahl des Sachverständigen im Zivilprozess, MDR 2006, 605–609.

Niebler, Engelbert, Die Stellung des Richters in der Bundesrepublik Deutschland, DRiZ 1981, 281–288.

Niemöller, Christian, Zur Haftung des gerichtlichen Sachverständigen in Bausachen, in: *Quack*, Friedrich, *Vogel*, Thomas, *Wagner*, Klaus-R. (Hrsg.), Festschrift für Reinhold Thode zum 65. Geburtstag, München 2005, 309–323.
(Zitiert: Niemöller, FS Thode)

Oberheim, Rainer, Zivilprozessrecht für Referendare, 10. Auflage, München 2014.

Offermann-Burckart, Susanne, Interessenkollision – Es bleibt dabei: Jeder Fall ist anders, AnwBl. 2011, 809–828.

Olzen, Dirk, Das Verhältnis von Richtern und Sachverständigen im Zivilprozess unter besonderer Berücksichtigung des Grundsatzes der freien Beweiswürdigung ZZP 93 (1980), 66–88.

Ostler, Fritz, Die deutschen Rechtsanwälte 1871–1971, 2. Auflage, Essen 1982.

Papier, Hans-Jürgen, Die richterliche Unabhängigkeit und ihre Schranken, NJW 2001, 1089–1094.

Peitscher, Stefan, Anwaltsrecht, Baden-Baden 2013.

Pieper, Helmut, Richter und Sachverständiger im Zivilprozeßrecht, ZZP 84 (1971), 1–10.

Prütting, Hanns, Gehrlein, Markus (Hrsg.), ZPO Kommentar, 6. Auflage, Köln 2014.
(Zitiert: Prütting/Gehrlein/Bearbeiter)

Prütting, Hanns, Ethos anwaltlicher Berufsausübung, AnwBl. 1994, 315–321.

Rick, Markus B., Die verfassungsrechtliche Stellung des Rechtsanwalts, Köln 1998.

Rickert, Axel, König, Jennifer, Die Streitverkündung gegenüber dem gerichtlich bestellten Sachverständigen, NJW 2005, 1829–1831.

Riedel, Joachim, Das Postulat der Unparteilichkeit des Richters, Befangenheit und Parteilichkeit im deutschen Verfassungs- und Verfahrensrecht, Berlin 1980.

Römermann, Volker, RDG – zwei Schritte vor, einen zurück, NJW 2008, 1249–1254.

Rosenberg, Leo, Schwab, Karl Heinz, Gottwald, Peter, Zivilprozessrecht, 16. Auflage, München 2004.

—, Zivilprozessrecht, 17. Auflage, München 2010.

Rossmann, Wolfgang, Die Beiladung im Zivilprozess, München 1967.

Sabel, Oliver, Das Gesetz zur Neuregelung des Rechtsberatungsrechts, AnwBl. 2007, 816–822.

Säcker, Franz Jürgen, Rixecker, Roland, Oetker, Hartmut (Hrsg.), Münchener Kommentar zum Bürgerlichen Gesetzbuch, Band 4, Schuldrecht, Besonderer Teil II, §§ 611–704, EFZG, TzBfG, KSchG, 6. Auflage, München 2012.
(Zitiert: MünchKomm-BGB/Bearbeiter)

—. (Hrsg.), Münchener Kommentar zum Bürgerlichen Gesetzbuch, Band 5, Schuldrecht Besonderer Teil III, §§ 705–853, Partnerschaftsgesellschaftsgesetz, Produkthaftungsgesetz, 6. Auflage, München 2013.
(Zitiert: MünchKomm-BGB/Bearbeiter)

Saenger, Ingo (Hrsg.), Zivilprozessordnung, 6. Auflage, Baden-Baden 2015.
(Zitiert: Saenger/Bearbeiter)

Sauer, Gisbert, Postulationsfähigkeit und Grundgesetz, DRiZ 1970, 293–295.

Schaffer, Wolfgang, Die Unabhängigkeit der Rechtspflege und des Richters, BayVBl. 1991, 641–648.

Schaub, Renate, Streuschäden im deutschen und europäischen Recht, JZ 2011 13–23.

Schellhammer, Kurt, Zivilprozess, Gesetz-Praxis-Fälle, 14. Auflage, Heidelberg 2012.

Schiefer, Wolfgang, Anwalt im Zeitalter der Dienstleistung - Herausforderung zum Wandel, AnwBl. 1987, 360–371.

Schilken, Eberhard, Gerichtsverfassungsrecht, 4. Auflage, Köln/München 2007.
(Zitiert: Schilken, GVR)

—, Zivilprozessrecht, 7. Auflage, München 2014.
(Zitiert: Schilken, ZPR)

—, Die Sicherung der Unabhängigkeit der Dritten Gewalt, JZ 2006, 860–868.

—, Die Rolle des Richters im Zivilprozess, in: *Yildirim,* M. Kamil (Hrsg.), Zivilprozessrecht im Lichte der Maximen 2001, 36–55, Istanbul 2001.
(Zitiert: Schilken, Die Rolle des Richters im Zivilprozess)

Schmalz, Klaus, Der Rechtsanwalt im Zivilprozess, in: *Lüke*, Gerhard, *Jauernig*, Othmar, Festschrift für Gerhard Schiedermair zum 70. Geburtstag, 481–497, München 1976.
(Zitiert: Schmalz, FS Schiedermair)

Schmidt, Eberhard, Gehört der Sachverständige auf die Richterbank?, JZ 1961, 585–588.

Schmidt, Karsten (Hrsg.), Münchener Kommentar zum Handelsgesetzbuch, Band 2, Zweites Buch, Handelsgesellschaften und stille Gesellschaft, Erster Abschnitt, Offene Handelsgesellschaft §§ 105–160, 3. Auflage, München 2011.
(Zitiert: MünchKomm-HGB/Bearbeiter)

—, Der Konkursverwalter als Gesellschaftsorgan und als Repräsentant des Gemeinschuldners - Versuch einer Konkursverwaltertheorie für heute und morgen -, KTS 1984, 345–400.

Schmidthäuser, Eberhard, Zeuge, Sachverständiger und Augenscheinsgehilfe, ZZP 72 (1959), 365–402.

Schmidt-Räntsch, Günther und Jürgen, Deutsches Richtergesetz, 6. Auflage, München 2009.

Schnabl, Daniel, Das Rechtsverhältnis zwischen Anwalt und Mandant, JA 2005, 896–901.

Schneider, Burkhard, Heppner, Heiko, KapMuG Reloaded - Das neue Kapitalanleger-Musterverfahrensgesetz, BB 2012, 2703–2713.

Schneider, Rolf, Der Rechtsanwalt, ein unabhängiges Organ der Rechtspflege, Berlin 1976.

Schönke, Adolf, Kuchinke, Kurt, Zivilprozessrecht, 9. Auflage 1969.

Schreiber, Klaus, Die zivilrechtliche Haftung von Prozessbeteiligten ZZP 105 (1992), 129–144.

Schubert, Werner, Entstehung und Quellen zur Rechtsanwaltsordnung von 1878, Frankfurt/Main 1985.

Schwab, Karl Heinz, Der Streitgegenstand im Zivilprozess, München 1954.

Schwab, Martin, Das Prozeßrecht gesellschaftsinterner Streitigkeiten, Tübingen 2005.

Schwab, Rouven, Streitverkündung gegenüber dem gerichtlichen Sachverständigen, DS 2006, 20–21.

Seitz, Walter, Büchel, Helmut (Hrsg.), Beck'sches Richter-Handbuch, 3. Auflage, München 2012.

Sendler, Horst, Richter und Sachverständige, NJW 1986, 2907–2915.

Spitzer, A., Streitverkündung gegenüber einem gerichtlich bestellten Sachverständigen, MDR 2006, 908–912.

Sohn, Peter, Haftungsfalle Streitverkündung, BauR 2007, 1308–1323.

Stadler, Astrid, Grenzüberschreitender kollektiver Rechtsschutz in Europa, JZ 2009, 121–133.

Stamm, Jürgen, Zur Rechtsstellung des Sachverständigen im Zivilprozess und den daraus resultierenden Möglichkeiten zur Verbesserung der Zusammenarbeit mit dem Gericht, ZZP 124 (2011), 433–459.

Staudinger, Julius von, Kommentar zum Bürgerlichen Gesetzbuch mit Einführungsgesetz und Nebengesetzen, Buch 2, Recht der Schuldverhältnisse §§ 657–704, Neubearbeitung Berlin 2006.
(Zitiert: Staudinger/Bearbeiter)

—, Kommentar zum Bürgerlichen Gesetzbuch mit Einführungsgesetz und Nebengesetzen, Buch 2, Recht der Schuldverhältnisse, §§ 826–829, ProdHaftG, Neubearbeitung Berlin 2003.
(Zitiert: Staudinger/Bearbeiter)

—, Kommentar zum Bürgerlichen Gesetzbuch mit Einführungsgesetz und Nebengesetzen, Buch 2, Recht der Schuldverhältnisse, §§ 839, 839a, Unerlaubte Handlungen 4 - Amtshaftungsrecht, Neubearbeitung Berlin 2007.
(Zitiert: Staudinger/Bearbeiter)

Stein, Friedrich, Jonas, Martin (Begr.), Kommentar zur Zivilprozessordnung, Band 2, §§ 41–127a, 22. Auflage, Tübingen 2004.
(Zitiert: Stein/Jonas/Bearbeiter)

—, Kommentar zur Zivilprozessordnung, Band 5, §§ 328–510b, 22. Auflage, Tübingen 2006.
(Zitiert: Stein/Jonas/Bearbeiter)

Streck, Michael, Der Anwalt: Organ der Rechtspflege oder Unternehmer?, AnwBl. 2012, 388–394.

Stürner, Rolf, Die Stellung des Anwalts im Zivilprozeß, JZ 1986, 1089–1095.

Stürner, Rolf, Bormann, Jens, Der Anwalt - vom freien Beruf zum dienstleistenden Gewerbe? - Kritische Gedanken zur Deregulierung des Berufsrechts und zur Aushöhlung der anwaltlichen Unabhängigkeit NJW 2004, 1481–1491.

Tamm, Marina, Die Bestrebungen der EU-Kommission im Hinblick auf den Ausbau des kollektiven Rechtsschutzes für Verbraucher, EuZW 2009, 439-443.

Thole, Christoph Die Haftung des gerichtlichen Sachverständigen nach § 839 a BGB, Köln u. a. 2004.

—, Die Haftung des gerichtlichen Sachverständigen - Haftungsfalle für den Prozessanwalt, AnwBl. 2006, 91–94.

Thomas, Heinz, Putzo, Hans (Begr.), Zivilprozessordnung, FamFG, Verfahren in Familiensachen, GVG, Einführungsgesetze, EU-Zivilverfahrensrecht, 35. Auflage, München 2014.
(Zitiert: Thomas/Putzo/Bearbeiter)

Tischler, Franz, Die Streitverkündung gegenüber dem gerichtlich bestellten Sachverständigen, DS 2006, 165–171.

Ulrich, Jürgen, Die Streitverkündung an den gerichtlichen Sachverständigen – Bilanz und Versuch einer Klärung -, BauR 2006, 724–730.

—, Der gerichtliche Sachverständige, 12. Auflage, Köln u. a. 2007.

Vollkommer, Max, Canaris, Streitgenössische Nebenintervention und Beiladungspflicht nach Art. 103 Abs. 1 GG, in: *Canaris,* Claus-Wilhelm, *Heldrich,* Andreas, *Hopt,* Klaus J., *Roxin,* Claus, *Schmidt,* Karsten, *Widmaier,* Gunter (Hrsg.), 50 Jahre Bundesgerichtshof, Festgabe aus der Wissenschaft, Band III, Zivilprozeß, Insolvenz, Öffentliches Recht, 127–145, München 2000.
(Zitiert: Vollkommer, FG BGH III)

Volze, Harald, Die Streitverkündung gegenüber dem gerichtlichen Sachverständigen, DS 2005, 14–15.

von Lewinski, Kai, Grundriss des anwaltlichen Berufsrecht, 3. Auflage, Baden-Baden 2012.

von Mangold, Hermann, Klein, Friedrich, Starck, Christian, Kommentar zum Grundgesetz, Band 3, Artikel 83 bis 146, 6. Auflage, München 2010.
(Zitiert: von Mangold/Klein/Starck/Bearbeiter)

von Münch, Ingo, Kunig, Philip, Grundgesetz, Band 2, Art. 70–146, 6. Auflage, München 2012.
(Zitiert: von Münch/Kunig/Bearbeiter)

von Westphalen, Friedrich Graf, Fragmentarisches zur Ethik anwaltlichen Handelns, AnwBl. 2003, 125–131.

Vorwerk, Volkert, Wolf, Christian (Hrsg.), Beck'scher Online-Kommentar ZPO, Edition 15 (Stand: 01.01.2015).
(Zitiert: BeckOK-BGB/Bearbeiter)

Wagner, Albrecht, Der Richter, Geschichte, aktuelle Fragen, Reformprobleme, Karlsruhe 1959.

Wagner, Gerhard, Das Zweite Schadensersatzrechtsänderungsgesetz, NJW 2002 2049–2064.

Wassermann, Rudolf (Hrsg.), Kommentar zur Zivilprozessordnung, Neuwied/Darmstadt 1987.
(Zitiert: AK-ZPO/Bearbeiter)

Wasner, Gert, Die Haftung des gerichtlichen Sachverständigen, NJW 1986, 119–120.

Weimar, Wilhelm, Haftung des Sachverständigen bei fehlerhaften Gutachten, VersR 1955, 263–265.

Weißler, Adolf, Geschichte der Rechtsanwaltschaft, Leipzig 1905.

Wellmann, Carl R. (Begr.), *Weidhaas, Jutta* (Hrsg.), Der Sachverständige in der Praxis, 7. Auflage, München 2004.
(Zitiert: Wellmann/Bearbeiter)

Wetzell, Georg Wilhelm, System des ordentlichen Civilprozesses, Leipzig 1861.

Wieczorek, Bernhard, Schütze, Rolf A. (Begr./Hrsg.), Zivilprozeßordnung und Nebengesetze, Erster Band, 1. Teilband, Einleitung, §§ 1 bis 49, 3. Auflage, Berlin/New York 1994.
(Zitiert: Wieczorek/Schütze/Bearbeiter)

—, Zivilprozeßordnung und Nebengesetze, Erster Band 2. Teilband, §§ 50–127a, 3. Auflage, Berlin/New York 1994.
(Zitiert: Wieczorek/Schütze/Bearbeiter)

Windel, Peter, Zur prozessualen Stellung des einfachen Streithelfers (§§ 67, 71 Abs. 3 ZPO), ZZP 104 (1991), 321–348.

Wolf, Manfred, Gerichtsverfassungsrecht aller Verfahrenszweige, 6. Auflage, München 1987.

Würthwein, Martin, Umfang und Grenzen des Parteieinflusses auf die Urteilsgrundlagen im Zivilprozess, Berlin 1977.

Zettel, Günther, Sachverständiger und Gericht - Fehlerquellen bei der Zusammenarbeit im Zivilprozess, NJ 2000, 67–71.

Zimmermann, Walter, Zivilprozessordnung, mit FamFG (Allgemeiner Teil sowie Verfahren in Familiensachen), GVG, EGGVG, EGZPO, EU-Zivilverfahrensrecht, 9. Auflage, Köln 2011.

Zöller, Richard (Begr.), Zivilprozessordnung, 25. Auflage, Köln 2005.
(Zitiert: Zöller/Bearbeiter, 25. Aufl.)

—, Zivilprozessordnung, 28. Auflage, Köln 2011.
(Zitiert: Zöller/Bearbeiter, 28. Aufl.)

—, Zivilprozessordnung, 30. Auflage, Köln 2014.
(Zitiert: Zöller/Bearbeiter)

Zuck, Rüdiger, Anwaltliche Berufsausübung, Berufsrecht und Berufsmoral, AnwBl. 2002, 3–8.

Zugehör, Horst, Fischer, Gero, Vill, Gerhard, Fischer, Detlev, Rinkler, Axel, Chab, Bertin, Handbuch der Anwaltshaftung, 3. Auflage, Köln 2011.
(Zitiert: Zugehör u. a./Bearbeiter)

FSC
www.fsc.org
MIX
Papier | Fördert gute Waldnutzung
FSC® C083411

Kolibri 360 GmbH
Ferdinand-Jühlke-Straße 7
99095 Erfurt, Deutschland
produktsicherheit@kolibri360.de